▶新编
纳税筹划与税务会计

■ 主　编　刘玉龙
■ 副主编　徐金仙　吴　晖

浙江工商大學出版社
ZHEJIANG GONGSHANG UNIVERSITY PRESS
·杭州·

图书在版编目(CIP)数据

新编纳税筹划与税务会计 / 刘玉龙主编. —杭州：
浙江工商大学出版社，2011.6(2023.1重印)

ISBN 978-7-81140-332-9

Ⅰ.①新… Ⅱ.①刘… Ⅲ.①税收筹划－高等学校－
教材 ②税务会计－高等学校－教材 Ⅳ.①F810.423
②F234

中国版本图书馆 CIP 数据核字(2011)第 122313 号

新编纳税筹划与税务会计

刘玉龙 主编

徐金仙 吴 晖 副主编

责任编辑	黄拉拉 郑 建
封面设计	朱 丽
责任校对	周敏燕
责任印制	包建辉
出版发行	浙江工商大学出版社
	(杭州市教工路 198 号 邮政编码 310012)
	(E-mail:zjgsupress@163.com)
	(网址:http://www.zjgsupress.com)
	电话:0571－88904980,88831806(传真)
排 版	杭州朝曦图文设计有限公司
印 刷	广东虎彩云印刷有限公司绍兴分公司
开 本	710mm×1000mm 1/16
印 张	19.25
字 数	365 千
版 印 次	2011 年 6 月第 1 版 2023 年 1 月第 8 次印刷
书 号	ISBN 978-7-81140-332-9
定 价	35.00 元

前　言

　　随着我国经济和社会的发展,税收问题越来越成为影响企业决策和企业税后利润的重要因素,企业也越来越重视税收问题,纳税筹划成为企业财务管理的一个重要方面。与这种变化相适应,纳税筹划逐渐兴起,并成为很多院校的专业课程。在西方国家,纳税筹划早已是税收理论和财务管理理论的重要部分。由于人们对纳税筹划认知的缺乏,使得人们经常把纳税筹划误认为就是偷税、避税。这完全违背了纳税筹划的根本原则。事实上,纳税筹划是纳税人在正确理解税收思想、税法制定原则、税收管理、征收、稽核的前提下,通过对纳税主体的经营活动或投资行为等涉税事项作出事先安排,以达到少缴税和递延缴纳所进行的筹谋或者策划。所以,纳税筹划是不违反法律、法规的,而且是在充分理解掌握税法知识,熟悉税收管理、征收、稽核程序的前提下,并在纳税发生之前,有系统地对企业经营或投资行为作出事先安排,来尽量减少自己的税收负担。因此,纳税筹划是合法、合理的,在一定程度上甚至会促使企业照章纳税,规范企业的财务和会计制度,因此纳税筹划在我国甚至得到了税务机关的认可,一方面它可以促使企业照章纳税、规范纳税,另一方面它又能促使政策制定者不断完善其制定的政策和法律;而且纳税筹划要求纳税人专业技术知识面要广而深,并且要与时俱进,及时掌握和了解最新的政策精神。因此,对税收政策的宣传和普及是有积极意义的。

　　自 2007 年以来,我国进行了 1994 年税制改革以来的重大税制改革,以改变 1994 年税制越来越不能适应经济和社会发展的窘境。增值税、消费税、营业税、企业所得税、个人所得税等都进行了改革,很多原来的计税办法都进行了调整和完善。因此,纳税筹划的内容、方法和技巧也要不断更新,税务会计的内容也要进行调整。

　　正是基于上述原因,我们及时推出了本书。本书具有以下特点:

1. 结构新颖，内容翔实、丰富。本书首先介绍了纳税筹划、税务会计的基本常识；其次以税种为主线，介绍了每一种税种的基本规定、纳税筹划的常用方法、税务会计的核算；书中涉及的税种齐全，全书均以最新税收政策和最新会计准则为依据介绍了纳税筹划和税务会计核算的内容、方法。

2. 案例典型、新颖，突出实用性和操作性。本书在介绍每一种税种的纳税筹划方法时，先理论概括，再运用筹划成功的案例、稽查发现筹划失败案例等介绍筹划的方法，最后再分析点评每个案例筹划成功的条件、应注意的问题和环节。同时，由于许多税种都进行了改革，因此，本书中许多案例均是使用新税收政策进行筹划的案例，市面上已出版的纳税筹划方面的出版物中是没有的，案例非常前沿、新颖。

3. 适用读者群体面广。本书不仅适用于财务会计本科专业学生学习，同样也适用于财会专业研究生、经济类非专业本科的教学，更适用于实际工作中的企业老总、财务总监、主管会计等经济工作者的实务培训。当然，也可成为对税收知识感兴趣的读者的自学书籍。

本书由浙江工商大学具有深厚理论造诣的刘玉龙博士、教学经验丰富的名师吴晖副教授、富有财税理论与实战经验的注册会计师徐金仙副教授和注册税务师何秋仙副教授共同编写，由刘玉龙负责全书提纲的拟定以及全书定稿前的修改、补充和总纂。本书各章执笔人如下：第一章第一、二节，第二章第一、二、三节，第六章由刘玉龙执笔；第一章第三节，第二章第四节，第三章第四节，第四章第四节，第五章第五节由吴晖执笔；第三章第一、二、三节，第四章第一、二、三节，第五章第一、二、三、四节由徐金仙执笔；第七章由何秋仙执笔。

本书在编写的过程中得到了许多实务工作同仁的帮助，在编辑出版过程中得到了浙江工商大学出版社及编辑许静女士的大力支持和帮助，在此深表感谢。由于编写时间仓促，本书可能存在某些不足或错误，恳请读者批评指正。

编　者

2011 年 5 月

目　　录

第一章 纳税筹划与税务会计概述

学习目标

◎ 掌握税制的基本要素,熟悉纳税人的权利和义务
◎ 掌握纳税筹划的基本概念和特点
◎ 理解税务会计的概念与特点
◎ 了解税务会计与财务会计的联系与区别
◎ 掌握税务会计的原则和内容

第一节 纳税基础知识

纳税是纳税筹划的基础,正是由于纳税这一行为的发生,才使得纳税筹划成为必要,因此这一部分首先介绍与纳税有关的知识,包括税法的构成要素、纳税人的权利和义务以及违反税法的法律责任。

一、税法的构成要素

税法的构成要素一般包括总则、纳税人、征税对象、税目、税率、纳税环节、纳税期限、纳税地点、减免税、罚则、附则等。

（一）纳税人

纳税人,又称纳税义务人,是税法规定的、直接负有纳税义务的单位和个人,是纳税的主体,包括自然人、法人和其他组织。税法中对每一税种都规定有明确、具体的纳税人,如果纳税人不履行纳税义务,则该行为的直接责任人需承担法律责任。

与纳税人相对的是负税人,是指实际负担税款的单位和个人。由于税负转嫁的存在,使得纳税人和负税人经常会产生不一致,因此这为通过税负转嫁的方式进行纳税筹划提供了可能。

（二）征税对象

又称课税对象、征税客体,是指对什么征税,即征税的标的物。征税对象是区分不同税种的主要标志。

（三）税目

税目是各税种所规定的征税对象的具体项目,是征税对象的具体化,反映具体的征税范围,代表征税的广度。

（四）计税依据

计税依据又称税基,是计算应纳税额的根据,反映具体征税范围内征税对象的应计税金额或数量,是征税对象在量上的具体化。

（五）税率

一般情况下,税率是应纳税额与计税依据的比率(增值税税率是应税货物或劳务全部已纳税额与该阶段计税依据的比率),是税收制度的核心要素之一。税率的高低,体现着征税的深度,关系着国家财政收入水平与纳税人的税收负担水平。我国现行税率主要包括比例税率、定额税率、超额累进税率和超率累进税率四种。

（六）纳税环节

纳税环节是税法规定的征税对象从生产到消费的流转过程中应当缴纳税款的环节。从税收实践看,一般可分为单环节征税和多环节征税。

单环节纳税是指仅对征税对象从生产到消费流转过程中的某一特定环节征税。如,我国现行消费税大都实行出厂销售单环节征税。

多环节征税是指对征税对象从生产到消费流转过程中的两个或两个以上的环节征税。如,我国现行增值税实行对每一环节的增值额征税。

（七）纳税期限

纳税期限是指纳税人发生纳税义务后,按照税法规定应当缴纳税款的法定期限。不同的税种,其纳税期限通常也是不同的。具体的纳税期限,由主管税务机关根据纳税人的具体情况来确定。在实务中,纳税人的纳税期限通常是一个月。对于不能按照固定期限纳税的,可以采取按次纳税的办法。

（八）纳税地点

纳税地点是根据各个税种的纳税环节和有利于对税款源泉的控制而规定的纳税人的具体纳税地点。纳税地点一般为纳税人的住所地,也有规定在营业地、财产所在地或特定行为发生地的。

（九）减、免税

减税是指对纳税人的应纳税额依法少征一部分。

免税是指对纳税的应纳税额依法全部免税。

减税、免税通常是国家为了贯彻鼓励或扶持政策,对某些符合条件的纳税人和征税对象做出的减少征税或免予征税的特殊规定。

二、纳税人的权利和义务

对纳税人来说,纳税人的权利和义务是税法中最实质的内容。根据《中华人民共和国税收征收管理法》、《中华人民共和国税收征收管理法实施细则》和《行政诉讼法》等法律规定,纳税人在纳税过程中,享有规定的权利,同时也需要承担规定的义务。

（一）纳税人权利

纳税人享有以下权利：

1. 知情权

纳税人有权向税务机关了解国家税收法律、行政法规的规定以及与纳税程序有关的情况。

2. 保密权

纳税人有权要求税务机关为纳税人的情况保密,税务机关也应当依法对纳税人的情况保密。

3. 申请减免税、退税权

纳税人依法享有申请减税、免税、退税的权利。

4. 陈述、申辩权

纳税人对税务机关所做出的决定,享有陈述、申辩权。

5. 申请行政复议、提起行政诉讼、请求国家赔偿权

纳税人依法享有申请行政复议、提起行政诉讼、请求国家赔偿等权利。

6. 控告、检举权

纳税人有权控告和检举税务机关、税务人员的违法违纪行为。任何单位和个人都有权检举违反税收法律、行政法规的行为。

7. 要求回避权

税务人员征收税款和查处税收违法案件时,如果与纳税人或者税收违法案件有利害关系的,则应当回避。

8. 延期申报权

纳税人如果不能按期办理纳税申报,经税务机关核准,可以延期申报。但应当在纳税期内按规定预缴税款,并在核准的延期内办理税款结算。

9. 延期缴纳税款权

纳税人因有特殊困难,不能按期缴纳税款的,经省级税务机关批准,可以延期缴纳税款,但是最长不得超过 3 个月。

10. 委托代理权

纳税人可以委托税务代理人代为办理税务事宜。

（二）纳税人的义务

1. 纳税人应依照税法规定申请办理税务登记、变更或注销税务登记,并按照规定使用税务登记证件,不得转借、涂改、损毁、买卖或伪造税务登记证件。

2. 纳税人必须按规定设置账簿,对于确实不能设置账簿的,需报经税务机

关批准。

3. 纳税人必须按税法的规定办理纳税申报,报送纳税申报表、会计报表以及税务机关要求纳税人报送的其他资料。因特殊情况不能按期办理的,需报经税务机关批准。

4. 纳税人必须按照税法规定的纳税期限缴纳税款。因特殊情况不能按期缴纳的,经核实,需省级税务机关批准,可延期缴纳税款,但最长不得超过 3 个月。

5. 纳税人要按照税收法律与行政法规的规定保管和使用发票。

6. 纳税人欠缴税款需要出境的,应当在出境前向税务机关结清应纳税款或者提供担保。

7. 纳税人应依法接受税务机关的税务检查,如实反映情况,提供有关证明资料,不得拒绝、隐瞒。

8. 纳税人与税务机关发生纳税争议时,必须先依照法律、行政法规的规定缴纳税款及滞纳金,方可申请税务行政复议。

9. 国家法律、行政法规规定的其他义务。

三、违反税法的法律责任

纳税人如果不按照税法的规定履行涉税义务,就要承担相应的法律责任。按照税收征管的程序和要求,纳税人的税收违法行为可分为违反日常税收管理的法律责任、违反税款征收的法律责任以及违反发票管理的法律责任。

(一)违反日常税收管理的法律责任

1. 未按照规定的期限申报办理税务登记、变更或者注销登记的,可以处 2000 元以下的罚款;情节严重的,处 2000 元以上 1 万元以下的罚款。

2. 未按照规定使用税务登记证件,或者转借、涂改、损毁、买卖、伪造税务登记证件的,处 2000 元以上 1 万元以下的罚款;情节严重的,处 1 万元以上 5 万元以下的罚款。

3. 未按照规定办理税务登记证件验证或者换证手续的,由税务机关责令限期改正,可处 2000 元以下的罚款;情节严重的,处 2000 元以上 1 万元以下的罚款。

4. 未按照规定设置、保管账簿或者保管记账凭证和有关资料的,可处 2000 元以下的罚款;情节严重的,处 2000 元以上 1 万元以下的罚款。《征管法实施细则》规定,纳税人未按照规定设置账簿的,税务机关检查发现之日起 5 日内向纳税人发出责令限期改正通知书,并依照税收征管法规定处罚。

5. 未按照规定将财务、会计制度或者财务、会计处理办法和会计核算软件报送税务机关备查的,可处 2000 元以下的罚款;情节严重的,处 2000 元以上 1 万元以下的罚款。

6. 未按照规定将其全部银行账号向税务机关报告的,可处 2000 元以下的罚款;情节严重的,处 2000 元以上 1 万元以下的罚款。

银行和其他金融机构未依照《征管法》及实施细则的规定在从事生产、经营的纳税人的账户中登录税务登记证件号码,或者未按规定在税务登记证件中登录从事生产、经营的纳税人的账户账号的,由税务机关责令其限期改正,处 2000 元以上 2 万元以下的罚款;情节严重的,处 2 万元以上 5 万元以下的罚款。

为纳税人非法提供银行账户、发票、证明或者其他方面,导致未缴、少缴税款或者骗取国家出口退税款的有关单位,税务机关除没收其违法所得外,可以处未缴、少缴或者骗取的税款 1 倍以下的罚款。

7. 未按照规定安装、使用税控装置,或者损毁或者擅自改动税控装置的,可以处 2000 元以下的罚款;情节严重的,处 2000 元以上 1 万元以下的罚款。

8. 纳税人逃避、拒绝或者以其他方式阻挠税务机关检查的,由税务机关责令改正,可以处 1 万元以下的罚款;情节严重的,处 1 万元以上 5 万元以下的罚款。

9. 纳税人非法印制、转借、倒卖、变造或者伪造完税凭证的,由税务机关责令改正,处 2000 元以上 1 万元以下的罚款;情节严重的,处 1 万元以上 5 万元以下的罚款;构成犯罪的,依法追究刑事责任。

(二)违反税款征收的法律责任

1. 偷税的法律责任

偷税是指纳税人伪造、变造、隐匿、擅自销毁账簿、记账凭证,或者在账簿上多列支出或者不列、少列收入,或者经税务机关通知申报而拒不申报或者进行虚假的纳税申报,不缴或者少缴应纳税款。

对纳税人偷税的,由税务机关追缴其不缴或者少缴的税款、滞纳金,并处不缴或者少缴的税款 50％以上 5 倍以下的罚款;构成犯罪的,依法追究刑事责任。

《刑法》中,从 2009 年 2 月 28 日起,取消了偷税这一刑法概念,而以逃避缴纳税款来代替。

2. 逃避追缴欠税的法律责任

逃避追缴欠税是指欠缴应纳税款的纳税人,采取转移或者隐匿财产的手段,妨碍税务机关追缴欠税款的税收违法行为。

对于逃避追缴欠税的纳税人,由税务机关追缴欠缴的税款、滞纳金,并处欠缴税款 50％以上 5 倍以下的罚款;构成犯罪的,依法追究刑事责任。

《刑法》规定:纳税人采取欺骗、隐瞒手段进行虚假纳税申报或者不申报,逃避缴纳税款数额较大并且占应纳税额 10％以上的,处 3 年以下有期徒刑或者拘役,并处罚金;数额巨大并且占应纳税额 30％以上的,处 3 年以上 7 年以下有期徒刑,并处罚金。

扣缴义务人采取前款所列手段,不缴或者少缴已扣、已收税款,数额较大的,依照前款的规定处罚。

对多次实施前两款行为,未经处理的,按照累计数额计算。

有上述行为,经税务机关依法下达追缴通知后,补缴应纳税款,缴纳滞纳金,已受行政处罚的,不予追究刑事责任;但是,五年内因逃避缴纳税款受过刑事处罚或者被税务机关给予二次以上行政处罚的除外。

纳税人欠缴应纳税款,采取转移或者隐匿财产的手段,致使税务机关无法追缴欠缴的税款,数额在1万元以上不满10万元的,处3年以下有期徒刑或者拘役,并处或者单处欠缴税款1倍以上5倍以下罚金;数额在10万元以上的,处3年以上7年以下有期徒刑,并处欠缴税款1倍以上5倍以下罚金。

3. 骗税的法律责任

骗税是以假报出口或者其他欺骗手段,骗取国家出口退税款的,由税务机关追缴其骗取的退税款,并处骗取税款1倍以上5倍以下的罚款;构成犯罪的,依法追究刑事责任。对骗取国家出口退税款的,税务机关可以在规定期间内停止为其办理出口退税。

《刑法》规定:以假报出口或者其他欺骗手段,骗取国家出口退税款,数额较大的,处5年以下有期徒刑或者拘役,并处骗取税款1倍以上5倍以下罚金;数额巨大或者有其他严重情节的,处5年以上10年以下有期徒刑,并处骗取税款1倍以上5倍以下罚金;数额特别巨大或者有其他特别严重情节的,处10年以上有期徒刑或者无期徒刑,并处骗取税款1倍以上5倍以下罚金或者没收财产。

纳税人缴纳税款后,采取前款规定的欺骗方法,骗取所缴纳的税款的,依照逃避缴纳税款的规定定罪处罚;骗取税款超过所缴纳的税款部分,依照骗税的规定处罚。

4. 抗税的法律责任

抗税是指纳税人以暴力、威胁方法拒不缴纳税款的税收违法行为。

对于抗税,除由税务机关追缴其拒缴的税款、滞纳金外,还要依法追究刑事责任。情节轻微,未构成犯罪的,由税务机关追缴其拒缴的税款、滞纳金,并处拒缴税款1倍以上5倍以下的罚款。

《刑法》规定:以暴力、威胁方法拒不缴纳税款的,处3年以下有期徒刑或者拘役,并处拒缴税款1倍以上5倍以下罚金;情节严重的,处3年以上7年以下有期徒刑,并处拒缴税款1倍以上5倍以下罚金。

(三)违反发票管理的法律责任

1. 非法印制发票的,由税务机关销毁非法印制的发票,没收违法所得和作案工具,并处1万元以上5万元以下的罚款;构成犯罪的,依法追究刑事责任。

2. 纳税人不按规定取发票,造成未缴、少缴税款的,处以未缴、少缴税款50%以上5倍以下的罚款;纳税人不按规定取得、开具发票,导致他人未缴、少缴税款的,处以 5 万元以下的罚款;纳税人不按规定取得发票,骗取国家出口退税款的,按骗取国家出口退税行为论处。

3. 伪造或者出售伪造的增值税专用发票的,处 3 年以下有期徒刑、拘役或者管制,并处 2 万元以上 20 万元以下罚金;数量较大或者有其他严重情节的,处 3 年以上 10 年以下有期徒刑,并处 5 万元以上 50 万元以下罚金;数量巨大或者有其他特别严重情节的,处 10 年以上有期徒刑或者无期徒刑,并处 5 万元以上 50 万元以下罚金或者没收财产。

单位犯上述罪行的,对单位判处罚金,并对其直接负责的主管人员和其他直接责任人员,处 3 年以下有期徒刑、拘役或者管制;数量较大或者有其他严重情节的,处 3 年以上 10 年以下有期徒刑;数量巨大或者有其他特别严重情节的,处 10 年以上有期徒刑或者无期徒刑。

伪造、擅自制造或者出售伪造、擅自制造可以用于骗取出口退税、抵扣税款的其他发票的,处 3 年以下有期徒刑、拘役或者管制,并处 2 万元以上 20 万元以下罚金;数量巨大的,处 3 年以上 7 年以下有期徒刑,并处 5 万元以上 50 万元以下罚金;数量特别巨大的,处 7 年以上有期徒刑,并处 5 万元以上 50 万元以下罚金或者没收财产。

虚开上述规定以外的其他发票,情节严重的,处 2 年以下有期徒刑、拘役或者管制,并处罚金;情节特别严重的,处 2 年以上 7 年以下有期徒刑,并处罚金。

单位犯前款罪的,对单位判处罚金,并对其直接负责的主管人员和其他直接责任人员,依照前款的规定处罚。

第二节　纳税筹划基础知识

一、纳税筹划的概念

税收是国家为了实现其职能,凭借政治权力,参与一部分社会产品的分配而形成的分配关系,具有强制性、固定性和无偿性的特点。从本质上来看,税收是纳税人在从事生产经营的过程中所必须负担的一种成本,直接减少了纳税人的可支配收入。因此,几乎所有的纳税人都有减轻税收负担、进而增加可税后支配收入的动机。

虽然纳税人有减轻税收负担的动机,但要得到法律和社会的承认则并不容易。有据可查的纳税筹划思想是 1935 年英国的汤姆林爵士在“税务局长诉温斯特大公”一案中提出的,他认为“任何一个人都有权安排自己的事业,依据法律这样做可以少缴税。为了保证从这些安排中得到利益⋯⋯不能强迫他多缴税”。

此后,纳税筹划得到了长足的发展,到 20 世纪 50 年代呈现出专业化发展的趋势,对纳税筹划的研究也进入了一个新阶段。纳税筹划的理论研究文章、刊物、书籍也应运而生,这进一步推动了纳税筹划研究向纵深发展。例如,国际事务出版局(The Bureau of National Affairs)除了出版图书之外,还定期出版两本知名度很高的国际税收专业杂志,一本叫做《税收管理国际论坛》,另一本就是《纳税筹划国际评论》。两本杂志中有相当多的篇幅讲的是纳税筹划。目前在欧美等发达国家,纳税筹划在理论上有比较完整的研究成果,在经济实践中也得到了广泛应用,纳税筹划已经进入到一个比较成熟的阶段,并成为高等院校的专业课。比较有名的是 1997 年诺贝尔经济学奖得主迈伦·斯科尔斯著的《税收与企业战略:筹划方法》,该书成为欧美商学院的经典教材。

我国纳税筹划的历史相对较短。虽然在改革开放之初就有许多纳税人通过种种方法来减轻税收负担,但对合理、合法的减轻税收负担的纳税筹划则一直未见诸文字。1994 年唐腾翔编著了我国第一部纳税筹划专著《纳税筹划》,随后陆续有一些纳税筹划方面的专业书籍出版,在这些出版物中,将避税与纳税筹划首次区别开来。2001 年,国家税务总局正式公开承认了企业纳税筹划的合法地位,并且在其主管的《中国税务报》上开辟了《筹划专刊》,专门讨论纳税筹划的理论和实践知识,明确了纳税筹划的积极意义。在这一时期,很多纳税筹划的专业书籍出版,很多报纸杂志纷纷登载纳税筹划的文章,全国各地的会计师事务所、税务师事务所、高等院校等纷纷举办纳税筹划培训班,纳税人进行纳税筹划的主动性在不断增强,纳税筹划意识不断提高。而北京、深圳、上海等纳税筹划较为活跃的地区则出现一些纳税筹划专业网站,如"中国纳税筹划网"、"中国税务通"网站、"大中华财税网"、"永信和税收咨询网"等。纳税筹划作为合法地为纳税人节税的业务,作为中国法制完善的助推器,存在着巨大的发展空间和潜力。

虽然如此,但对于什么是纳税筹划,到目前为止还没有一个权威的、为众人所普遍接受的定义,甚至对这一术语,国内也有不同的翻译(如纳税筹划、税收筹划、税务筹划)。综合国内外的学者对纳税筹划的定义,可以看出,他们的定义都是围绕着减轻税收负担而展开的。

从狭义的纳税筹划角度看,这些定义是合理的,都说明了一般意义上的纳税筹划的根本目的,即以减轻企业的税收负担为目的,也就是通常所说的节税目的。

但是,随着各国税收制度的不断完善和财务管理理论的不断发展,这些定义都有一定的局限性。因为对现代企业来说,税收不仅是最大的成本之一,同时也是最大的风险之一。因此,应该从更广泛的意义上来定义纳税筹划。

从广义来说,纳税筹划既有节税的目的,又有降低税务风险的目的。由此可以定义,纳税筹划是纳税人围绕涉税事宜所进行的管理活动,其核心是在正确理解税收思想、税法制定原则、税收管理、征收、稽核的前提下,尽量减少自己的税收负担。其中心思想是把税收看做是生产经营活动中的成本,通过合理、合法的财务安排或者经营安排来达到降低成本的目的。因此,从广义的纳税筹划的定义出发,纳税筹划的内容不仅仅包括节税和避税,还包括正确运用税收法律制度来维护自己的权益,也包括降低税务风险,避免税收滞纳金和罚款,同时还包括根据国家宏观政策和税收政策的预期变化,提前对企业的生产经营活动做出安排,以获取尽可能大的税收收益,同时实现企业价值的最大化。

二、纳税筹划的特点

纳税筹划的特点体现为它与其他减轻税收负担的方法之间的差异。纳税筹划与偷税、抗税、骗税、避税都是减轻企业的税收负担的手段,但纳税筹划是在合法、合理的前提下实施的,而其他手段要么不合法,要么合法但不合理。

(一)纳税筹划与偷税

偷税是在纳税人的纳税义务(应税行为)已经发生并且能够确定的情况下,采取不正当或不合法的手段以逃脱其纳税义务的行为。因此,偷税具有故意性、欺诈性、恣意性,是一种违法行为,要受到法律的制裁。

纳税筹划与偷税有着本质的不同:

1. 行为不同。偷税是对一项实际已发生的应税经济行为全部或部分的否定,是在事后实施的;而纳税筹划则是对某项应税经济行为的实现形式和过程在事前就进行某种安排。

2. 性质不同。偷税是一种违法行为,情节严重、构成犯罪的,要依法追究刑事责任;而纳税筹划是合法的,是税法所鼓励或者非禁止的行为。

3. 手段不同。偷税的主要手段是纳税人通过有意识地谎报和隐匿有关纳税的情况和事实,达到少缴或不缴税款的目的,其行为具有明显的欺诈性质。但有时也会出现纳税人因疏忽或过失即非故意而造成纳税减少的情况(即漏税)。但从实践看,由于很难对故意和非故意做出法律上的判断,因此我国现行税法不再采用这一法律用语。而纳税筹划则是在不违反税法的前提下,利用税法规定,结合纳税人的具体经营来选择有利的纳税方案。

4. 法律后果不同。偷税行为是属于法律上明确禁止的行为,因而一旦被有关机关查明属实,纳税人就要为此承担相应的法律责任,受到制裁;而纳税筹划则是通过合法的形式来承担尽可能少的税收负担,是为法律所认可,为社会所接受的。

(二)纳税筹划与抗税

抗税是纳税人以暴力或威胁方法拒不缴纳税款的行为,抗税所采取的是暴力或威胁等非法手段,是一种违法行为,并且要受到法律的制裁。而纳税筹划是一种非违法行为,在某种程度上受到法律的鼓励和保护。

（三）纳税筹划和骗税

骗税是与我国现行税制相对应的一种行为。由于我国对某些出口产品实行免税并退税的政策,因此某些不法的纳税人采取虚假或欺骗手段,骗取国家退税款。而涉及出口退税的纳税筹划,则是在合法的前提下,合理选择出口模式,以获得尽可能多的退税款;同时,根据相关法律、法规及退税程序,及时准备相关资料和文件,以争取尽可能早地取得退税款。

（四）纳税筹划与避税

避税是纳税人利用税法的漏洞或不完善之处,通过人为安排经营和财务活动,以达到减轻税收负担的目的。避税行为就其形式而言,是合法的,但由于违背了税收的立法意图,因而是不合理的。而纳税筹划则是遵照国家税法的规定,遵循政府的税收立法意图,在纳税义务发生之前,就对投资、经营、财务活动等做出事先安排,以获得税收收益,进而实现企业价值的最大化,其形式和内容都是合法又合理的,因而会受到税法的保护和鼓励。

三、纳税筹划的原则

合理又合法是纳税筹划的基本要求。在具体的纳税筹划实践中,应遵循以下基本原则。

（一）合法性原则

所谓合法性原则,就是要求所制定的纳税筹划方案既符合现行法律、法规的要求,又符合法理的要求。这实际上也意味着,纳税筹划方案首先要合法,要符合现行法律的要求;其次,由于我国的地域广阔,经济情况千差万别,统一的税法无法涵盖所有的经济活动和业务,这样就需要从法理的角度来进行纳税筹划,要了解税收立法的背景和环境,从而据以做出筹划方案。这样,即使税务部门有异议,也可以利用现有的税收法规或政策来解释,或者从法理的角度来解释。这也是纳税筹划与避税、逃税和偷漏税的根本区别。

合法性原则的另一个含义是合理。所谓合理,就是纳税筹划方案既要符合纳税人的实际情况,符合财务管理的基本目标和要求,又要符合除税法外的其他法律、法规的要求。只有这样的纳税筹划方案,才不会面临违法的风险。

（二）事先性原则

经营、投资和理财活动是多方面的,而税收法规是有针对性的。纳税人和征税对象的性质不同,税收待遇也往往不同,这在某种程度上为纳税人提供了可选择税负较低方案的可能性。通过合理的事先规划,纳税人完全可以规避税收负担较重的经营行为,也可以有选择地进行那些税收归属比较明确、纳税人与税务执法机关不会引起争议的业务,以避免与税务机关之间的争议。

一般情况下需要在纳税义务发生之前就规划好这些活动,一旦纳税义务已经发生,那么就不得再进行调整了,否则就会被认定为偷税漏税或逃税行为。

（三）成本—效益原则

纳税筹划是财务管理的一部分,而且从纳税筹划的目的来看,无非是两个:一个是减少或降低纳税风险,另一个就是帮助纳税人实现财务目标。因此,需要全面权衡不同的纳税筹划方案,而不能把纳税筹划的目标仅仅限定于降低税负。在现实的经济生活中,往往有很多的纳税筹划方案在理论上可以减少或降低税负,但在实践操作中却难以达到预期的目标,原因在于没有综合考虑由于纳税筹划所采用的方案而引起其他成本或费用的增加。因此,可行的方案是综合考虑纳税筹划方案对纳税人的财务目标的总体影响,通过成本—效益分析,选取能够为纳税人带来绝对收益的方案。

（四）目的性原则

目的性原则意味着纳税筹划方案要能够为纳税人带来税收收益。这包含着三层意思:首先是降低税负。降低税负意味着降低纳税成本,从而在其他条件不变的情况下,意味着提高了收益率。第二层意思是延期纳税。纳税期的推后,也许可以减轻税收负担(如避免高边际税率),也许可以降低资本成本(如减少利息支出)。不管是哪一种,其结果都是节约了税收成本,即节税。第三层意思是降低税务风险,有效地避免滞纳金或者罚款。

（五）综合性原则

纳税筹划是一个系统的工程,要综合考虑企业的战略目标、财务管理目标和经营目标,因此必须从整体上来设计方案。在制定纳税筹划方案的过程中,一方面要考虑到纳税人(企业纳税人)的战略目标和纳税人的生产、经营的现实情况;另一方面要考虑到不同税种之间的相互影响,不能局限于个别税种的税负减轻。此外还要考虑纳税人的其他财务因素、管理因素对纳税筹划方案的制约作用。

在实施纳税筹划方案的过程中,需要企业纳税人的所有相关部门共同参与实施,紧密配合,这样才能达到纳税筹划的目标。

四、纳税筹划的基本方法

从理论上讲,只要是能够影响到企业应纳税额的税制要素,都应该有可以筹划的空间,因此也就有不同的方法来进行筹划。从纳税筹划的实践看,常用的方法主要包括选择合适的纳税人身份、选择恰当的切入点、利用应纳税额的影响因素、充分利用税收优惠政策、利用各税种的某些特殊规定、税负转嫁等。

（一）选择合适的纳税人身份

在我国现行的税制中,对不同的纳税人有不同的规定,适用不同的税率和不同的征税办法。一个明显的例子就是增值税。增值税对小规模纳税人和一般纳税人实行有差别的税收政策:对小规模纳税人实行简易征收的办法,对管理水平的要求也不高,但由于其不能使用增值税发票抵扣进项税额,容易增加产品购买方的负担,产品销售也可能受到影响;对一般纳税人则可以凭增值税专用发票抵扣进项税额,但对会计核算水平要求较高。纳税人可以根据现行税法的规定,结合自己的实际情况,选择能够获取较大的税收收益的纳税人身份。再比如,组织形式不同的企业,其纳税人身份也是不一样的:公司制企业,是企业所得税的纳税人,要按照企业所得税的有关规定缴纳企业所得税;而个体工商户、个人独资企业、合伙企业则按照个人所得税法规定缴纳个人所得税,由此纳税人可以综合权衡不同的组织形式对企业的影响,通过选择、变更纳税人的身份来获取税收收益。

(二)选择恰当的切入点

我国现行的税制包含了十几个税种,这些不同的税种,在纳税人、征税对象以及纳税方法等方面都有不同的规定;而且出于鼓励或者限制性、照顾性的目的,对于具体的税种又有不同的具体规定,这就给了纳税人自由选择的空间,实际上也为纳税筹划留下了空间。

从成本一收益的角度考虑,一般应该选择能够为纳税人带来较大税收收益的税种作为切入点。虽然现行税制包含了十几个税种,但对于特定的企业来说,其生产和经营活动并不一定涉及所有税种。有的税种课征的数额很小,对企业税后利润的影响非常小,因此其可以筹划的空间也小,对这样的税种进行筹划没有多大意义。所以,企业在进行纳税筹划时应该选择能够给企业带来较大的税收收益的税种作为纳税筹划的主要对象。不管是自己进行筹划,还是请别人来筹划,在投入相同的情况下,当然应该选择可能使企业收益最大的税种来进行筹划了。

在选择税种时,主要考虑三个方面的因素:一是与纳税人经济活动关系的密切程度,即对纳税人有重大影响的税种是纳税筹划的重点;二是税种的税负弹性,即税基越宽,税率越高,优惠政策越多,税负弹性也越大,进行纳税筹划的空间也就越大;三是选择企业最容易出现疏漏,或者说被处罚最多的税种作为切入点。

(三)重视影响应纳税额的几个基本因素

应纳税额的通用计算公式可以表示为:

应纳税额=计税依据×税率

影响应纳税额的主要因素就是计税依据和税率,计税依据越小,税率越低,应纳税额也就越少。因此,进行纳税筹划就需要从这两个因素入手,尽可能地找到合理、合法又符合税法的立法意图的途径来减少税收负担。

(四)充分利用税收优惠政策

税收优惠是税收制度的基本政策之一,它的主要目的是国家为了调节经济,利用税收政策来影响纳税人的行为,从而达到宏观调控的目标。我国现行的税法中有很多优惠政策,这些优惠政策有的是针对企业经营范围的,有的是针对企业行为的,有的是针对企业的从业人员的,所有这些优惠政策实际上只是为了给企业留下相对较多的利润用于企业的发展,因此,一定要充分利用这些条款,或者说尽可能地使自己的经营行为或项目符合优惠条款的要求,并用好、用足这些优惠条件,以获得税收收益。

（五）利用各税种的某些特殊规定

纳税筹划是基于特定的税法规定进行的,而税法规定内容繁多、复杂,因此必须认真梳理税法规定,确定筹划的对象和内容。就目前我国比较流行的纳税筹划方法来说,主要包括以下几种方法:

收入筹划,即通过对取得收入的方式和时间、计算方法等的选择和控制,以达到节税目的;

成本费用纳税筹划,即基于税法对成本、费用的确认和计算的不同规定,根据企业的具体情况选择有利的方式进行筹划;

盈亏抵补纳税筹划,即在符合税法规定的前提下,准许企业在一定时期内以某一年度的亏损去抵减以后年度的盈余,以减少以后年度的应纳税额;

租赁纳税筹划,即通过选择不同的租赁方案以减轻企业税收负担;

筹资纳税筹划,即利用一定的筹资方式使企业达到利润最大和税负最小的筹划;

投资纳税筹划,即纳税人在进行新的投资时,基于投资净收益最大化的目标,根据不同的投资税收政策所进行的投资方案的选择。

（六）利用税负转嫁

所谓税负转嫁,就是纳税人在缴纳税款之后,通过种种途径将税收负担转移给他人的过程。税负转嫁的首要和基本条件是商品价格能够自由波动。

按照经济交易过程中税负转嫁的不同途径,大致可以把税负转嫁归纳为如下五种形式。

前转,也称"顺转",是指纳税人将其所纳税款通过提高其所提供的商品或生产要素的价格的方法,向前转移给商品或生产要素的购买者或最终消费者负担的一种形式。这是税负转嫁的最典型和最普遍的形式,多发生在商品和劳务课税上。

后转,也称"逆转",是指纳税人通过压低购入商品或生产要素进价的方式,将其交纳的税收转给商品或生产要素供给者的一种税负转嫁方式。

混转是指纳税人在转嫁税负的过程中,既进行前转,又进行后转。

消转是指纳税人通过改善经营管理、提高劳动生产率等措施降低成本、增加利润,从而使税负从新增的利润中得到抵补。消转实质上是用生产者应得的超额利润抵补税负,实际上不转嫁,而是由纳税人自己负担的。

税收资本化是税负转嫁的一种特殊形式,即应税物品(主要是土地和其收益来源较具永久性的政府债券等资本品)交易时,买主将应税物品可预见的未来应纳税款从所购物品价格中作一次性扣除,此后虽由买主按期交税,实际上税款由卖主负担。

严格来说,税负转嫁不属于纳税筹划的范畴,但是由于其实施效果与纳税筹划一样,并且也是在合法、合理的基础上实施的,因此可以作为纳税筹划的一种特殊方法。

五、纳税筹划的工作流程

纳税筹划工作流程是企业财务人员或税务代理机构在实施纳税筹划过程中所采取的基本步骤和方法。制定科学、合理的纳税筹划工作流程是顺利开展筹划活动的基础和重要保证。良好的纳税筹划工作流程可以提高筹划工作的效率,保证筹划工作的质量。一般情况下,如果是企业财务人员为本企业进行纳税筹划,则可以与相关业务部门一起,直接制订纳税筹划方案。如果是聘请外部人员进行纳税筹划,则一般包括以下流程。

(一)了解企业信息

企业信息是进行纳税筹划所要了解的内部信息,主要包括:

1. 企业组织形式

对于不同的企业组织形式,其税收待遇也不同,了解企业的组织形式可以根据组织形式的不同制定有针对性的税务规划和纳税筹划方案。

2. 财务情况

企业纳税筹划是要合法和合理地减轻税收负担,只有全面、详细地了解企业的真实财务情况,才能制定合法和合理的纳税方案。

3. 企业的投资战略

投资有时可享受税收优惠,不同的投资区域、投资领域和投资期限有时又会有不同的税收优惠;不同规模的投资额所面临的税收待遇会有不同,而投资额与企业规模往往有很大的关系,不同规模企业的税收待遇和优惠政策有时也是不同的。

4. 企业对风险的态度

不同的企业对风险会采取不同的态度,也就会采取不同的纳税筹划方案。在纳税筹划的过程中,节税与风险并存,节税越多的方案往往也是风险越大的方案,两者的权衡取决于多种因素,包括纳税人对风险的态度。了解纳税人对风险的态度,可以制定更符合企业要求的纳税筹划方案。

同时,在了解所筹划企业基本情况的基础上,还要了解企业的需求,纳税人对纳税筹划的共同要求肯定是尽可能多地节税,节税的目的说到底是增加企业的财务利益,而在这一点上,不同纳税人的要求可能是有所不同的。

（1）要求增加所得还是资本增值

企业对财务利益的要求大致有三种:一种是要求最大程度地增加每年的所得;二是要求若干年后企业资本有最大的增值;三是既要求增加所得,也要求资本增值。针对不同的财务要求,制定的纳税筹划方案也应有所不同。

（2）投资要求

有些企业只有一个投资意向和取得更大财务收益的要求,此时筹划者可以根据纳税人的具体情况进行纳税筹划,提出各种投资建议。但有时企业对投资已经有了一定的意向,包括投资项目、投资地点、投资期限等,这时筹划者就必须了解企业的具体要求,根据企业的要求来进行纳税筹划,提出投资建议或提出修改企业要求的建议。

（二）梳理相关的税收法规和政策

在了解了企业的基本信息之后,就需要根据所了解的信息,把相关的税收政策和税收法规进行梳理、整理和归类,全面了解与筹划企业相关的行业、部门税收政策,理解和掌握国家税收政策及精神,争取税务机关的帮助与合作,这对于成功实施纳税筹划尤为重要。如果有条件,最好建立企业税收信息数据库,以备使用。

（三）进行纳税评估与分析

在纳税筹划之前,对筹划企业进行全面的纳税评估极为必要。纳税评估可以了解企业以下方面的涉税信息:纳税内部控制制度、涉税会计处理、涉税理财计划、主要涉税税种、近三个年度纳税情况分析、纳税失误与涉税症结分析、税收违规处罚记录、税企关系等。

（四）设计、制订纳税筹划方案

纳税筹划方案的设计是纳税筹划的核心,不同的筹划者在方案形式的设计上可能大相径庭;但是在程序和内容方面具有共同之处,即纳税筹划方案一般由以下几部分构成。

1. 涉税问题的认定

主要是判断所发生的理财活动或涉税项目属于什么性质,涉及哪些税种,形成什么样的税收法律关系。

2. 涉税问题的分析、判断

涉税项目可能向什么方向发展,会引发什么后果? 能否进行纳税筹划,筹划的空间到底有多大? 需要解决哪些关键问题?

3. 设计可行的多种备选方案

针对涉税问题,设计若干个可供选择的纳税筹划方案,并对涉及的经营活动、财务运作及会计处理拟订配套方案。

4. 备选方案的评估与选优

对多种备选方案进行比较、分析和评估,然后选择一个较优的实施方案。

(五)纳税筹划涉税纠纷处理

在纳税筹划实践活动中,由于筹划者只能根据法律条文和法律实践设计筹划方案并作出判别,而税务机关与筹划者对于税法条款的理解可能不同,看问题的角度也可能存在差异,因此,可能会对同一项纳税筹划方案形成不同的认识,甚至持截然相反的观点,在纳税筹划方案的认定和实施方面可能会导致涉税纠纷。

在纳税筹划方案的实施过程中,筹划企业应该尽量与税务机关进行充分的交流与沟通,实现税务协调;如果真的导致涉税纠纷,筹划企业应该进一步评估筹划方案的合法性,合理合法的方案要据理力争,不合法的筹划方案要放弃。

如何认定筹划方案的合法性,应该关注税务机关的理解:一方面从宪法和现行法律角度了解其合法性,税务机关的征税和司法机关对税务案件的审理,都必须以立法机关制定的宪法和现行法律为依据;另一方面从行政和司法机关对合法性的法律解释和执法实践角度了解其合法性。

(六)纳税筹划方案实施跟踪与绩效评价

实施纳税筹划方案之后,要不断对筹划方案实施情况和结果进行跟踪,并在筹划方案实施后,对筹划方案进行绩效评价,考核其经济效益和最终效果。

六、企业纳税风险管理

随着各国税收制度的不断完善和征管水平的不断提高,税收越来越成为现代企业从事生产经营活动所面临的最大成本之一,同时也是企业所面临的最大风险之一。良好的纳税风险管理可以为企业创造价值:一方面是有形价值,通过纳税风险管理可以减少企业因为违反税法的规定而遭受的意外损失,或者充分利用税收优惠政策以获取税收收益;另一方面是无形价值,通过纳税风险管理可以帮助企业树立良好的声誉,提升企业的形象,也有助于企业吸引人才、留住人才。

(一)纳税风险的概念

目前理论界和实务界对于什么是纳税风险还没有一个准确的定义。从实践来看,纳税风险是企业在处理涉税事务时所产生的风险。从广义的纳税筹划概念来看,应该把纳税风险管理纳入到纳税筹划的范畴。但从狭义的纳税筹划概念来看,纳税风险管理又不同于纳税筹划:纳税筹划是以降低税负、获取直接的税收收益为目的的;而纳税风险管理则是以减少企业在纳税过程中的额外损失为目标。纳税风险管理并不一定能够为企业带来直接的税收收益,但通过纳税风险管理,可以帮助企业获取其他的经济和非经济利益,而且也有助于企业在发展和壮大的过程中面临较低的风险。

（二）纳税风险的分类及产生原因

根据对纳税风险的上述界定,结合纳税风险管理的实践,可以将纳税风险细分为以下几类。

1. 经济风险

经济风险指的是企业在处理涉税事务时可能给企业的经济利益造成损害的可能性。经济风险主要指的是企业多缴税的风险。一般情况下,作为理性人的企业没有愿意多缴税的;但是由于以下几方面的原因,可能使企业无意中或者不得不多缴税。

（1）由于我国的税法条文非常简单,因此对同一条款,不同的人从不同的角度会有不同的理解,进而会产生不同的业务处理结果。税法的最终解释权往往会归于税务机关,但由于税务机关尚未完全转变思路,还没有把为企业服务当做自己的主要目标,因此在这种情况下,难免会因为对税法的理解不透彻而导致多缴税。

（2）财务人员的失误导致未按规定纳税

由于财务人员的水平参差不齐,对税法的理解和执行也必然不同,这会导致企业因未能准确核算应纳税款而使利益遭受损失。比如,由于会计政策与税收制度之间天然存在着差异,如果对这些差异没有给予充分的关注,则有可能在进行会计核算时,没有按照税法的规定来核算,由此给企业造成损失;再比如,由于企业缺乏完善、有效的内部控制制度,使得会计核算系统提供了不真实的数据和信息,由此招致税务机关的处罚。

而且,我国的税法变动频繁,这就要求财务人员要及时搜集相关的信息,及时更新自己税法方面的知识。但实践中发现,很多财务人员、特别是一般的财务人员在这方面做得远远不够,这也会使企业利益遭受损失,或者使企业没有享受到应该享受的税收优惠政策。

（3）税务机关违反税法的规定而要企业多缴税或者提前缴税

如果税务机关在征收管理的过程中严格执行税法,那么企业只能对已经发生的经营活动缴纳相应的税款。但我国的税法并不健全,税收的征纳关系还没有完全走上法制化的轨道。税务机关在实际的征管过程中,为了完成上级布置的税收任务,往往会要求企业预缴税或者多缴税。但从企业角度来说,由于对实际的税法情况不了解,或者了解得不透彻,对纳税人的权利和义务方面的规定也不清楚,或者为了避免与税务机关发生冲突,往往只能按照税务机关的要求去做,由此产生多缴税或者提前缴税的风险。

2. 法律风险

相关的研究表明,现实中的很多企业并不是故意偷(逃)税,无知性不遵从和懒惰性不遵从的情况非常见。但从法律的角度看,无论因为何种原因而导致未能按税法规定办理涉税事宜,都是违反了税法的规定,因此,都要受到相关法律的处罚。这就是企业涉税事务中的法律风险。

3. 信誉风险

信誉风险是指企业外界因企业税务违规行为而对其信誉的怀疑并导致未来利益损失的不确定因素。信誉风险产生的原因有多方面:通过对税务机关或政府机关而进行寻租行为、因为欠税被公告、因为与税务机关产生争议而诉诸法律、等等。

对企业来说,信誉风险的后果是深远的、无法计量的,原因在于当今社会越来越注重品牌,无论是企业还是消费者,品牌意识都非常强;对企业来说,品牌即意味着市场和效益,甚至是企业的生存;对消费者来说,品牌意味着企业的信誉和产品的质量。

(三)纳税风险的分析与控制

纳税风险会给企业带来直接和间接的损失,会影响到企业财务目标的实现,会影响到企业战略目标的实现,严重的甚至会影响到企业的生存,因此,企业需要对纳税风险进行控制,通过良好的纳税风险管理,来为企业的生存和发展创造更好的条件。

所谓纳税风险控制,指的是企业在合理、合法的前提下,利用风险控制的基本理论、方法和手段,通过对生产经营和理财活动的合理安排,一方面达到降低企业直接税收负担的目的,另一方面是达到降低企业税收违法风险的目的。因此,纳税风险控制的目标包括两个层次的内容:第一个层次是照章纳税,既不偷漏税,也不多纳税,除了按照税法和企业的实际业务情况缴纳应缴的税收外,不承担任何不应承担的税收负担;第二个层次是在合法的前提下,通过生产经营活动和理财活动安排降低税负,即所谓的纳税筹划。对第一个层次的纳税风险可以采用以下几个步骤来有序地实施管理。

1. 确定纳税风险控制的目标

纳税风险控制的目标包含直接目标与间接目标两方面的内容。

(1)直接目标

纳税风险控制的直接目标是通过科学的控制方法和合理的业务安排与处理,使得企业能够在合法的前提下实现税收负担的最小化,免受法律的制裁与处罚,这是纳税风险控制最直接的目标。

(2)间接目标

纳税风险控制的间接目标包括:

①在实施纳税风险控制的过程中,通过对影响企业纳税风险的各因素进行分析,弄清楚引起企业纳税风险的关键因素与指标,尽可能排除纳税风险控制过程中的不确定性;

②通过纳税风险控制,避免因为纳税问题而给企业带来商誉方面的损失,间接地提高企业的经济效益;

③通过纳税风险控制,可以促使企业提高财务管理的水平,提高财务人员的素质和账务处理的水平;并在其带动下,促进其他部门加强管理,进而提高企业的整体管理水平。

2. 分析纳税风险的影响因素

影响企业纳税风险的因素,并不仅仅存在于企业内部,企业外部的因素也会对企业的纳税风险产生影响。

（1）企业经营者的经营理念

企业的经营理念是企业经营者的经营理念在企业生产、经营活动中的实际反映。因此,企业经营者的经营风格、个性、法律意识等方面都会成为影响纳税风险的潜在因素,也是主要因素。很难设想一个颇具冒险精神、对法律又不是很了解、风险观念薄弱的经营者会照章纳税。因此,要降低纳税风险,经营者必须转变其经营理念,树立守法经营的意识。

（2）员工的素质

企业的实际工作都由专门人员来处理,因此,实际工作人员的教育背景、工作经历、工作态度、专业能力等方面会对企业纳税风险的大小产生影响。比如,财务人员在处理自己不熟悉的业务时,可能会因为处理不当而造成纳税风险;或者,受其能力和水平的限制,没有在合理、合法的基础上进行适当的业务处理以降低税负而使得企业多缴纳了税收;或者在发生业务处理不当的事情后,没有及时与税务机关沟通、解释,或者解释不清,从而导致税务机关的稽查,这无形中也会造成企业的纳税风险。

（3）企业的纳税环境

企业的纳税环境包含两个层次的内容:

①税务机关的执法环境

如果企业所在地的税务机关能够严格按照税法的规定来征税和管理、稽查,那么相对来说,企业所面临的纳税风险就比较小;反之,如果企业所在地的税务机关不严格按照税法来征税,而是随意地征税、稽查,那么企业将会面临着较大的纳税风险。

②当地纳税人的整体情况

如果企业所在地的其他企业都不照章纳税,而是通过种种方式来偷逃税,那么企业处在这样的经营环境中,也很难成为一个遵纪守法的经营者,它必然也会跟其他企业一样,走向不照章纳税之路;反之,如果企业所在地的其他企业全部都照章纳税,那么企业最终也将选择照章纳税,这样做对企业最有利。良好的税务环境有利于企业正常的生产经营活动。因此,企业在设立的时候,出于纳税风险控制的考虑,应该仔细考察拟设立地的税务环境,包括当地政府的观念、公务员的素质、经济发展水平、市场开放程度等。

(4)企业的社会关系

对企业来说,企业的社会关系是企业的一种无形资源。如果企业有良好的社会关系,那么在发生意外或者业务处理失误的时候,就比较容易通过企业所拥有的社会关系来向税务机关解释、说明,这实际上也是降低企业的纳税风险。

3. 识别、测算纳税风险

纳税风险的识别就是要了解企业在日常经营运作与追求发展的过程中面临着哪些纳税风险。

(1)分析企业面临的主要税种

不同的企业经营范围是不同的,从而对企业纳税风险的影响也是不一样。对照章纳税的企业来说,越大的税种导致的纳税风险反而越小。例如,增值税,由于国家对增值税的管理非常严格,处罚也非常重,而相当部分的企业都是增值税的纳税义务人,因此,在增值税问题上企业自上而下都非常重视,从而其所导致的纳税风险会较小;但一些小的税种,由于企业的重视程度不够,而且对企业的影响也不是很大,反而正是这些小的税种给企业带来了纳税风险。因此,在企业的经营管理过程中,经营者和财务人员必须清楚地知道,企业所要缴纳的税收主要有哪些,从企业前几年的情况看在哪些税种上出现过问题,据此就可以确定企业的纳税风险主要来源于哪些税种了。

(2)分析企业的经营环境及变化

由于企业的经营情况时刻在发生变化,企业的经营环境也在不断地变化着,因此就需要经常分析一下企业的内部和外部环境是否发生了变化,这些变化是否会改变企业的生产经营行为和投资方向? 在目前的经营管理模式下,是否存在着纳税风险? 现有的人员素质和人员配备是否能够满足企业对纳税风险控制的需要?

(3)分析纳税风险的影响因素

在企业所面临的纳税风险中,哪些是外部因素导致的? 哪些是企业内部原因造成的? 对于内部因素所造成的纳税风险,是否有更好的办法去降低? 对于外部因素造成的纳税风险,有没有合理的办法来处理?

(4)选择合理的风险规避方法

对于纳税风险,有不同的处理方法,通常所用的方法包括避免纳税风险,如避免进入某一业务领域或者放弃某一产品的制造与销售;保留纳税风险,对于外部因素所造成的纳税风险,在没有更好的办法避免的情况下,就只好予以保留;降低纳税风险,通过相关业务的调整和加强管理,从企业内部来降低纳税风险。因此,企业就需要仔细分析在所面临的纳税风险中,哪些是可以避免的,哪些是可以保留的？哪些是可以降低的？

在对上述风险进行了识别的情况下，就需要测算企业所面临的纳税风险的大小。从风险管理的角度看，有不同的方法可以对风险进行测算，但从纳税风险的角度看，由于纳税风险给企业造成的损失基本上是可以度量的，其最终影响体现在企业的盈利能力和盈利水平上，因此，纳税风险的测算就相对容易很多。企业需要弄清楚纳税风险存续的时间是多长；导致纳税风险的可能性有多大；纳税风险对企业的资本、收入、现金流、信誉等方面会产生什么样的影响；如果可以将上述影响量化的话，纳税风险对上述指标的影响是多大；只要回答了上述问题，就可以很容易地测算出企业面临的纳税风险的大小了，再通过简单的排序，就可以清楚地知道哪些是企业所面临的主要纳税风险，哪些是次要的纳税风险了。

4. 开发、实施纳税风险管理的方法和策略

在对企业所面临的纳税风险有了详细的了解以后，企业就应该针对本企业的实际情况，采取合理的方法和策略控制企业所面临的纳税风险。

（1）重视纳税风险

应该在公司层面上对纳税风险的控制予以重视，特别是经营者应该树立对纳税风险的正确意识，并有推行下去的决心和信心。在我国，几乎所有的事情，如果能够自上而下地来推行，那么将会收到事半功倍的效果，这是我国的文化、传统和风俗习惯所决定了的。除此之外，还应该将纳税风险控制策略与公司的经营策略紧密结合起来。因为纳税风险控制不是目的，而只是一种手段，其根本目的是减少企业的意外损失，最终还是要为企业的经济目标服务。

（2）关注重点税种

应该选择那些对公司的经营目标有重大影响的税种给予特别关注。对公司经营有重大影响的税种，实际上也是企业税收成本的最大部分，通常也是最容易发生纳税风险的部分。

（3）建立合理、科学的考核指标体系

无论纳税风险控制是采用集中管理还是分散实施，都需要对相关的责任人员实行考核，如果没有一个考核指标体系，就缺乏一个标准来衡量纳税风险控制的效果，也无法对以后的工作进行监督和改进。

（4）设置专门的管理部门

纳税风险控制不是一个简单的过程，而是企业的一种长期目标和需要。因此，如果有条件，企业应该考虑设立专门的税务管理部门，企业的所有涉税事宜都由该部门来处理；如果不具备设立单独的税务管理部门的条件，那么就应该将纳税风险控制的工作分解给相关部门，将其纳入到企业的日常管理中。在这个过程中，财务部门应该起主要的作用，承担主要的工作，因为纳税风险控制与业务的财务处理是紧密联系在一起的，而且企业的基本财务信息也是企业进行纳

税风险控制的最原始信息。

5. 进行有效的监督和检查

监督和检查既是纳税风险控制能够有效实施的保障,也是完善纳税风险控制的基础。通过监督、检查,可以清楚所制定并实施的纳税风险控制方法和策略是否得当,效果是否明显;若效果不是很理想,那么通过监督、检查可以仔细地分析问题出在什么地方,从而为税务分析控制的完善提供建议。

七、纳税筹划与财务管理

财务管理是企业的日常经营管理活动的重点之一。从理论上讲,财务管理涉及财务管理的目标、财务管理的对象、财务管理的内容、财务管理的职能、财务管理的环境、财务管理的组织机构等方面,而纳税筹划与财务管理的所有方面都发生着或多或少的联系。

(一)纳税筹划与财务管理目标

财务管理目标是指财务管理工作要达到的目的,它是财务管理工作的起始条件和行动指南,也是财务理论和方法体系赖以建立的基础。从财务管理理论的发展和实践看,由于政治、经济环境等方面的差异,不同的国家、甚至同一国家在不同的时期,其财务管理的目标也是不一样的,呈现出一种多样性。企业产值最大化、利润最大化、每股收益最大化、投资回报率最大化等都曾经或者一直被作为财务管理的目标。

上述目标虽然有所差异,但在具体内容方面都表现为两个层面:一个层面是基本目标,另一个层面是具体目标。基本目标与企业管理的整体目标是一致的,即保证社会利益的前提下实现所有者财富最大化或企业价值最大化;财务管理的具体目标指的是企业的盈利能力、支付能力等方面。无论是在哪个层面上,税收都对财务管理的目标施加影响。这些影响,主要表现在以下几个方面。

1. 纳税方案的选择会影响到财务管理的目标

在现实经济生活中,由于企业具体的生产经营活动状况千差万别,而税法又不可能面面俱到。在这种情况下,企业就会面临着多个纳税方案的选择问题,这就需要在不同的纳税方案之间做出选择。一般情况下,企业根据财务管理的目标,通过对各种不同的纳税方案进行比较分析,从中选择出对企业最有利的方案。实际上,减轻税负不是纳税筹划的根本目的,在很多情况下,如果一味地追求减轻税负,有可能导致企业的总体收益损失,从而影响企业财务管理目标的实现。

2. 通过纳税筹划可以减少税务风险

税务风险表现在两个方面,其一是由于企业的主观原因和税法繁多、变动频繁等客观原因,使得违反税法的事情发生,并受到处罚,这必然会影响到企业的生产行为、投资行为等经济活动,进而影响到企业财务管理目标的实现;其二是虽没有违反税法的规定,但是由于粗心大意而落入所谓的"税收陷阱"中,不得不付出更多的税款,增加税负,从而会对财务管理目标的实现产生负面影响。

3. 纳税筹划会给企业带来实在的收益

纳税筹划的收益主要表现在以下两个方面:一是通过纳税筹划,可以充分享受政府所提供的税收优惠政策;通过纳税筹划,彻底了解政府的税收优惠政策。税收优惠是国家为了鼓励某种行业或者行为,而在税收制度中做出的明确规定。其实质是国家财政支出的一种形式(税式支出),也是政府给予符合条件的纳税人的税收利益。企业根据税法的规定,有目的地选择所从事的行业或者活动,从而满足税收优惠所要求的条件,享受到国家所让渡的这部分税收收益。二是延期纳税。所谓延期纳税,指的是纳税人在法律允许的范围内,推迟纳税期的行为。需要注意的是,在实务中,区别延期纳税与欠税行为的基本标准是,前者有事先性,是合法的。要享受到这一收益,需要事先就做出安排。延期纳税并没有减少企业的应纳税额,但是,从财务管理的角度看,货币资金是有时间价值的,通过延期纳税,实际上相当于企业获得了一笔零成本的资金,对财务管理目标的实现是有利的。

(二)纳税筹划与财务管理对象

财务管理的对象是资金及其流转,因此现金流的管理就成为财务管理最重要的具体对象之一。这主要是由现金流在企业生产经营活动中的重要性所决定的:现金流作为企业资本运动的动态表现,可综合反映企业生产经营的主要过程和主要方面(筹资、投资、耗费、收回)的全貌;保持流量平衡,维护企业良好的财务状况,比追求短期的收益更为重要,它是企业持续经营的前提;现金流量也是投资者和债权人据以制定决策的依据。

税收会对企业的现金流量产生重要的影响。税金是一种纯粹的支出,并且只要是守法的企业,只要发生了应税活动,就要及时、足额缴纳税金,除非事前已办理了延期纳税,否则,就必须及时、足额缴纳,根本没有商量的余地。在进行现金流预测时,就需要充分考虑到税金对企业现金流的影响,事先做好准备,尽可能减少财务风险和税务风险。

(三)纳税筹划与财务管理职能

财务管理职能主要包括财务计划、财务决策和财务控制三个方面,而税收贯彻于这三个方面的始终。

1. 税收因素是企业财务计划的一个重要方面

财务计划是针对特定期间的财务规划和财务预算。一方面税收因素会影响到企业财务计划的制订和执行,对企业的收入、成本、利润和资金需要量产生影响;另一方面纳税筹划本身就是规划、计划的意思,是财务计划的组成部分。

2. 税收因素是财务决策过程中必须考虑的因素

财务决策主要包括筹资、投资和利润分配三个方面。相应地,纳税筹划也主要涉及筹资过程中的税收问题、投资过程中的税收问题和利润分配过程中的税收问题。财务决策的过程,实际上就是根据所获取的各种信息,通过加工、整理,最终形成可供使用的方案的过程。在需要获取的信息中,税收信息是最重要的信息之一,并且,财务决策所用的方法也是纳税筹划的基本方法。

3. 纳税筹划执行离不开控制

财务控制是通过一定的管理手段对财务活动进行指挥、组织、协调,并对财务计划实施监控,以保证其落实。就纳税筹划来说,对于已做出的筹划方案,在组织落实时,也离不开切实可行的监控。同时要建立一定的组织系统、考核系统、奖励系统,以保证筹划目标的实现。

（四）纳税筹划与财务管理内容

筹资、投资和利润分配是财务管理的三大内容。纳税筹划对财务管理的三大内容都有重要影响:税法对不同的筹资方式所获取的资金成本的列支方法是不同的,是在税前列支还是在税后列支直接影响企业的负担,企业必须加以认真筹划,选择有利的融资结构;根据税法不同的优惠政策,投资者在进行新的投资时,可以从投资地点、投资行业、投资方式等几个方面进行优化选择;税收政策不仅影响利润的分配,而且对累积盈余也有制约作用,同样需要纳税筹划。

第三节　税务会计概述

一、税务会计的概念与特点

（一）税务会计的概念

税务会计是以国家现行税收法规为准绳,以货币为计量单位,运用会计学的理论和核算方法,连续、系统、全面地对税款的形成、计算、缴纳进行反映和监督的一种管理活动。

（二）税务会计的特点

1. 法律性

税务会计以国家现行的税收法规为准绳,这是税务会计区别于其他专业会计的一个重要特点。国家不能超越法律征税,企业也不得拒绝执行税法规定,不履行纳税义务。纳税人在发生应税行为、取得应税收入后,必须按税法的规定正确计算应纳税款,及时上缴国家。当会计准则的规定与税法规定不一致时,应按税法的规定进行必要的调整。因此,以税法为依据,受制于税收法律的制约是税务会计的显著特点。

2. 广泛性

广泛性是指税务会计的适用范围非常广泛。我国宪法规定中华人民共和国公民都有纳税义务,而企业更负有纳税义务。也就是说,所有的自然人和法人都可能是纳税义务人。由于法定纳税人的广泛性,决定了税务会计的广泛性。

3. 统一性

税务会计是融会计核算和税收法律法规于一体的会计。税法的统一性决定了税务会计对涉税事项会计处理的统一性。同一种税都要按照统一的法律标准严格执行,不区分纳税人的经济性质、组织形式、隶属关系以及生产经营形式和内容。当然,在维护税法统一的前提下,也不排除特殊情况下的灵活性,如减免税方面的规定等。

4. 独立性

税务会计与其他会计比较,除共性外,还有其相对的独立性和特殊性。因为国家税收法律法规与企业会计准则所遵循的原则不同、规范的对象不同,二者有可能存在一定的差异。所以,对于某些税种来说,财务会计账面记录提供的信息,不能满足计税的要求。所以,税务会计要根据税法的要求,重新计算调整,以满足计税的需要。因此,税务会计有一套自身独立的处理方法。如自产自用货物视同销售的有关规定、企业会计利润与应纳税所得额的差异及其调整等,都反映了税务会计核算方法与内容的相对独立性。

5. 差异互调性

税务会计的法律性和相对独立性,决定了税务会计的处理结果和财务会计的处理结果存在差异,根据财务会计的规定进行核算、反映和处理的结果,是为了满足投资者、债权人和管理者的需要,而税务会计进行核算、反映和处理的结果,是为了满足国家征税和企业管理者进行纳税筹划的需要。两者在收入确认、存货计价、计提折旧和坏账准备等方面都存在着一定的差异,造成了税前会计利润和应纳税所得额存在一定的差异,但两者之间的差异可以根据产生差异的原因相互调节。

二、税务会计与财务会计的联系与区别

(一)税务会计与财务会计的联系

税务会计作为一项实质性工作并不是独立存在的,而是企业会计的一个特殊领域,是以财务会计为基础的。税务会计并不要求在财务会计的凭证、账簿、报表之外再设一套会计账表,也没有必要专门设置税务会计机构。

税务会计的资料来源于财务会计,它对财务会计处理中与税法规定不相符的会计事项,或出于纳税筹划目的需要调整的事项,按税务会计的方法计算、调

整,并作调整会计分录,再融于会计账簿或财务报告之中。

(二) 税务会计与财务会计的区别

1. 服务主体不同

财务会计提供的会计信息主要为与企业外部有经济利害关系的单位和个人服务,同时也为企业内部管理服务,其服务主体包括投资者、债权人和经营管理者;而税务会计所提供的信息主要服务于税务机关和企业的经营管理者。

2. 核算目的不同

财务会计核算的目的是通过编制财务报表,向政府、银行、投资者、债权人、企业主管部门及其他会计信息使用者提供信息;而税务会计是通过对企业涉税活动的反映和核算,保证纳税人依法纳税,使纳税人的经营行为既符合税法,又最大限度地减轻税收负担。

3. 核算范围不同

财务会计的核算对象是企业以货币计量的全部经济事项,其核算范围包括资金的投入、循环、周转、退出等过程,既要反映企业的财务状况,又要反映企业的经营成果和资金变动情况;而税务会计的核算对象是因纳税而引起的税款的形成、计算、缴纳、补退等经济活动的资金运动,其核算范围包括经营收入、成本(费用)与资产计价、收益分配、财产与特定行为目的、纳税申报与税款解缴、税收减免和纳税筹划等与纳税有关的经济活动。

4. 核算的依据不同

财务会计进行核算应遵循会计准则,依照企业会计准则的规定处理企业的各种经济业务;而税务会计不仅要遵循一定的会计准则,更重要的是受税法的约束;在方法的选择和确定上税务会计缺乏灵活性,而带有较浓厚的强制性和统一性。当财务会计的规定和税法的规定相抵触时,企业可以按财务会计规定进行会计处理,但在纳税时必须按税法的规定进行调整。

5. 核算的基础不同

企业财务会计的理论基础是权责发生制。为使财务报告公允地反映某一会计期间企业的财务状况和经营成果,允许企业在一定情况下对收益和费用进行合理的估计。因此,财务会计上确认的收入不等于企业增加现金流入量,费用也不意味着企业现金流出量,企业各期的利润也不代表当期可支配的净现金资源。税务会计由于体现了税收强制征收的特性,不强调以权责发生制为依据来确定企业收益和费用,而表现为权责发生制与收付实现制并用。

6. 计量基础不同

税务会计坚持历史成本,不考虑物价水平的变动;而企业财务会计有历史成本、重置成本、可变现净值、未来现金流量现值、公允价值等多种计量属性。

三、税务会计的原则和内容

（一）税务会计的原则

为了实现税务会计的目标,保证税务会计信息的质量,税务会计进行核算必须遵循一定的原则。税务会计作为具有法律效力的特种专业会计,虽然具有自身的特点,但仍属于企业会计的范畴,首先应遵循一般会计原则,包括可靠性原则、相关性原则、可理解性原则、可比性原则、实质重于形式原则、重要性原则、谨慎性原则、及时性原则以及权责发生制原则和历史成本原则。但税务会计又具有一定的特殊性,在遵守一般性原则的基础上,还应遵循其特有的原则。税务会计的特殊性原则包括:

1. 法律性原则

企业在对涉税经济事项进行税务处理时,必须符合国家的税收法律、法规和规章,严格按税法规定核算,任何单位和个人都必须无条件地遵守税法、正确履行纳税义务,因此,税务会计必须遵循法律性原则,并随着社会政治、经济环境的变化而有所调整。在实际工作中,税务会计应认真研究税法,以现行税法作为会计工作的规则和指南,并随着国家税收政策的变化相应地调整企业的税务活动。

2. 收入原则

税收首要的职能是为国家筹集收入,以实现国家的各项职能,所以要求税务会计必须遵循收入原则,正确地核算企业的各项涉税活动,准确计算计税依据和应纳税款,对影响计税依据正确核算的经济事项,都要按收入原则进行调整。通过严格执行税法,保证税款及时、足额入库。

3. 经济效益和社会效益相结合原则

税务会计的法律性原则要求纳税人必须按税法的规定核算企业的各项税务活动,但这并不排斥企业进行纳税筹划。企业为了实现税后利润的最大化,应合理地安排自己的经济活动,尽可能地享受国家的税收优惠,以减少纳税,获得税收利益。纳税筹划是企业通过对自身经济行为的调整,避开国家限制的方面,主动符合国家的优惠税收政策,最终实现国家的某些经济、社会目标,使经济和社会效益最大化的活动。

4. 接受税务机关审查监督原则

企业税务会计的结果是企业进行纳税申报以及缴纳税款的直接依据,企业税务会计核算的正确与否,直接关系到国家的财政收入。企业要对税务会计资料的真实性负责,任何违反税法规定少纳或不纳税款的行为,都应该受到法律的处罚。税务机关应对企业税务会计资料加强审查和监督,进行定期或不定期的检查,及时堵塞漏洞,保证税收的公平。

5. 纳税筹划原则

税务会计既要保证依法计税、纳税,又要尽可能地争取纳税人的最大税收利益。因此,选择什么样的会计政策、采用何种税务筹划方案,必须事先进行周密的谋划。纳税人在其经营决策、筹资决策和投资决策中,可以在不违反税法的前提下,以降低税负为目标,对纳税活动中的方案进行规划、预测、比较、决策,尽可能地享受税收优惠政策,以达到减少税负,增加企业经济效益的目的。

(二)税务会计的内容

税务会计的对象是因纳税而引起的税款的形成、计算、缴纳、补退等经济活动的资金运动。企业因纳税而引起的资金运动具有货币资金单向运动的特点,企业缴纳的税款在入库后,就成为国家的财政收入,除计算错误发生多缴税金以及减免税等因素外,不会以任何形式返还纳税人。

税务会计的核算内容包括:

1. 经营收入

经营收入是企业在销售商品、提供劳务等经营业务中实现的营业收入,是一个企业资金运动的起点和终点。企业取得的收入既包括在生产或经营中已消耗的各项成本费用,也包括企业实现的税金和利润。经营收入的核算是否正确,不但关系到流转税的计算,还关系到应纳税所得额和应纳所得税额的计算及税款缴纳,因此,经营收入的正确核算是税务会计和财务会计核算的基础,并直接影响国家税款的及时足额入库。

2. 成本(费用)与资产计价

成本(费用)是指企业生产经营过程中发生的各项耗费,包括生产过程中的生产费用和销售产品发生的流通费用,如材料耗费、折旧费用、广告费用等。成本(费用)是企业生产经营活动中所垫付的资金,是企业开始生产经营的前提。一定时期内的成本(费用)总额与经营收入总额相比较,反映企业生产经营的盈亏状况。成本(费用)不仅关系到企业成本管理状况、劳动生产率的高低及企业的兴衰与存亡,而且是计算应纳所得税的依据,即成本(费用)影响着应纳税额的完成情况。另外,一定会计期间的成本(费用)是从已耗用的按历史成本计价的资产价值转化而来的,所以,正确核算资产的计价,直接关系到从经营收入中扣除的成本(费用)的正确与否。

3. 收益分配

收益分配是指企业在一定时期内实现的利润的分配使用方向。所以分配是一个广义的概念,不是仅指利润向投资者的分配。收益分配主要是在国家、企业、个人三者之间的分配。而在市场经济条件下,国家参与企业的收益分配,主要是通过税收形式实现的。税务会计对收益分配的核算,又可分为收益成果的确定和应纳税所得额的调整。收益成果是企业在一定的会计期间实现的利润总额,它是计算企业应纳税所得额的基础,对收益或经营成果计算的准确与否,直接影响企业应纳税金的数额。同时,由于会计和税收属于不同的范畴,两者的服务对象、核算范围、核算目的以及核算基础和处理依据不同,企业核算的利润总额和按税法要求计算的应纳税所得额就存在差异。因此,为了正确核算会计利润和正确计算应纳税所得额,还必须在会计利润的基础上,按税法规定核算应纳税所得额的调整项目。

4. 财产与特定行为目的

目前我国实行的是流转税与所得税并重的双主体税制模式,就税务会计核算的内容而言,流转税和所得税是其主要内容,但在核算流转税与所得税的基础上,还应核算企业所拥有的财产与某些特定行为。目前我国对财产的征税主要有房产税、车船税等;对特定行为的征税主要有印花税、城市维护建设税、土地增值税等。对以上财产的计价和特定行为中有关计税依据的核算是否正确,也直接关系到国家税款的核算。所以,对财产与特定行为目的税的核算成为税务会计的一项重要内容。

5. 纳税申报与税款解缴

纳税申报是指纳税人在履行纳税义务时,就应纳税款的计算、缴纳等有关情况向税务机关提出书面报告的一种法定手续。纳税申报的形式是编报纳税申报表,核心是确定应纳税额并接受税务机关的审查与监督,它是正确计缴税款的一个重要环节。税款解缴是指纳税人将应纳税款缴入国库的过程。这是税收资金核算的目的,也是税收资金运动的结果和终点。企业应按税法的规定,结合行业会计特点,正确核算企业税款的应缴、欠缴以及缴纳情况。

6. 税收减免

税收减免是对某些纳税人和征税对象给予鼓励或照顾的一种特殊规定,是国家在税法统一的原则下,因地制宜、因事制宜而采取的灵活措施。税收减免的主要内容包括减税和免税、起征点、免征额等。税收减免意味着国家税收收入的减少,因此,必须严格按税收法律、法规的规定申请和审批。企业税务会计也应按规定予以核算。

7. 纳税筹划

纳税筹划又称节税,是指在法律规定许可的范围内,通过对经营活动的事先筹划和安排,尽可能地减少纳税,获得税收利益。纳税筹划的实质是依法合理纳税,最大限度地降低纳税风险。具体是指纳税人依照税法的具体要求和生产经营的特点,利用会计特有的方法,围绕税种和企业经营方式,规划企业的有关纳税活动,使之既依法纳税,又尽可能地享受税收优惠,降低企业税负。纳税筹划的着眼点是纳税人通过自身经济活动的调整,避开国家限制的方面,主动采纳国家的优惠税收政策,实现企业利益的最大化。

【本章小结】

1. 在纳税行为发生之前,在合理、合法的前提下对涉税事宜做出事先安排,一方面减轻企业的税收负担,另一方面控制企业的涉税风险,称之为纳税筹划。纳税筹划具有合法性、合理性、事先性、综合性和风险性等特点。

2. 纳税筹划与偷税、抗税、骗税和避税有着本质的不同。

3. 进行纳税筹划,应遵循合法性、事先性、成本—效益、目的性、综合性原则。

4. 纳税筹划的常用方法包括选择合适的纳税人身份、选择恰当的切入点、重视应纳税额的影响因素、充分利用税收优惠政策、利用某些税种的特殊规定以及利用税负转嫁。

5. 纳税筹划的流程包括了解企业信息、梳理、整理现行的税收政策和法规、进行纳税评估、设计与制订纳税方案、可能的纳税争议解决方案、实施并评价、调整纳税方案等。

6. 税务风险管理和控制是企业风险控制的一个重要方面。应在综合分析企业所面临的税种、税收环境等因素的基础上,制订切实可行的税务风险控制方案。

7. 纳税筹划是财务管理的内容之一,两者在目标、对象、职能与内容方面有着很大的一致性。

8. 税务会计是在税法与财务会计不断融合的基础上发展起来的一门学科,它对会计处理与纳税处理不一致的经济活动或事项,出于纳税和纳税筹划的目的而进行必要的纳税调整。

9. 税务会计的核心任务是利用财务会计方法体系、以税法为依据完成税款的计算、核算、缴纳以及纳税筹划等任务的一系列涉税管理活动。

【思考题】

1. 什么是纳税筹划?

2. 进行纳税筹划应遵循什么原则?

3. 企业应如何进行纳税筹划?

4. 理论联系实际,分析企业应如何进行税务风险管理和控制?

5. 纳税筹划与财务管理之间的关系如何?

5. 税务会计与财务会计有哪些主要区别?

6. 税务会计的特点和原则是什么?

7. 税务会计的内容主要有哪些?

第二章 增值税的纳税筹划与会计核算

学习目标

- 熟悉增值税的基本要素和法律规定
- 掌握增值税筹划的基本方法和常用方法
- 理解和掌握增值税会计的账户设置方法
- 掌握增值税进项税额、进项税额转出的会计处理方法
- 掌握增值税的销项税额的会计处理方法
- 掌握增值税的出口退税的会计处理方法
- 掌握增值税的结转、缴纳的会计处理方法

第一节 增值税的基本规定

一、增值税的征税范围

增值税是对在我国境内销售货物或提供加工、修理修配劳务以及进口货物过程中实现的增值额征收的一种流转税。由于对单个企业而言，很难准确核算其增值额，因此我国的增值税采用了对货物或应税劳务的销售额，以及进口货物的金额计算税款，并准予抵扣前一环节已纳税款的计税办法。

我国目前的增值税征税范围包括销售或者进口货物，以及提供加工、修理修配劳务两大项内容。另外，也将某些特殊项目和行为列入了增值税征税范围。具体包括：

（一）销售货物

是指在中华人民共和国境内有偿转让货物的所有权。货物是指有形动产，包括电力、热力、气体在内。

（二）提供加工、修理修配劳务

是指在中国境内有偿提供加工、修理修配劳务。

（三）进口货物

是指进入中国关境的货物。对于进口货物，除依法征收关税外，还应在进口

环节征收增值税。

（四）视同销售行为

1. 将货物交付他人代销；

2. 销售代销货物；

3. 设有两个以上机构并实行统一核算的纳税人,将货物从一个机构移送其他机构用于销售,但相关机构设在同一县(市)的除外；

4. 将自产或者委托加工的货物用于非增值税应税项目；

5. 将自产、委托加工的货物用于集体福利或者个人消费；

6. 将自产、委托加工或者购进的货物作为投资,提供给其他单位或者个体工商户；

7. 将自产、委托加工或者购进的货物分配给股东或者投资者；

8. 将自产、委托加工或者购进的货物无偿赠送其他单位或者个人。

（五）混合销售行为

一项销售行为既涉及货物又涉及非应税劳务(应征营业税的劳务),为混合销售行为。

从事货物的生产、批发或零售的企业、企业性单位及个体经营者(包括从事货物的生产、批发或零售为主,并兼营非应税劳务的企业、企业性单位及个体经营者)的混合销售行为,视为销售货物,应当征收增值税；其他单位和个人的混合销售行为,视为销售非应税劳务,不征收增值税。

（六）兼营非应税劳务

纳税人的销售行为如果既涉及货物或应税劳务,又涉及非应税劳务,为兼营非应税劳务。

纳税人兼营非增值税应税项目的,应分别核算货物或者应税劳务的销售额和非增值税应税项目的营业额,分别缴纳增值税和营业税；未分别核算的,由主管税务机关核定货物的销售额或者应税劳务的营业额。

（七）纳税人销售旧货

1. 一般纳税人销售旧货

(1) 一般纳税人销售自己使用过的属于不得抵扣且未抵扣进项税额的固定资产,按简易办法依4%征收率减半征收增值税。

(2) 一般纳税人销售自己使用过的其他固定资产,按照下列规定处理：

销售自己使用过的2009年1月1日以后购进或者自制的固定资产,按照适用税率征收增值税；

2008年12月31日以前未纳入扩大增值税抵扣范围试点的纳税人,销售自己使用过的2008年12月31日以前购进或者自制的固定资产,按照4%征收率减半征收增值税；

2008 年 12 月 31 日以前已纳入扩大增值税抵扣范围试点的纳税人,销售自己使用过的在本地区扩大增值税抵扣范围试点以前购进或者自制的固定资产,按照 4% 征收率减半征收增值税;销售自己使用过的在本地区扩大增值税抵扣范围试点以后购进或者自制的固定资产,按照适用税率征收增值税。

(3) 一般纳税人销售自己使用过的除固定资产以外的物品,应当按照适用税率征收增值税。

(4) 应纳税额的计算

一般纳税人销售自己使用过的物品和旧货,适用按简易办法依 4% 征收率减半征收增值税政策的,按下列公式确定销售额和应纳税额:

销售额＝含税销售额÷(1＋4%)

应纳税额＝销售额×4%×50%

(5) 关于发票的开具

一般纳税人销售自己使用过的固定资产,适用按简易办法依 4% 征收率减半征收增值税政策的,应开具普通发票,不得开具增值税专用发票。

2. 小规模纳税人销售旧货

(1) 小规模纳税人(除其他个人外)销售自己使用过的固定资产,减按 2% 征收率征收增值税。

(2) 小规模纳税人销售自己使用过的除固定资产以外的物品,应按 3% 的征收率征收增值税。

(3) 应纳税额的计算

小规模纳税人销售自己使用过的固定资产和旧货,按下列公式确定销售额和应纳税额:

销售额＝含税销售额÷(1＋3%)

应纳税额＝销售额×2%

(4) 发票的开具

小规模纳税人销售自己使用过的固定资产,应开具普通发票,不得由税务机关代开增值税专用发票。

3. 旧货交易单位

纳税人销售旧货,按照简易办法依照 4% 征收率减半征收增值税。

所称的旧货,是指进入二次流通的具有部分使用价值的货物(含旧汽车、旧摩托车和旧游艇),但不包括自己使用过的物品。

纳税人销售旧货,应开具普通发票,不得自行开具或者由税务机关代开增值税专用发票。

二、增值税的纳税人

在我国境内所有销售或者进口货物、提供应税劳务（加工、修理修配劳务）的单位和个人都是增值税的纳税人。

由于增值税实行凭专用发票抵扣税款的制度，因此，为配合增值税专用发票的管理和增值税应纳税额的核算，将纳税人划分为一般纳税人和小规模纳税人两类，并且对两类纳税人在计税办法和征收管理等方面也有很大的不同。

（一）一般纳税人

1. 一般纳税人是指年应税销售额超过小规模纳税人标准的企业和企业性单位。

2. 对于年应税销售额未超过财政部、国家税务总局规定的小规模纳税人标准以及新开业的纳税人，可以向主管税务机关申请一般纳税人资格认定。

对提出申请并且同时符合下列条件的纳税人，主管税务机关应当为其办理一般纳税人资格认定：

（1）有固定的生产经营场所；

（2）能够按照国家统一的会计制度规定设置账簿，根据合法、有效凭证核算，能够提供准确的税务资料。

（二）小规模纳税人

小规模纳税人是指年应税销售额在规定标准以下，并且会计核算不健全，不能按规定报送有关税务资料的增值税纳税人。

所谓的会计核算不健全，是指不能准确核算增值税的销项税额、进项税额和应纳税额。

所称年应税销售额，是指纳税人在连续不超过 12 个月的经营期内累计应征增值税销售额，包括免税销售额。具体包括纳税申报销售额、稽查查补销售额、纳税评估调整销售额、税务机关代开发票销售额和免税销售额。

判定小规模纳税人的标准是：

1. 从事货物生产或者提供应税劳务的纳税人，以及以从事货物生产或者提供应税劳务为主，并兼营货物批发或者零售的纳税人，年应征增值税销售额在 50 万元（含）以下的。

所称以从事货物生产或者提供应税劳务为主，是指纳税人的年货物生产或者提供应税劳务的销售额占年应税销售额的比重在 50% 以上。

2. 上述规定以外的纳税人，年应税销售额在 80 万元以下的。

3. 年应税销售额超过小规模纳税人标准的其他个人按小规模纳税人纳税，非企业性单位、不经常发生应税行为的企业可选择按小规模纳税人纳税。

对小规模纳税人销售货物或提供应税劳务采取简易的征税办法，即根据其不含增值税的销售额和规定的征收率来计算应纳税额,不得领购使用增值税专用发票,不得抵扣进项税额;购货方从小规模纳税人处购入的、未取得合法的专用发票的货物或取得应税劳务其已纳税额也不得抵扣。

三、增值税的税率和征收率

(一)增值税的税率

增值税的税率分三档:基本税率17%、低税率13%和零税率。

1. 基本税率

增值税一般纳税人销售或者进口货物,提供加工、修理修配劳务,除个别低税率的货物以及销售旧货的行为之外,统一适用17%的基本税率。

2. 低税率

一般纳税人销售或进口下列货物,适用13%的低税率:

(1)粮食、食用植物油、鲜奶;

(2)暖气、冷气、热水、煤气、石油液化气、天然气、沼气、居民用煤炭制品;

(3)图书、报纸、杂志、音像制品和电子出版物;

(4)饲料、化肥、农药、农机(不包括农机零部件)、农膜;

(5)国务院规定的其他货物。

3. 零税率

纳税人出口货物适用零税率,国务院另有规定的除外。

(二)增值税的征收率

1. 小规模纳税人销售货物或者应税劳务,实行按照销售额和征收率计算应纳税额的简易办法,其征收率为3%。

2. 一般纳税人销售货物属于下列情形之一的,暂按简易办法依照4%征收率计算缴纳增值税:

(1)寄售商店代销寄售物品(包括居民个人寄售的物品在内);

(2)典当业销售死当物品;

(3)经国务院或国务院授权机关批准的免税商店零售的免税品。

3. 一般纳税人销售自产的下列货物,可选择按照简易办法依照6%征收率计算缴纳增值税:

(1)县级及县级以下小型水力发电单位生产的电力,小型水力发电单位是指各类投资主体建设的装机容量为5万千瓦以下(含5万千瓦)的小型水力发电单位;

(2)建筑用和生产建筑材料所用的砂、土、石料;

(3)以自己采掘的砂、土、石料或其他矿物连续生产的砖、瓦、石灰(不含黏土实心砖、瓦);

（4）用微生物、微生物代谢产物、动物毒素、人或动物的血液或组织制成的生物制品；

（5）自来水；

（6）商品混凝土（仅限于以水泥为原料生产的水泥混凝土）；

4. 对属于一般纳税人的自来水公司销售自来水按简易办法依照6％征收率征收增值税，不得抵扣其购进自来水取得增值税扣税凭证上注明的增值税税款。

四、增值税专用发票的使用和管理

增值税专用发票是销货方销项税额的重要凭证，也是购货方纳税人抵扣进项税额的主要依据。

（一）专用发票的领购

增值税专用发票只限于增值税的一般纳税人领购使用，增值税的小规模纳税人和非增值税纳税人不得领购使用。

一般纳税人有下列情形之一者，不得领购使用专用发票：

1. 会计核算不健全，即不能按会计制度和税务机关的要求准确核算增值税的销项税额、进项税额和应纳税额者。

2. 不能向税务机关准确提供增值税销项税额、进项税额、应纳税额数据及其他有关增值税税务资料者。

3. 有下列违反专用发票管理规定的行为，经税务机关责令限期改正而仍未改正者：

（1）私自印制专用发票；

（2）向个人或税务机关以外的单位买取专用发票；

（3）借用他人专用发票；

（4）向他人提供专用发票；

（5）未按规定的要求开具专用发票；

（6）未按规定保管专用发票；

（7）未按规定申报专用发票的购、用、存情况；

（8）未按规定接受税务机关检查。

4. 销售的货物全部属于免税项目者。

（二）专用发票的开具

1. 一般纳税人销售货物（包括视同销售货物）、应税劳务，根据增值税细则规定应当征收增值税的非应税劳务，必须向购买方开具专用发票；

2. 向小规模纳税人销售应税项目，可以不开具专用发票；

3. 小规模纳税人需要对外开具增值税专用发票的，可向主管税务机关申请，经核准后由税务机关按照征收率代开；

4. 增值税专用发票的开具必须符合规定的要求,对于开具的专用发票有不符合规定要求者,不得作为扣税凭证,购买方有权拒收;

5. 专用发票的开具时限为与纳税义务发生时间必须一致,纳税人必须按规定时限开具专用发票,不得提前或滞后。

（三）专用发票的抵扣与保管

一般纳税人除购进免税农业产品和自营进口货物外,购进应税项目时,如果未按规定取得、保管专用发票,或者从销售方取得的专用发票不符合开具要求,不得抵扣进项税额;其购进应税项目的进项税额已经抵扣,应从税务机关发现其有上述情形的当期的进项税额中扣减。

未按规定取得专用发票,是指未从销售方取得专用发票,或只取得记账联或只取得抵扣联。

未按规定保管专用发票,是指未按税务机关的要求建立专用发票管理制度、设专人保管专用发票、设置专门存放专用发票的场所,税款抵扣联未按税务机关的要求装订成册,未经税务机关查验擅自销毁专用发票的基本联次,丢失、损(撕)毁专用发票,未执行国家税务总局或其直属分局提出的其他有关保管专用发票的要求。

第二节　增值税应纳税额的计算与纳税申报

按照纳税人的身份不同,增值税应纳税额的计算方法也不同,具体包括以下三种方法。

一、一般纳税人应纳税额的计算与纳税申报

对增值税一般纳税人来说,其计税办法是从当期的销项税额中扣除其购进投入品已纳税款(即进项税额),计算公式为:

应纳税额＝当期销项税额－当期进项税额

因此,对增值税一般纳税人来说,其应纳税额计算涉及两方面问题,一是计算销项税额,一是计算进项税额。

（一）销售额的确定

无论是一般纳税人还是小规模纳税人,其计税依据都是销售额,这是准确核算应纳税额的首要工作。

1. 销售额的一般规定

销售额为纳税人销售货物或应税劳务向购买方收取的全部价款和价外费用,但不包括收取的销项税额。

价外费用是指价外向购买方收取的手续费、补贴、基金、集资费、返还利润、奖励费、违约金、滞纳金、延期付款利息、赔偿金、代收款项、代垫款项、包装费、包装物租金、储备费、优质费、运输装卸费以及其他各种性质的价外收费。但下列项目不包括在内：

（1）向购买方收取的销项税额；

（2）受托加工应征消费税的消费品所代收代缴的消费税；

（3）同时符合以下条件的代垫运费：①承运部门的运费发票开具给购货方的；②纳税人将该项发票转交给购货方的。

凡价外费用，无论其会计制度规定如何核算，均应并入销售额计算应纳税额。

2. 销售额确定的特殊规定

（1）折扣销售的销售额

纳税人采取折扣方式销售货物，如果销售额和折扣额在同一张发票上分别注明的，可按折扣后的销售额征收增值税；如果将折扣额另开发票，或者折扣是实物折扣，则不得从销售额中减除折扣额。

销售额和折扣额在同一张发票上分别注明，是指销售额和折扣额在同一张发票上的"金额"栏分别注明的，可按折扣后的销售额征收增值税。未在同一张发票"金额"栏注明折扣额，而仅在发票的"备注"栏注明折扣额的，折扣额不得从销售额中减除。

（2）以旧换新的销售额

纳税人采取以旧换新方式销售货物，应按新货物的同期销售价格确定销售额，不得扣减旧货物的收购价格。对金银首饰的以旧换新的业务，可以按销售方实际收取的不含增值税的全部价款确定销售额。

（3）还本销售的销售额

纳税人采取还本销售方式销售货物的，不得从销售额中减除还本支出。

（4）以物易物

纳税人采取以物易物方式销售货物，双方都应做购销处理，以各自发出的货物核算销售额计算销项税额，对于收到的货物所包含的进项税额能否抵扣，则要看是否符合进项税额抵扣的条件，符合条件的可以抵扣进项税额。

（5）包装物押金的销售额

纳税人为销售货物（啤酒、黄酒以外的其他酒类产品除外）而出租出售包装物收取的押金，单独记账核算的，不并入销售额征税。但对因逾期未收回包装物而不再退还的押金，应按所包装货物的适用税率征收增值税。

（二）进项税额

纳税人购进货物或接受应税劳务，所支付或负担的增值税额为进项税额。

1. 准予抵扣的进项税额

我国税法的规定,纳税人购进货物或应税劳务时,准予抵扣的进项税额有:

(1) 从销售方取得的增值税专用发票注明的增值税税额,从海关取得的完税凭证注明的增值税额。

(2) 购进农业生产者销售的免税农产品或者从小规模纳税人处购买的农产品,准予按照买价和13%的扣除率计算准予抵扣的进项税额。其计算公式为:

进项税额=买价×扣除率。

(3) 外购货物以及销售货物所支付的运输费用(含运费、建设基金,不包括装卸费、保险费等),根据运费结算单据所列运费金额按7%的扣除率计算的进项税额。

2. 不得抵扣的进项税额

(1) 纳税人购进货物或应税劳务,未按照规定取得并保存增值税扣税凭证,或增值税扣税凭证上未按照规定注明增值税额及其他有关事项的,其进项税额不得从销项税额中抵扣。

(2) 购入小汽车、游艇、摩托车、不动产等固定资产的进项税额不得抵扣。

(3) 用于非应税项目、免税项目、集体福利或个人消费的购进货物或应税劳务的进项税额,不得抵扣。

(4) 非正常损失的购进货物、非正常损失的在产品、产成品所耗用的购进货物或应税劳务的进项税额不得抵扣。

3. 进项税额抵扣时间的限定

(1) 增值税一般纳税人取得2010年1月1日以后开具的增值税专用发票、公路内河货物运输业统一发票和机动车销售统一发票,应在开具之日起180日内到税务机关办理认证,并在认证通过的次月申报期内,向主管税务机关申报抵扣进项税额。

(2) 实行海关进口增值税专用缴款书"先比对后抵扣"管理办法的增值税一般纳税人取得2010年1月1日以后开具的海关缴款书,应在开具之日起180日内向主管税务机关报送《海关完税凭证抵扣清单》(包括纸质资料和电子数据)申请稽核比对。

未实行海关缴款书"先比对后抵扣"管理办法的增值税一般纳税人取得2010年1月1日以后开具的海关缴款书,应在开具之日起180日后的第一个纳税申报期结束以前,向主管税务机关申报抵扣进项税额。

(3) 增值税一般纳税人取得2010年1月1日以后开具的增值税专用发票、公路内河货物运输业统一发票、机动车销售统一发票以及海关缴款书,未在规定期限内到税务机关办理认证、申报抵扣或者申请稽核比对的,不得作为合法的增值税扣税凭证,不得计算进项税额抵扣。

（三）纳税申报

1. 纳税人进行纳税申报必须实行电子信息采集。使用防伪税控系统开具增值税专用发票的纳税人必须在抄报税成功后,方可进行纳税申报。

2. 纳税申报资料

（1）纳税申报必报资料

①《增值税纳税申报表（适用于增值税一般纳税人）》、《增值税纳税申报表附列资料（表一）、（表二）》和《固定资产进项税额抵扣情况表》；

②使用防伪税控系统的纳税人,必须报送记录当期纳税信息的 IC 卡（明细数据备份在软盘上的纳税人,还须报送备份数据软盘）；

③《资产负债表》和《损益表》；

④《成品油购销存情况明细表》（发生成品油零售业务的纳税人填报）；

⑤主管税务机关规定的其他必报资料。

纳税申报实行电子信息采集的纳税人,除向主管税务机关报送上述必报资料的电子数据外,还需报送纸介的《增值税纳税申报表（适用于一般纳税人）》（主表及附表）。

（2）纳税申报备查资料

①已开具的增值税专用发票和普通发票存根联；

②符合抵扣条件并且在本期申报抵扣的增值税专用发票抵扣联；

③海关进口货物完税凭证、运输发票、购进农产品普通发票的复印件；

④收购凭证的存根联或报查联；

⑤代扣代缴税款凭证存根联；

⑥主管税务机关规定的其他备查资料。

备查资料是否需要在当期报送,由各省级国家税务局确定。

（3）增值税纳税申报资料的管理

①增值税纳税申报必报资料管理：

纳税人在纳税申报期内,应及时将全部必报资料的电子数据报送主管税务机关,并在主管税务机关按照税法规定确定的期限内（具体时间由各省级国家税务局确定）,将要求报送的纸介的必报资料（具体份数由省一级国家税务局确定）报送主管税务机关,税务机关签收后,一份退还纳税人,其余留存。

②增值税纳税申报备查资料管理：

纳税人在月份终了后,应将备查资料认真整理并装订成册。

防伪税控系统开具的增值税专用发票的存根联,应按开票顺序号码每 25 份装订一册,不足 25 份的按实际开具份数装订。

对属于扣税凭证的单证,根据取得的时间顺序,按单证种类每 25 份装订一册,不足 25 份的按实际份数装订。

装订时,必须使用税务机关统一规定的《征税/扣税单证汇总簿封面》(以下简称"《封面》"),并按规定填写封面内容,由办税人员和财务人员审核签章。启用《封面》后,纳税人可不再填写原增值税专用发票的封面内容。

纳税人开具的普通发票及收购凭证在其整本使用完毕的当月,加装《封面》。《封面》的内容包括纳税人单位名称、本册单证份数、金额、税额、本月此种单证总册数及本册单证编号、税款所属时间等,具体格式由各省一级国家税务局制定。

3. 申报期限

纳税人应按月进行纳税申报,申报期为次月 1 日起至 15 日止,遇最后一日为法定节假日的,顺延 1 日;在每月 1 日至 15 日内有连续 3 日以上法定休假日的,按休假日天数顺延。

二、小规模纳税人应纳税额的计算与纳税申报

对增值税小规模纳税人来说,其计税办法是以不含税销售额为依据,按规定的征收率征税,不涉及进项税额的问题,其计算公式为:

应纳税额＝销售额×征收率

增值税小规模纳税人的申报办法与一般纳税人的申报办法类似。

三、进口货物应纳税额的计算与纳税申报

进口货物的纳税人,无论是一般纳税人还是小规模纳税人,均应按照组成计税价格和规定的税率计算应纳税额,不得抵扣进项税额。其计算公式为:

应纳税额＝组成计税价格×税率

组成计税价格＝关税完税价格＋关税＋消费税

进口一般分为自营进口和委托代理进口,根据不同情况审核一般纳税人报送的海关完税凭证原件及下列附报资料。

(一) 自营进口

自营进口的企业必须有下列单证:

1. 海关增值税完税凭证;

2. 海关关税完税凭证;

3. 海关报关单;

4. 境外企业开具的货物发票;

5. 外汇管理局开具的进口贸易付汇核销单;

6. 支付给境外企业货款的付款凭证;

7. 支付海关增值税、海关关税的付款凭证;

8. 与境外企业签订的购销合同;

9. 进口缴纳消费税的货物,还应当有海关消费税完税凭证及海关消费税的

付款凭证。

（二）委托代理进口

委托代理进口企业必须具有下列单证：

1. 海关增值税完税凭证；

2. 海关关税完税凭证；

3. 海关报关单；

4. 境外企业开具的货物发票；

5. 支付给代理商货款的付款凭证（支付的货款应与境外企业开具的货物发票金额一致）；

6. 支付海关增值税、海关关税的付款凭证（在代理进口业务中受托方一般不为委托方代垫税款，异地企业间的大宗资金往来也基本是采取银行转账的方式进行）；

7. 与代理商签订的代购合同；

8. 支付给代理商的代理费或佣金付款凭证及代理商开具的代理费或佣金发票；

9. 进口缴纳消费税的货物，还应当有海关消费税完税凭证及海关消费税的付款凭证。

四、纳税义务发生时间和纳税地点

（一）纳税义务发生时间

销售货物或者应税劳务，为收讫销售款项或者取得索取销售款项凭据的当天；先开具发票的，为开具发票的当天；进口货物，为报关进口的当天。按销售结算方式的不同，具体分为：

1. 采取直接收款方式销售货物，不论货物是否发出，均为收到销售款或者取得索取销售款凭据的当天；

2. 采取托收承付和委托银行收款方式销售货物，为发出货物并办妥托收手续的当天；

3. 采取赊销和分期收款方式销售货物，为书面合同约定的收款日期的当天，无书面合同的或者书面合同没有约定收款日期的，为货物发出的当天；

4. 采取预收货款方式销售货物，为货物发出的当天，但生产销售生产工期超过 12 个月的大型机械设备、船舶、飞机等货物，为收到预收款或者书面合同约定的收款日期的当天；

5. 委托其他纳税人代销货物的，为收到代销单位的代销清单或者收到全部或者部分货款的当天，未收到代销清单及货款的为发出代销货物满 180 天的当天；

6. 销售应税劳务,为提供劳务同时收讫销售款或者取得索取销售款的凭据的当天;

7. 纳税人发生视同销售货物行为,为货物移送的当天。

(二)增值税纳税地点

1. 固定业户应当向其机构所在地主管税务机关申报纳税。

总机构和分支机构不在同一县(市)的,应当分别向各自所在地主管税务机关申报纳税;经国家税务总局或其授权的税务机关批准,可以由总机构汇总向总机构所在地主管税务机关申报纳税。

2. 固定业户到外县(市)销售货物的,应当向其机构所在地主管税务机关申请开具外出经营活动税收管理证明,向其机构所在地主管税务机关申报纳税。

未持有其机构所在地主管税务机关核发的外出经营活动税收管理证明的,销售地主管税务机关一律按6%的征收率征税。其在销售地发生的销售额,回机构所在地后,仍应按规定申报纳税,在销售地缴纳的税款不得从当期应纳税额中扣减。未向销售地主管税务机关申报纳税的,由其机构所在地或居住地主管税务机关补征税款。

3. 非固定业户销售货物或应税劳务,应当向销售地主管税务机关申报纳税。

非固定业户销售货物或者应税劳务,应当向销售地主管税务机关申报纳税。非固定业户到外县(市)销售货物或者应税劳务,未向销售地主管税务机关申报纳税的,由其机构所在地或者居住地主管税务机关补征税款。

4. 进口货物,应当由进口人或其代理人向报关地海关申报纳税。

五、出口货物退(免)税

为了鼓励出口,使我国商品以不含税价格参与国际竞争,对出口货物采取了退税与免税的制度。所谓出口免税,是指对货物在出口环节所应负担的增值税、消费税予以免征。所谓出口退税,是指对货物在出口前实际承担的税收负担,按规定的退税率计算后予以退还。我国目前的出口退(免)税的基本政策有三种。

(一)出口免税并退税

下列企业,除另有规定外,给予免税并退税:

1. 生产企业自营出口或委托外贸企业代理出口的自产货物;

2. 有出口经营权的外贸企业收购后直接出口或委托其他外贸企业代理出口的货物;

3. 特定企业的出口货物。

(二)出口免税但不退税

下列企业,除另有规定外,给予免税,但不退税:

1. 属于生产企业的小规模纳税人自营出口或委托外贸企业代理出口的自产货物；

2. 外贸企业从小规模纳税人购进并持普通发票的货物出口免税但不予退税，但对 12 类出口货物考虑其占出口比重较大及其生产、采购的特殊因素，特准退税；

3. 外贸企业直接购进国家规定的免税货物（包括免税农产品）出口的，免税但不予退税；

4. 对来料加工复出口的货物，列入免税项目的避孕药品和用具、古旧图书、农业生产者出口免税农产品、国家计划内出口的卷烟及军品等。

（三）出口不免税也不退税

对出口的原油、援外出口货物以及国家禁止出口的货物，采取不免税也不退税的政策。

第三节　增值税的纳税筹划

增值税是我国现行税制的主体税种之一，而且只要属于增值税的征税范围并且有增值的，就需要缴纳增值税，因此，对增值税进行筹划有重要的现实意义。对增值税的筹划，主要结合增值税的特点，围绕影响增值税应纳税额的相关要素来进行筹划，具体思路包括选择合理的纳税人身份，充分享受增值税的优惠，选择合理的出口方式以及加强增值税专用发票的管理等。

一、增值税纳税人的筹划

纳税人身份的选择主要是利用增值税法以及与之相关的其他税法的有关规定，选择合适的纳税人身份，并按各自的身份缴纳不同的税收或者按照不同的计征方法来缴纳增值税。

（一）一般纳税人和小规模纳税人身份的选择

由于一般纳税人和小规模纳税人在税收待遇方面是不一致的，并且税法的相关规定也为纳税人的身份选择提供了可能性，因此也为纳税人选择税收身份进行税收筹划提供了可能性。通过不同身份下的税收负担水平的测算，可以为企业和个人选择合理的纳税人身份提供依据。

1. 增值率判断法

这一方法主要是利用应纳税额计算中的销项税额来作为纳税人身份选择的依据。

（1）对适用 17% 税率的一般纳税人

应纳税额＝当期销项税额－当期进项税额

　　　　＝不含税销售额×17％－可抵扣进项的购入品金额×17％

如果定义增值率＝$\dfrac{\text{不含税销售额}－\text{可抵扣进项的购入品金额}}{\text{不含税销售额}}$

则上式可以变换为：

　　＝不含税销售额×17％－不含税销售额×（1－增值率）×17％

　　＝不含税销售额×17％×增值率

（2）对小规模纳税人

应纳税额＝不含税销售额×3％

当两种不同身份的纳税人的应纳税额相等，则可以得到下式：

不含税销售额×17％×增值率＝不含税销售额×3％

由此可以得到无差别平衡点的增值率：

$$\text{增值率}＝\dfrac{3\%}{17\%}＝17.65\%$$

这就意味着，如果增值率等于17.65％时，两种身份的纳税人其税收负担是一样的。在这种情况下，纳税人的身份不会对税收负担产生影响；但如果增值率低于17.65％，那么上式的右边会大于左边，在这种情况下，小规模纳税人的税负重于一般纳税人；如果增值率高于17.65％，则上式的左边会大于右边，一般纳税人税负重于小规模纳税人。

同理可以求得一般纳税人的税率为13％时的增值率。

无差别平衡点的增值率

一般纳税人税率	小规模纳税人征收率	无差别平衡点增值率
17％	3％	17.65％
13％	3％	23.08％

2. 可抵扣进项的购入品金额比率判断法

这一方法的主要特点是通过可抵扣进项的购入品金额与不含税销售额的比率作为纳税人身份选择的依据，是在增值率判断法基础上的延伸。

$$\text{增值率}＝\dfrac{\text{不含税销售额}－\text{可抵扣进项的购入品金额}}{\text{不含税销售额}}$$

$$＝1－\dfrac{\text{可抵扣进项的购入品金额}}{\text{不含税销售额}}$$

记　　　$R＝\dfrac{\text{可抵扣进项的购入品金额}}{\text{不含税销售额}}$

则　　　$R＝1－\text{增值率}$

由此可求得不同身份纳税人无差别平衡点的 R 值。

无差别平衡点的 R 值

一般纳税人税率	小规模纳税人税率	无差别平衡点抵扣率
17%	3%	82.35%
13%	3%	76.92%

举例来说，如果 $R = 82.35\%$，则两种身份的纳税人税负相同；如果 $R > 82.35\%$，则一般纳税人的税负会小于小规模纳税人的税负，应选择做一般纳税人；如果 $R < 82.35\%$，则一般纳税人的税负会大于作为小规模纳税人的税负，应选择做小规模纳税人。

纳税人可以利用上述办法，通过企业的合并与分立来改变企业的不含税销售额，以满足税法规定的对纳税人身份的要求。

【案例 2-1】 天宏集团所属的电子产品厂年不含税销售额为 500 万元，会计核算制度比较健全，符合作为一般纳税人的条件，适用 17% 增值税税率，由于该厂的产品有自己的专利技术，因此增值率较高，大约为 40%，同时由于其可抵扣进项税额的购入品金额较小，大约占不含税销售额的 60%。该厂应怎样进行纳税人身份的增值税筹划？

方法一：采用增值率判断法

由于增值率为 40%，大于无差别平衡点的增值率（17.65%），因此应选择做小规模纳税人比较有利。

方法二：可抵扣进项的购入品金额比率判断法

可抵扣进项的购入品金额与不含税销售额的比率较高（60%），低于临界点的这一比率（82.35%），因此应选择做小规模纳税人比较有利。

点评：

（1）根据国家税务总局令第 22 号《增值税一般纳税人资格认定管理办法》的规定，除国家税务总局另有规定外，纳税人一经认定为一般纳税人后，不得转为小规模纳税人。因此，在这个案例中，虽然选择做小规模纳税人对企业比较有利，但该企业已经被认定为一般纳税人，因此其不可能再次转为小规模纳税人。

（2）根据国家税务总局《关于明确〈增值税一般纳税人资格认定管理办法〉若干条款处理意见的通知》（国税函〔2010〕139 号）文件规定，对于年应税销售额已超过小规模纳税人标准，应在收到《税务事项通知书》后 10 日内向主管税务机关报送《增值税一般纳税人申请认定表》或《不认定增值税一般纳税人申请表》；逾期未报送的，将按销售额依照增值税税率计算应纳税额，不得抵扣进项税额，也不得使用增值税专用发票。从这个角度看，选择作为小规模纳税人面临着诸多的风险，特别是在企业不断发展壮大时更会面临着这样的风险。

（3）虽然企业可以通过分立的方式来达到小规模纳税人的要求，但这样无疑会增加企业经营管理的难度,相应会增加企业的经营成本。

（4）在选择纳税人身份时,还要考虑企业产品的销售对象,如果产品的销售对象是一般纳税人,则应尽可能地选择做一般纳税人,因为对方客户大多会要求开具增值税专用发票,小规模纳税人虽然可以去税务机关代开专用发票,但无疑会增加企业的交易成本。

因此,企业通过综合考虑,最终还是选择做一般纳税人,而没有转换纳税人的身份。

（二）增值税纳税人和营业税纳税人的选择

增值税法对兼营行为和混合销售行为规定了不同的税务处理方式,这也为选择缴纳增值税还是缴纳营业税,即选择做增值税的纳税人还是营业税的纳税人提供了筹划的空间。

由于营业税的征收方式与小规模纳税人的征收方式类似,因此前面用于选择一般纳税人和小规模纳税人身份的判断方法也可以用于判断不同身份的纳税人负担。

1. 兼营行为

按照现行的增值税的相关政策,兼营行为包括三种类型:兼营免税、减税项目,兼营增值税不同税率的项目,兼营营业税劳务。

（1）兼营免税、减税项目

纳税人兼营免税、减税项目的,应当单独核算免税、减税项目的销售额;未单独核算销售额的,不得免税、减税。

在这种情况下,纳税人应该按照税法的规定单独核算免税、减税项目的销售额,以享受税法的优惠政策。

（2）兼营增值税不同税率的项目

在增值税的征税范围中,既有适用17％的货物,也有适用13％税率的项目。对此税法规定:纳税人兼营不同税率的货物或者应税劳务,应当分别核算不同税率货物或者应税劳务的销售额。未分别核算销售额的,从高适用税率。

【2-2】　某商场属增值税一般纳税人,1月份销售电器取得收入100万元,销售鲜牛奶取得收入30万元。则应纳税款计算如下:

未分别核算时:

应纳税额＝(100＋30)÷(1＋17％)×17％＝18.89(万元)

分别核算时:

应纳税额＝100÷(1＋17％)×17％＋30÷(1＋13％)×13％＝17.98(万元)

分别核算可以为企业减轻0.91万元税收负担。

（3）兼营营业税劳务

纳税人兼营非增值税应税项目的,应分别核算货物或者应税劳务的销售额和非增值税应税项目的营业额;未分别核算的,由主管税务机关核定货物或者应税劳务的销售额。

由于增值税的主管税务机关是国家税务局,而营业税的主管税务机关是地方税务局,在总的销售额一定的情况下,总的销售额扣除货物的销售额就是营业税的营业额,但对于国家税务局核定货物的销售额后归属于营业税的营业额能否得到地方税务局的认可还存在着一定的不确定性,因此在这种情况下,纳税人最好的方案是分别核算货物的销售额和营业税的营业额,以避免被税务机关核定销售额的风险。

点评:

在税法中,分别核算对企业减轻税收负担非常重要;而要做到分别核算,要求企业在合同文本设计、存货管理、财务核算等过程中,都做到严格管理。

(1) 合同文本设计

要加强对销售人员的业务培训,使其了解分别核算对企业的重要意义;同时,要组织相关的部门和人员,设计出标准的合同范本,分别列示所销售的不同产品的数量和金额,并要求销售人员严格遵照执行。

(2) 存货管理

要加强对存货的管理,尤其是对各类产品的出库数量应有准确、清晰的记录,并以此作为企业分别核算"产品销售成本"的依据。

(3) 财务核算

财务核算是企业分别核算的核心环节。要加强对"产品销售收入"、"产品销售成本"、"产品销售税金"等账户下二级甚至三级账户的核算,尤其是在企业基础管理较好,已经在销售合同中分别核算不同产品的销售数量和销售金额,以及存货管理也比较完整的情况下,按产品的种类核算以上账户,可以最终实现税法中对"分别核算"的基本要求。

2. 混合销售行为

根据税法规定,从事货物的生产、批发或零售的企业、企业性单位及个体经营者以及以从事货物的生产、批发或零售为主,并兼营非应税劳务的企业、企业性单位及个体经营者的混合销售行为,视为销售货物,应当征收增值税。对"为主"的判断是依据下式:

$$\frac{货物的销售额}{货物的销售额 + 非应税劳务的营业额}$$

如果这一比例超过 50%,则认定该纳税人是从事货物的生产、批发或零售为主,应交增值税;如果这一比例没有超过 50%,则缴纳营业税。因此,纳税人可以根据自己的实际情况,有意识地控制货物的销售额和非应税劳务的营业额以达到减轻税负的目的。在选择时,可以考虑采用无差别平衡点的增值率和可抵扣进项的购入品金额比率判断法。

对增值税一般纳税人来说，

应纳增值税额＝当期销项税额－当期进项税额

　　　　　　＝不含税销售额×增值税税率－可抵扣进项的购入品金额×

　　　　　　营业税税率

如果定义增值率＝$\dfrac{\text{不含税销售额}－\text{可抵扣进项的购入品金额}}{\text{不含税销售额}}$

则上式可以变换为：

＝不含税销售额×增值税税率－不含税销售额×（1－增值率）×增值税税率

＝不含税销售额×增值税税率×增值率

如果缴纳营业税，则：

应纳营业税额＝不含（增值税）税销售额×营业税税率

在两者相等时，可求得：

$$\text{增值率}＝\dfrac{\text{营业税税率}}{\text{增值税税率}}$$

通过计算营业税税率和增值税税率不同组合下的增值率可得下表：

无差别平衡点的增值率

一般纳税人税率	营业税税率	无差别平衡点增值率
17%	5%	29.41%
17%	3%	17.65%
13%	5%	38.46%
13%	3%	23.08%

同理可求得无差别平衡点的 R 值。

无差别平衡点的 R 值

一般纳税人税率	营业税税率	无差别平衡点抵扣率
17%	5%	70.59%
17%	3%	82.35%
13%	5%	61.54%
13%	3%	76.92%

【**案例 2-3**】 天宏集团下属地板厂生产销售强化木地板，并代客户铺装。某年该厂取得铺装收入 70 万元，地板销售收入 60 万元，全部开具了普通发票。则由于货物销售额在全部收入中的比例没有超过 50%。因此只需缴纳营业税：

应纳税额＝（70＋60）×3%＝3.9（万元）

相反,如果该年企业取得铺装收入 60 万元,地板销售收入 70 万元,则该混合销售行为应一并缴纳增值税:

$$应纳税额 = \frac{130}{1+17\%} \times 17\% = 18.89(万元)$$

非应税劳务年营业额大于总销售额的 50% 时,可为企业减少税负 14.99 万元。

点评:

从实务的角度,这一方法不适合较大型的生产企业或者销售企业。因此在筹划对象难以采用这一方法的情况下,最好能够通过企业内部机构的设置,把非应税劳务从混合销售行为中剥离出来,成立专门的分支机构,以避免多缴税的问题。

【案例 2-4】 某电梯厂生产、销售流水线并为客户安装调试流水线,流水线的价款为 500 万元,安装调试费 300 万元。

如果安装调试是由电梯厂来提供,则这一交易属于典型的混合销售行为,对电梯厂取得的收入一并征收增值税:

$$应纳税额 = 800 \times 17\% = 136(万元)$$

但如果把安装调试工作交给下属独立核算的安装公司来进行,则总体的应纳税额为:

$$应纳税额 = 500 \times 17\% + 300 \times 3\% = 94(万元)$$

可减轻税负 42 万元。

点评:

(1)《增值税暂行条例实施细则》第六条规定:纳税人的下列混合销售行为,应当分别核算货物的销售额和非增值税应税劳务的营业额,并根据其销售货物的销售额计算缴纳增值税,非增值税应税劳务的营业额不缴纳增值税;未分别核算的,由主管税务机关核定其货物的销售额:

①销售自产货物并同时提供建筑业劳务的行为;

②财政部、国家税务总局规定的其他情形。

按照这一规定,比如钢结构厂房类的公司,在"销售自产货物并同时提供建筑业劳务的行为",就可以分别核算设备的销售额和安装劳务的营业额,即分别缴纳增值税和营业税。但如果是销售并安装非自产的货物(设备),则不符合上述规定,就会面临着一定的纳税风险。在实务中,有些购买设备和安装服务的客户,为了取得购进固定资产的进项税,抵扣增值税,也往往要求设备安装公司把设备买价和安装费用开在同一张增值税发票上,这也变成了混合销售,从而会出现多缴纳增值税的情况。

(2)为避免上述情况,应尽量把"非自产货物变成自产货物"。即对一些可以改造的非自产货物,经过进一步改造或加工,变成了自产货物。这样,对政府、房地产公司等非增值税纳税人来说(不要求取得增值税专用发票的客户),就可以分别开具销售货物的增值税发票和提供安装服务的建筑业发票,从而解决混合销售问题。

(3) 针对缴纳增值税需要购进固定资产进项税抵扣的一般纳税人,则可以通过拆分公司的方式来减轻税收负担,即如上例中,把电梯公司拆分为销售公司和安装公司,销售公司专门销售电梯,收款开具增值税专用发票;安装公司专门从事安装服务,收款开具建筑安装业发票,这样通过与客户的沟通和谈判,可以解决这一类型的混合销售问题,减轻税收负担。

二、购销业务的增值税筹划

在购销业务中,主要涉及购货对象的选择、运费的处理、包装物押金的处理以及销售过程的增值税问题等方面。

(一) 购货对象的选择

我国税法对一般纳税人和小规模纳税人采用不同的税率来课征增值税,从而使得企业在购买原材料时,面临着不同的进项税额,也影响着企业的增值税税负水平。一般情况下,一般纳税人从小规模纳税人处购买货物,其增值税负担相对会比较重,因为所购入的商品所含的增值税不能抵扣。但实际情况并不一定是这样。下面通过两个例子来说明这一点。

【案例 2-5】 天宏集团拟购入一批原材料,不含税价格为 1000 元,经加工后销售价格为 1300 元,小规模纳税人可以提供税务机关代开的、征税率为 3% 的专用发票。

如果企业选择从一般纳税人处购买原材料,则:

应纳增值税=(1300-1000)×17%=51(元)

企业税后现金净流量=1300×(1+17%)-1000×(1+17%)-51=300(元)

如果企业选择从小规模纳税人处购买原材料,则:

应纳增值税=1300×17%-1000×3%=191(元)

企业税后现金净流量=1300×(1+17%)-1000×(1+3%)-191=300(元)

两者税后的现金流量是一样的。

点评:

(1) 需要注意的是,在从小规模纳税人处购买原材料时,实际现金流出量为 1030 元,而从一般纳税人处购买原材料时的现金流出量为 1170 元,两者之间的差额实际上就是所缴纳的税收之间的差额 140 元(191-51)。如果考虑资金的时间价值,企业从小规模纳税人处采购原材料实际上把一笔税款延期缴纳了。

(2) 从前面的计算可以知道,如果能够以相对较低的价格从小规模纳税人处采购同样质量的原材料的话,那么企业反而可以获得相对较多的税后现金净流量。这实际上也为一些中小型企业指出了一条生存之路:即价格。对经营规模小、资金不是很雄厚的小规模纳税人来说,如果能够适当降低商品的价格,那么在市场竞争中并不见得就一定处于劣势。

那么,对小规模纳税人来说,价格下降多少就可以与一般纳税人在价格方面处于同等的竞争条件呢?我们可以用现金流量来分析。

设任意一个增值税一般纳税人,当某货物的含税销售额为 Y 适用 17% 税率时,该货物的采购情况分别为索取 17%、3% 专用发票和不索取专用发票。含税购进额分别为 X_1、X_2、X_3,城建税和教育费附加两项按 10% 计算,企业所得税率为 25%;三种情况的采购费用、供货质量都相同。那么,根据现金净流量计算公式,分别求出各采购情况的现金净流量如下:

在取得 17% 的专用发票下,

含税销售额:Y

增值税为:$\dfrac{0.17Y}{1+0.17} - \dfrac{0.17X_1}{1+0.17} = \dfrac{0.17(Y-X_1)}{1.17} = 0.1453(Y-X_1)$

城建税和教育费附加为:$\left(\dfrac{0.17Y}{1+0.17} - \dfrac{0.17X_1}{1+0.17}\right) \times 10\% = 0.0145(Y-X_1)$

含税购进额:X_1

企业所得税为:$[Y - X_1 - 0.1453(Y-X_1) - 0.0145(Y-X_1)] \times 0.25$
$= 0.21(Y-X_1)$

则现金净流量为:含税销售额 $- X_1 -$ 增值税 $-$ 城建税和教育费附加 $-$ 企业所得税 $= 0.6302Y - 0.6302X_1$

同理,可以求得索取 3% 专用发票时的现金净流量为:$0.6302Y - 0.726X_2$

不能索取专用发票时的现金净流量为:$0.6302Y - 0.75X_3$

只要使上述三式中的任何两式相等,就可以求出不同的价格比例。例如,若令第二式等于第一式,即索取 3% 专用发票情况下的现金净流量与第一式中的现金净流量相等时,可求出第二式中的 X_2 与第一式中的 X_1 之比为 86.8%,这意味着,如果采购企业索取 3% 的专用发票购货时,只要供货方给予含税价 13.2% 的价格折让,采购企业就不会吃亏。同理,在企业不能取得专用发票情况下,如果销货方把销售价格下降 15.97%,那么对采购企业来说,其现金净流量是完全一样的。

(二) 运费的筹划

在我国目前的税种下,运输业没有纳入增值税的征税范围,但由于运输是企业从事生产经营活动的必要环节,因此,税法规定,对企业所取得的符合抵扣条件的,可以按运输发票金额的7%计算进项税额予以抵扣。

因此,如果企业是委托第三方来运输,则要重点关注两个问题:

第一,代垫运费问题。按照税法规定,同时符合以下条件的代垫运费:①承运部门的运费发票开具给购货方的;②纳税人将该项发票转交给购货方的可以不计入货物的销售额,否则就要作为价外费用来处理,缴纳增值税,因此在代垫运费时一定要按照这两个条件来处理。

第二,由于企业购销货物取得的运输发票也必须符合规定才能抵扣进项税额。因此,企业必须重视对相关业务人员和财务人员的培训,至少让销售人员和采购人员能够重视其在相关业务中的作用,能够及时、合规地取得符合规定的运输发票。

另外,从现实的情况看,也有一部分企业会选择用自己的交通工具来运输。在这种情况下,一般有两种方案:

一种是将交通工具作为公司的固定资产,产品的价格中包含着运输费用。这属于增值税的混合销售行为,应当缴纳增值税,相应的交通工具的零配件、燃料及修理费用可以抵扣进项税额。

另一种是公司成立独立核算的运输公司,由运输公司负责承运并收取运费。运输公司的收入应按"交通运输业"税目缴纳3%的营业税。在这种情况下,交通工具的零配件、燃料及修理费用不能抵扣进项税额。

两个方案的税收负担对不同的企业通常是不一样的,企业需要结合自身的实际情况,把税收问题作为参考因素之一,选择最有利的方案。

如果生产企业将自有车辆单独设立运输公司,生产企业的采购、销售的运输业务交由运输公司承担,则生产公司可抵扣7%的增值税,运输公司只按3%税率计征营业税。如果运费为 X ,则可节省税收为 $X(7\% - 3\%) = 4\%X$ 。

如果不设立运输公司,车辆运营中的物耗可作为进项税扣除。假定车辆可抵扣物耗金额为 Y ,则物耗可抵扣税金为 $17\%Y$ 。

令 $4\%X = 17\%Y$,则可求得扣税平衡点:

$$Y = \frac{4\%X}{17\%} = 23.53\% \ X$$

,在 $Y < 23.53\% \ X$ 时,设立独立核算的运输公司会减轻企业的税收负担。在 $Y > 23.53\% \ X$ 时,自有车辆可以抵扣的物耗大于 $23.53\% \ X$ 时,自有车辆无需独立。

当然设立运输公司还必须考虑其运营成本。生产企业是否以自有车辆设立运输公司,要看运输业务量,特别要计算对内的运输业务所产生的节税收益能否保证运输公司的基本费用开支。

(三)包装物押金的筹划

对包装物的押金,主要涉及两个关键点:第一,是否逾期;第二,是否单独记账。因此,对包装物押金的处理也要围绕这两个关键点来进行筹划。

一般情况下,对包装物押金都会单独记账核算,因此筹划的重点就落到对逾期的控制上,这需要企业能够进行合理、恰当的会计处理,以免包装物押金逾期。在实务中,一般可以采取这样的方式:到年末把收取的尚未逾期的包装物押金退还给购货方,在第二年再重新收取押金,最终目的是保证所收取的包装物押金的期限总是不超过一年,从而使包装物押金不必计入销售额,也就无须缴纳增值税。

(四)销售过程中的增值税

销售过程的增值税问题,主要涉及销售方式和结算方式。

1. 销售方式的选择

增值税法做出规定的销售方式主要包括销售折扣、销售折让、折扣销售、以旧换新、还本销售、以物易物和返利。在不同的销售方式下,税法的具体规定也是不一样的,税务处理办法也是不同的。

【案例 2-6】 某商场为增值税一般纳税人,商品的销售价格确定为 400 元,成本 320 元,国庆期间开展促销活动,财务人员就四种方案进行讨论(以下价格均为含税价):

方案一:采取以旧换新业务,旧货的价格为 40 元。

方案二:对销售商品打 9 折,即按 360 元的价格销售。

方案三:购买物品满 400 元返还 40 元现金。

方案四:购买物品满 400 元时赠送价值 40 元的小商品,其成本为 24 元。

如果某消费者购买了 400 元的商品,对于商场来说,假设只考虑增值税,应该选择哪种方案。

分析:

方案一:采取以旧换新方式销售货物,应按新货物的同期销售价格确定销售额,不得抵扣旧货物的收购价格。因此:

应纳增值税额＝ $400/(1+17\%) \times 17\% - 320/(1+17\%) \times 17\% = 11.62$(元)

方案二:如果销售额和折旧额在同一张发票上分别注明,可以按照折扣后的金额作为销售额计算增值税;如果将折扣额另开发票,不论其在财务上如何处理,均不得从销售额中减除折扣额。因此,该商场如果将折扣额和销售额开在同一张发票上,则:

应纳增值税额＝ $360/(1+17\%) \times 17\% - 320/(1+17\%) \times 17\% = 5.81$(元)

方案三:购买返还销售按税法规定应按 400 元计算销项税。

应纳增值税额＝ $400/(1+17\%) \times 17\% - 320/(1+17\%) \times 17\% = 11.62$(元)

方案四:赠送的小商品应视同销售,同时购进商品的进项税额可以抵扣,因此：

应纳增值税额＝[400/(1＋17％)×17％－320/(1＋17％)×17％]＋[40/(1＋17％)×17％－24/(1＋17％)×17％]＝13.94(元)

在不考虑其他税收的情况下，采用折扣销售的方式对企业来说最合算；采取赠送小商品的方式最不合算。因此，企业在做出销售决策时就需要结合本企业的实际情况，结合所采取的销售方式下的税务处理来做出具体的测算，并最终选定要采取的销售方式。

点评：

(1) 上面的例子没有考虑个人所得税的情况，实际上按照税法的规定，对于向购买者赠送的商品还要缴纳个人所得税。

(2) 按照《国家税务总局关于确认企业所得税收入若干问题的通知》(国税函〔2008〕875号)文件规定，企业以买一赠一等方式组合销售本企业商品的，不属于捐赠，应将总的销售金额按各项商品的公允价值的比例来分摊确认各项的销售收入。如果能够将销售的商品和赠送的商品归结为组合销售，则方案四中：

应纳增值税额＝400/(1＋17％)×17％－320/(1＋17％)－24/(1＋17％)×17％＝8.14(元)

赠送商品的促销模式变成了第二优的选择。

(3) 如果从利润的角度，上述四个方案的结果如下(城建税和教育费附加合计为10％，回收的旧货假定可以不影响利润的价格卖出，方案四变更为组合销售)：

销售方式	含税收入	不含税收入	不含税成本	增值税	城建税、教育费	利润
以旧换新	400	341.88	273.5	11.62	1.16	67.22
折扣销售	360	307.69	273.5	5.81	0.58	33.61
返回现金	400	341.88	313.5	11.62	1.16	27.22
赠送礼品	400	341.88	294	8.14	0.81	47.07

从上表可以看出，如果回收的旧货可以以不影响利润的价格卖出，则这种情况下其利润最高，为67.22元，其次就是赠送礼品，利润最低的是返还现金。这进一步说明企业在做出销售决策时就需要结合本企业的实际情况，结合所采取的销售方式下的税务处理来做出具体的测算，并最终选定要采取的销售方式。

2. 委托代销方式

代销通常有两种方式：收取手续费方式和视同买断方式。在不同的代销方式下，委托方和受托方所获取的收益是不一致的。

【案例2-7】　天宏集团下属甲公司和乙商场签订了一项代销协议，由乙商场代销甲公司的产品,市场销售价每件1000元。甲、乙最终签订的代销协议为:乙商场以1000元/件的价格对外销售甲公司的产品,根据代销数量,向甲公司收取20%的代销手续费。到年末,乙商场共售出该产品1万件。

对于这项业务,甲、乙双方的收入和应缴税金(不考虑所得税)情况分别为:

①甲公司

收入增加1000万元,增值税销项税额为170万元(1000万元×17%),成本为支付给乙公司的手续费200万元。

②乙商场

收入增加200万元,由于属于平价销售,增值税销项税额与进项税额相等,该项业务的应交增值税为零,但乙商场收取的手续费,应按代理业务缴纳营业税,应纳营业税额=200×5%=10(万元)。

点评:

收取手续费的方式是受托方根据所代销的商品数量向委托方收取的手续费,这对受托方来说是一种劳务收入,按照现行政策规定,对受托方收取的代理手续费收入应征收营业税而不征增值税,但受托方销售货物应按规定缴纳增值税。如果受托方采用平价销售的方式,则应纳增值税税额为0。

视同买断方式由委托方和受托方签订协议,委托方按协议收取所代销的货款,实际售价可由双方在协议中明确规定,也可以由受托方自定,实际售价与协议价之间的差额归受托方所有,这种销售也是代销。税法规定针对手续费和差价要征收营业税,针对货物要征收增值税。因此,明确了企业的代销方式,有助于合理选择对企业有利的代销方式,达到税务筹划的目的。

3. 销售结算方式的选择

按照会计制度和税法的相关规定,销售结算的主要方式包括委托代销、分期收款销售和直接收款销售结算这三种方式。如果不考虑资金的时间价值,那么这三种结算方式之间并没有本质的区别,都表现为货物所有权的转移和货款的收取。但在现实的经济活动中,资金是有时间价值的,因此,从税收筹划的角度来看,要合理、合法地降低企业的税收负担,就需要考虑资金的时间价值,就需要在不同的结算方式中做出选择,因为不同的结算方式意味着应税收入的确认时间不同,纳税人缴纳税款的时间也不同,意味着通过合理的安排企业不但可以降低财务风险,而且还可以获取资金的时间价值。

【案例2-8】 某企业以生产实木家具为主,为增值税一般纳税人,以一个月为纳税期限,该企业每月15日申报纳税;企业所得税率为25%,城建附加和教育费附加合计为10%;同期银行存款的月息为0.5%。20××年6月25日销售一批家具给属于一般纳税人的某一商场,不含税全部价款为100万元;生产成本为80万元,可抵扣进项为8万元,销售费用为1万元。

①直接收款方式

按照规定,采用直接收款方式销售货物的,纳税义务发生的时间为收到销售额或取得索取销售额的凭据。因此,该企业在6月25日即发生纳税义务。

应纳增值税＝$100 \times 17\% - 8 = 9$(万元)

应纳附加＝$9 \times 10\% = 0.9$(万元)

应纳税所得＝$100 - 80 - 1 - 0.9 = 18.1$(万元)

应纳企业所得税＝$18.1 \times 25\% = 4.525$(万元)

税后利润＝$18.1 - 4.525 = 13.575$(万元)

此外,如果考虑资金的时间价值,由于企业所发生的应税义务要在7月15日缴纳相关的税收,相当于企业占有了这部分资金的利息收入,由此而致的收入为:

$(9 + 0.9 + 4.525) \times 0.5\% / 30 \times 20 = 480.83$(元)

这就是企业的所有收益。

采用这种结算方式的好处是可以及时回笼货款,从而可以有充足的现金来缴纳相关的税收,相应的财务风险也较小。

②分期收款方式

对于赊销和分期收款方式,《增值税暂行条例实施细则》规定:采取赊销和分期收款方式销售货物,其纳税义务发生时间为按合同约定的收款日期的当天。由此,企业可以采取分期收款的方式来收回货款,对于上例,可以在合同中列明,上述货款平均分4次收取,分别在7月、8月、9月、10月的14日收取25万元。则按照税法的规定,在发出货物的6月份,没有收入,从而不需要纳税。第一笔收入的确认时间为7月14日,因此,在7月15需要办理纳税申报并缴纳相关的税收。按照税务机关的实际方法,企业发生的生产成本和销售成本可以在7月份一并扣除。

7月份:

应纳增值税＝$25 \times 17\% - 8 = -3.75$(万元)

应纳税所得＝$25 - 80 - 1 = -56$(万元)

由于企业在本月表现为亏损,所以应纳企业所得税为0。

8月份:

应纳增值税＝$25 \times 17\% - 3.75 = 0.5$(万元)

应纳附加＝$0.5 \times 10\% = 0.05$(万元)

应纳税所得＝$25 - 56 - 0.05 = -31.05$(万元)

9月份:

应纳增值税＝$25 \times 17\% = 4.25$(万元)

应纳附加＝$4.25 \times 10\% = 0.425$(万元)

应纳税所得 $=25-31.05-0.425=-6.475$(万元)

10月份:

应纳增值税 $=25\times17\%=4.25$(万元)

应纳附加 $=4.25\times10\%=0.425$(万元)

应纳税所得 $=25-6.475-0.425=18.1$(万元)

应纳所得税 $=18.1\times25\%=4.525$(万元)

因此,企业应纳增值税合计为:$0.5+4.25+4.25=9$(万元)

应纳附加合计为:$0.05+0.425+0.425=0.9$(万元)

应纳所得税合计为:4.525(万元)

企业的税后利润为:$18.1-4.525=13.575$(万元)

在这种结算方式下,企业的税后收益没有发生变化,但需要注意的是,在7月份,企业不需要缴纳任何税收,在8月份只需要缴纳0.55万元的税,在9月份缴纳的税收为4.675万元,在10月份缴纳的税收为9.2万元。因此,在这种情况下,实际上相当于企业既获取了流动资金,又不需要缴纳较多的税收,可以有效减轻企业流动资金的压力。

③委托代销方式

按照《增值税暂行条例实施细则》的规定:委托其他纳税人代销货物,其纳税义务发生时间为收到代销单位销售的代销清单的当天。在上例中,如果公司决定采取代销的方式来销售家具,同时支付7000元的手续费给商场,而销售费用减少为3000元。8月25日公司收到商场的代销清单,清单中列明家具已销售出去,不含税价款为100万元,同时,商场将扣除手续费后的款项通过转账的方式支付给公司。

应纳增值税 $=100\times17\%-8=9$(万元)

应纳附加 $=9\times10\%=0.9$(万元)

应纳税所得 $=100-80-0.7-0.3-0.9=18.1$(万元)

应纳企业所得税 $=18.1\times25\%=4.525$(万元)

税后利润 $=18.1-4.525=13.575$(万元)

点评:

通过前面的计算可以看出,在三种结算方式下,企业应缴的税金和企业的税后利润都是一样的,但由于在计算税金时收入确认时间的不同,企业缴纳税金的时间也是不一样的。这样企业不但可以占有税金的时间价值,而且由于缴纳税金的时间不一样,企业可以根据资金的状况来选择不同的结算方式,以减少税金对流动资金的占用。

根据现行增值税的具体规定,应注意以下问题:

(1)收款与发票同步进行。即在求得采购方理解的基础上,未收到货款不开发票,这样可以达到延期缴纳税款的目的。

(2)尽量避免采用托收承付与委托收款的结算方式,以防止垫付税款。

(3)在不能及时收到货款的情况下,采用赊销或分期收款的结算方式,可以有效避免垫付税款。

(4)尽可能采用支票、银行本票和汇兑结算方式销售产品。

(5)多用折扣销售刺激市场,少用销售折扣刺激销售和回款。

纳税人应在上述原则的基础上,综合考虑企业各方面的实际情况,综合运用多种方式来减轻企业的税收负担。

三、增值税优惠政策的利用

在增值税法中,规定了很多的优惠政策,这些政策可以归纳为:减免税政策,包括免税、减税、暂不征或暂免征;先征后返政策,主要包括即征即退、先征后退和先征后返政策;对部分特殊部门的优惠政策以及起征点政策。

企业应该仔细研究并熟练运用这些政策,结合本企业的实际情况,利用各种合法手段,减轻自己的税负。

【案例 2-9】 某家具企业以生产实木家具为主,产品主要出口日本、欧美。由于外方客户对产品的质量要求比较高,因此企业购进的原材料中相当部分不能使用,截取后的部分企业都作为原材料库存,没有结转为生产成本。由于堆积过多,不得不以极低的价格予以处理。同时该企业有一个拼板车间,其主要工作就是从余料中截取可用的部分,经过刨光、加热、加压等方式拼成企业的可用板材。

点评:

根据税法的有关规定,对这家企业来说,实际上可以做出如下选择:财政部、国家税务总局《关于以农林剩余物为原料的综合利用产品增值税政策的通知》(财税〔2009〕148 号)文件,自 2009 年 1 月 1 日起至 2010 年 12 月 31 日止,对纳税人销售的以三剩物、次小薪材、农作物秸秆、蔗渣等 4 类农林剩余物为原料自产的综合利用产品由税务机关实行增值税即征即退办法,具体退税比例 2009 年为 100%,2010 年为 80%。因此企业可以考虑将拼装车间单独分离出去,成立一个独立核算、具有法人资格的子公司,专门从事利用企业的三剩物拼装板材的企业,企业将各种废料卖给拼装企业,待其拼成板材后再卖给家具企业,从而可以大大降低企业的税收负担。虽然这一优惠政策的有效期只到 2010 年 12 月 31 日,但由于这一政策的目的是为了促进林木资源的充分利用,从而减少林木的砍伐,因此有理由相信国家会出台后续的优惠政策来鼓励这种资源综合利用的行为。

四、增值税出口退税的筹划

出口退税直接影响到企业的利润,因此对企业的影响也是非常大的。通过合理的税收管理和安排,不但可以提高出口商品的市场竞争力,而且可以提高企业的经济效益,同时也为国家赚取了外汇收入,是一举多得的好事。

企业在进行出口税收安排时,主要应加强两方面的工作:一是尽可能按照出口退税的要求,准备相关的文书,以求能够以最快的速度退还相关的款项;二是在不同的出口模式下做出选择,以求能够为企业赚取最大的经济利益。

(一)出口退税管理

对企业而言,出口退税是影响企业利润的一个主要项目;而从实际的操作流程看,出口退税的过程相对复杂,所需文件相对专业、繁琐,而且政策变动频繁,因此,企业应该安排专人来处理出口退税的工作。

1. 报送的资料

按照出口退税管理的相关规定,有进出口经营权的生产企业在货物已报关出口后,应该提交以下资料给主管税务机关审核:

①出口货物报关单(出口退税专用联);

②出口收汇核销单(出口退税专用联)或远期收汇证明;

③出口货物专用发票;

④委托出口的,还需提供代理出口货物证明;

⑤出口企业《增值税纳税申报表》、《消费税纳税申报表》;

⑥增值税税收缴款书(复印件);

⑦运保费单据(复印件);

⑧如果属于进料加工复出口的还需附送《进料加工贸易申请表》。

2. 申报的期限

《国家税务总局关于出口货物退(免)税管理有关问题的通知》(国税发〔2004〕64号)规定,自2004年6月1日起,出口企业应在货物报关出口之日起90日内,向退税部门申报办理出口货物退(免)税手续。逾期不申报的,除另有规定者和确有特殊原因经地市级税务机关批准者外,不再受理该笔出口货物的退(免)税申报。

3. 分类申报

《国家税务总局关于印发〈出口货物退(免)税管理办法(试行)〉的通知》(国税发〔2005〕51号)规定:

①报关单、增值税发票、核销单纸质凭证及电子信息齐全,按正常情况申报;核销单电子信息暂缺,其余凭证及电子信息齐全,也按正常情况申报,但单证应集中置于纸质凭证及电子信息齐全的正常单证之后。

②有报关单、增值税发票纸质凭证及电子信息，但缺核销单纸质凭证：应单独成册，并填报《外贸企业未提供核销单情况表》，按正常情况编号申报。封面右上角应加注"缺核销单"标识。

③有报关单、增值税发票、核销单纸质凭证，但缺报关单或增值税发票信息：应单独成册，并填报《外贸企业电子信息缺失或核对不符情况表》，在申报期限届临，按不编号申报。封面右上角应加注"缺报关单或增值税发票信息"标识。如同时存在缺核销单纸质凭证的情况，应再填报《外贸企业未提供核销单情况表》。

通过良好的管理，企业不但可以避免不能退税的困境，而且可以及时、足额地获得退税款，减轻企业流动资金的压力，提高企业的经济效益。

（二）出口方式的选择

对生产企业来说，产品出口的方式主要有三种，即自营出口、委托外贸企业代理出口或将货物卖断给外贸企业出口。按照出口退税的有关规定，前两种出口方式采用"免、抵、退"的办法进行退税，后一种方式下，生产企业正常纳税，外贸企业获得退税。在不同的退税模式下，生产性企业的税后利润是不一样的。企业应结合自身情况，尽可能采用税负低、出口退税多的出口方式。

【案例2-10】　甲公司是一集团化的、有进出口经营权的生产性企业，20××年8月产品出口100万元，产品材料成本为40万元，当期的进项税额为6.8万元。假设产品的征税率为17％，退税率为13％，当月无内销，上期留抵数为0。在考虑出口方式时，有以下方案可供选择：

方案一：自营出口

甲公司自营出口，出口退税采用"免、抵、退"税办法。甲公司当月应纳税额应为：

应纳税额＝0－[6.8－100×(17％－13％)]＝－2.8（万元）

免抵退税额＝100×13％＝13（万元）

免抵税额＝13－2.8＝10.2（万元）

当期应退税额＝2.8（万元）

方案二：委托出口

甲公司设有独立核算的进出口公司乙，所有商品的出口皆委托乙公司出口。对于委托出口，在计算出口退税时也采用"免、抵、退"税办法。甲公司的应纳税额和应退税额的计算结果与方案一相同。所不同的是，由于乙公司独立核算，甲公司可能要支付代理手续费给乙公司。

方案三：以出口价卖断出口

甲公司设有独立核算的进出口公司乙，甲公司将出口商品按出口价格卖给乙公司，由乙公司报关出口并申请退税。

甲公司卖给进出口公司时应开具增值税专用发票并缴纳增值税：

应纳税额＝100×17％－6.8＝10.2(万元)

乙公司应退税额＝100×13％＝13(万元)

从集团总体的情况看,退税额和应纳税额的合计数仍然为2.8万元,但由于集团公司缴纳了10.2万元的增值税,必然会涉及城建税和教育费附加,与自营出口和委托出口相比,总体的退税收入会减少。

方案四:以成本价卖断出口

甲公司设有独立核算的进出口公司乙,甲公司将出口商品按成本价卖给乙公司,由乙公司报关出口并申请退税。

甲公司卖给进出口公司时应开具增值税专用发票并缴纳增值税:

应纳税额＝40×17％－6.8＝0(万元)

乙公司应退税额＝40×13％＝5.2(万元)

从集团总体的情况看,退税额为5.2万元,与前面的几种方式相比较,退税数额最大。

点评:

(1) 比较上述四个方案,方案一、二虽然不占用企业资金,但得到的出口退税款也较少;方案三不但占用企业部分资金,而且得到的出口退税也少,是四个方案中最不可取的一种;方案四虽然占用少量企业资金,但企业得到了更多的退税。

(2) 不同的出口退税方式都各有利弊,企业应根据自己的实际情况选择合适的退税办法。如果企业资金紧张,可选用方案一、二;若企业资金充足,可选用方案四以争取更多的退税。

(3) 比较方案三和四可以发现,卖断给关联出口企业的价格会影响到整体的税收负担和退税额。因此在通过关联企业出口时,需要合理确定卖断给关联企业的价格,以争取最大的出口退税款。因此,单纯从出口退税的角度看,以成本价通过关联的外贸出口企业卖断出口是企业最好的选择。在具体选择出口方式时,企业要结合本公司的资金状况、客户状况等实际情况,通过财务数据的实际测算来选择适合本企业的出口方式。

【案例2-11】 浙江某珍珠企业是集珍珠的养殖、研发、加工为一体的集团企业,其珍珠产品全部出口国外。由于出口退税率调低,企业利润大幅缩减。为了适应这种调整,根据企业的实际情况,对公司的架构做了调整:

第一,到香港设一关联企业,该企业的主要作用是把收购的珍珠委托境内的关联企业进行加工,并作为集团出口产品的实际出口者;

第二,将集团控股的科技有限公司的业务范围限定于接受香港公司的委托进行产品加工,按正常交易价格收取加工费;

第三,设立一专门的珍珠养殖公司,业务范围主要包括珍珠的养殖、养殖技术研发、初级农产品销售和出口。

点评：

通过这样的变更，养殖公司成为增值税法规定的农业生产者，而对于农业生产者销售自产农业产品，实行免税但不予退税的政策。这样，该企业成功地减少了出口退税率降低对企业利润的影响，规避了涉税风险。

五、涉税业务处理时的纳税筹划

涉税业务处理，主要涉及增值税专用发票的管理以及纳税争议的解决和处理等方面。

（一）专用发票的管理

企业应严格按照专用发票的相关规定来管理、使用和开具专用发票。从实务的角度看，企业应做到尽可能晚开票，尽可能早拿票。同时，对某些业务的处理要注意税法的相关规定，比如对已开具专用发票的销售货物，要及时足额计入当期销售额计税，如果已经开了专用发票，而其销售额未按规定计入销售账户核算的，则按偷税论处；再比如在选择折扣销售时，要注意把折扣额和销售额在同一张发票上注明，或者干脆按折扣后的价格开票等。

另外还要注意发票的抵扣问题：对取得的农产品收购发票、货物运输发票要注意计算进项税额；对工程领料、食堂宿舍用电、用于非应税项目及职工福利的要及时做增值税进项转出；拿到发票要及时认证，如果超过了认证期，其进项税额不得抵扣。

（二）纳税争议的解决和处理

在出现与税务机关的纳税争议时，应首先寻找相关的法律、法规，在正确理解法律、法规的基础上，加强与税务机关的沟通，在不得已的情况下，通过行政复议或者行政诉讼来维护自己的权益。

1. 接受虚开增值税专用发票问题的争议

【案例2-12】 A公司取得一份购买原材料的增值税专用发票，A取得专用发票后即到当地税务机关办理认证手续，并通过了认证；A公司的财务主管因B公司要求的付款单位与发货单位不一致，于是向B公司发函询问，收到B公司所在地税务机关的一份证明，该证明称B公司所开发票经认证是真实的，并已按规定缴纳税款。A公司申报抵扣了这笔进项税款，并支付了销售货款。同年12月份税务机关通过网上协查系统调查，发现该票属于虚开发票，且虚开增值税专用发票的B公司已被税务、公安机关立案调查。为此，稽查局对A公司进行立案检查，检查过程中A公司向税务机关提供了B公司所在地国税局开具的证明，但经查证，该证明是B公司伪造的。随后稽查局下达税务稽查处理告知书，认定A公司偷税并拟决定对其给予补交税款、处偷税额0.5倍的罚款并加收滞纳金的税务行政处罚。

分析：

由于A公司与B公司之间存在真实的交易，B公司使用的是其所在地领购的专用发票，专用发票注明的B公司名称、印章、货物数量、金额及税额等全部内容与实际相符，且A公司所在地稽查局没有证据表明A公司知道B公司提供的专用发票是以非法手段获得的，依据国税发〔2000〕187号文，对A公司不应以偷税论处，但应按有关规定不予抵扣进项税款；已经抵扣的进项税款则应依法追缴。

点评：

(1) A公司在税务专业人员帮助下，成功地避免了罚款和滞纳金。

(2) 在税务专业人员帮助下，A公司又进行了后续补救措施。依据国家税务总局《关于纳税人善意取得虚开的增值税专用发票处理问题的通知》(国税发〔2000〕187号)规定：购货方能够重新从销售方取得防伪税控系统开出的合法、有效专用发票的，或者取得手工开出的合法、有效专用发票且取得了销售方所在地税务机关已经或者正在依法对销售方虚开专用发票行为进行查处证明的，购货方所在地税务机关应依法准予抵扣进项税款或者出口退税。企业在事后依法采取补救措施以挽回上述补税的意外损失。

2. 接受失控发票的纳税争议

【案例2-13】 浙江××进出口有限公司已于20××年9月申报办理出口退税。根据金税协查系统回复函，A县××阀门厂已被A县国家税务局认定为企业走逃户，公司收受A县××阀门厂伍份增值税专用发票确认为失控发票，不能申报办理出口退税，应追缴出口退税24059.84元。稽查局根据《中华人民共和国税收征收管理法》第三十二条，国税发〔2004〕123号《国家税务总局关于建立增值税失控发票快速反应机制的通知》第四项之规定，追缴浙江××进出口有限公司出口退税款24059.84元并加收相应的滞纳金。

分析：

《国家税务总局关于建立增值税失控发票快速反应机制的通知》(国税发〔2004〕123号)第四项规定：认证系统发现的"认证时失控发票"和"认证后失控发票"经检查确属失控发票的，不得作为增值税扣税凭证。

根据这一规定，对取得"失控发票"的纳税人虽然规定应追缴税款，但并没有予以行政处罚以及加收滞纳金的规定。在上述案例中，由于该公司在整个经济业务中确实是购进了货物，是不知情的受害者，因此对该公司的行为应免予处罚和加收滞纳金。经过与税务机关的沟通，该公司免予处罚和滞纳金。

点评：

(1) 对于与税务机关的争议，纳税人应在充分理解、掌握税法的基础上，多

与税务机关沟通,以减少损失,维护自己的合法权益;

(2)对于企业来说,在购销关系真实,发票也真实、合法的情况下,可能因交易对象的原因不得不承担税款损失,风险巨大,在实践中应高度重视并注意防范;

(3)企业可以从以下几个方面入手,防范"失控发票"。

①注意考察客户。企业可以通过当地的熟人或税务机关了解客户情况,最好能实地考察一下,对其经营情况和信誉状况做到心中有数。

②注意发票验证和控制付款时间。快速反应机制的启用在发票认证的同时即可与失控发票进行双向比对,及时发现失控发票,这样就大大降低了取得发票企业的风险;企业一定要控制好付款时间,在发票未认证和比对之前不要轻易付款,待确认后再付款。所以企业对新客户最好在付款方式上留一手,可以采取分期付款或用承兑汇票等,千万不能用现金一次付清。有的企业货款虽然是分两次付清,但支付现金的做法却极为不妥。

③多和税务机关沟通。如果企业财务人员怀疑发票有问题时,应和税务机关及时沟通,这样就不至于以后出现麻烦。

3. 货物移库的增值税争议

【案例2-14】 某公司为了便于销售,在各地设立了仓库,有几个人负责管理并销售这些货物,所有这些人员的费用开支以及销售发票的开具和货款的回收均由该公司负责。

稽查局在稽查时认为,货物在总分支机构间的移送应视同销售并缴纳增值税,要求该公司对上述移送的货物补缴增值税,同时对该公司处以罚款。

公司则认为其在外地租用的仓库不属于机构,而且与该货物相关的风险和报酬并没有从公司转移,在产品发往各地仓库时,货物能否售出、售给谁、售价是多少均不能确定,所以在货物移送时不应该做销售处理。

公司在税务专业人员的帮助下,经过与税务机关的沟通,圆满解决了这个问题:货物的移库不做销售处理,不需要缴纳增值税。

点评:

(1)根据国家税务总局《关于企业所属机构间移送货物征收增值税问题的通知》(国税发〔1998〕137号)规定:所称的用于销售,是指受货机构发生以下情形之一的经营行为:

①向购货方开具发票;

②向购货方收取货款。

受货机构的货物移送行为有上述两项情形之一的,应当向所在地税务机关缴纳增值税;未发生上述两项情形的,则应由总机构统一缴纳增值税。

(2)国家税务总局《关于纳税人以资金结算网络方式收取货款增值税纳税

地点问题的通知》(国税函〔2002〕802 号)文件进一步补充规定：

纳税人以总机构的名义在各地开立账户，通过资金结算网络在各地向购货方收取销货款，由总机构直接向购货方开具发票的行为，不具备国税发〔1998〕137 号文件《国家税务总局关于企业所属机构间移送货物征收增值税问题的通知》规定的受货机构向购货方开具发票、向购货方收取货款两种情形之一，其取得的应税收入应当在总机构所在地缴纳增值税。

（3）根据这两个文件，如果分支机构不开发票或不向购货方收取货款，则不具备"用于销售"的条件。既然不是"用于销售"，因此总机构也就不可能"视同销售"。

第四节　增值税的会计处理

一、增值税核算的账户设置

增值税纳税人划分为一般纳税人和小规模纳税人，一般纳税人采取规范的核算办法，而小规模纳税人则采取简易核算办法，所以两者在账户设置和会计核算上亦有所不同。

（一）一般纳税人的账户设置

一般纳税企业应交的增值税，在"应交税费"账户下设置"应交增值税"和"未交增值税"两个明细账户进行核算。

1. "应交增值税"明细账户

"应交增值税"明细账户的借方发生额，反映企业购进货物、接受应税劳务所支付的进项税额和实际已交纳的增值税额以及月末转入"未交增值税"明细账户当月发生的应交未交的增值税额；贷方发生额，反映企业销售货物、提供应税劳务应缴纳的增值税额、出口货物退税、转出已支付的增值税以及月末转入"未交增值税"明细账的当月多交的增值税；该账户的期末借方余额，反映企业尚未抵扣的增值税额。

为了详细核算企业应交增值税的计算和上缴、抵扣等情况，企业应在"应交增值税"明细账户下设置"进项税额"、"已交税金"、"减免税款"、"出口抵减内销产品应纳税额"、"转出未交增值税"、"销项税额"、"出口退税"、"进项税额转出"、"转出多交增值税"等专栏。"应交税金——应交增值税"账户格式如下表所示：

应交税费——应交增值税

借　　方					贷　　方					借或贷	余额
合计	进项税额	已交税金	减免税款	出口抵减内销产品应纳税额	转出未交增值税	合计	销项税额	出口退税	进项税额转出	转出多交增值税	

①"进项税额"专栏,记录企业购入货物或接受应税劳务而支付的、按规定准予从销项税额中抵扣的增值税额。企业购入货物或接受应税劳务支付的进项税额,用蓝字登记;退回所购货物应冲销的进项税额,用红字登记。

②"已交税金"专栏,记录企业本月已交纳的增值税额。企业本月已交纳的增值税额用蓝字登记;退回本月多交的增值税额,用红字登记。

③"减免税款"专栏,记录企业按规定享受直接减免的增值税款。

④"出口抵减内销产品应纳税额"专栏,记录企业按规定的退税率计算的出口货物的进项税额抵减内销产品的应纳税额。

⑤"转出未交增值税"专栏,记录企业月终转出应交未交的增值税。月终企业转出当月发生的应交未交的增值税额,用蓝字登记。

⑥"销项税额"专栏,记录企业销售货物或提供应税劳务应收取的增值税额。企业销售货物或提供应税劳务应收取的增值税额,用蓝字登记;销货退回应冲销的销项税额,用红字登记。

⑦"出口退税"专栏,记录企业出口适用规定退税率的货物,向海关办理出口退税而收到退回的税款。出口货物退回的增值税额,用蓝字登记;出口货物办理退税后发生退货或者退关而补交已退的税款,用红字登记。

⑧"进项税额转出"专栏,记录企业的购进货物、在产品、产成品等发生非正常损失以及其他原因不应从销项税额中抵扣而按规定转出的进项税额。

⑨"转出多交增值税"专栏,记录企业月终转出本月多交的增值税。月终,企业转出本月多交的增值税额用蓝字登记;收到退回本月多交的增值税额用红字登记。

2."未交增值税"明细账户。

为了反映一般纳税企业上交增值税款的情况,企业应在"应交税费"账户下设置"未交增值税"明细账户,核算企业月终时转入的应交未交增值税额,或转入多交的增值税额。借方登记月末从"应交税费——应交增值税(转出多交增值税)"专栏转入的当月多交增值税额和当月上交以前月份应交而未交的增值税额,贷方登记月末从"应交税费——应交增值税(转出未交增值税)"专栏转入的当月应交而未交的增值税税额。期末借方余额反映多交的增值税,贷方余额反映未交的增值税。

在上述会计核算方法下,月份终了,企业应将当月发生的应交未交增值税额自"应交税费——应交增值税"账户转入"未交增值税"明细账户,借记"应交税费——未交增值税(转出未交增值税)"账户,贷记"应交税费——未交增值税"账户。将本月多交的增值税自"应交税费——应交增值税(转出多交增值税)"账户转入"应交税费——未交增值税"明细账户,借记"应交税费——未交增值税"账户,贷记"应交税费——应交增值税(转出多交增值税)"账户。应当指出,企业当月上交本月应交的增值税时,仍应借记"应交税费——应交增值税(已交税金)"账户,贷记"银行存款"账户。当月上交上月应交未缴的增值税,借记"应交税费——未交增值税"账户,贷记"银行存款"账户。

经过以上的会计核算,"应交税费——应交增值税"明细账户期末若有余额,必在借方,反映尚未抵扣的增值税额。

(二)小规模纳税人的账户设置

小规模纳税企业增值税的征收采取简易的征收办法,不实行抵扣制。因此,小规模纳税人增值税的会计核算,只需要设置"应交税费——应交增值税"明细账户。该账户采用三栏式账页格式,不需要在"应交税费——应交增值税"账户的借、贷方设置若干专栏。借方登记上缴的增值税,贷方登记当月销售货物或提供应税劳务应缴纳的增值税及销售退回红字冲销的增值税额。期末余额一般在贷方,表示应交未交的增值税。

二、一般纳税人增值税的会计处理

(一)进项税额的会计处理

企业关于增值税进项税额的核算,主要是纳税人外购货物或接受应税劳务而发生支付增值税的业务,根据《中华人民共和国增值税暂行条例》及有关规定,应区别不同情况作相应的会计处理。

1. 国内购进货物进项税额的会计处理

一般纳税人在国内购入生产经营用材料,以取得的增值税专用发票上注明的增值税为进项税额。购进材料所支付的运输费用,准予根据运费结算单据(普通发票)所列金额的 7% 的扣除率计算抵扣进项税额,但随同运费支付的装卸费、保险费等其他杂费不得计算扣除进项税额。

根据运费结算单据计算抵扣进项税额时应注意下列问题:

(1) 准予作为抵扣凭证的运费结算单据(普通发票),是指国营铁路、民用航空、公路和水上运输单位开具的货票,以及从事货物运输的非国营运输单位开具的套印全国统一发票监制章的货票。从 2003 年 11 月 1 日起,提供货物运输劳务的纳税人必须经主管地方税务局认定方可开具货物运输业发票。凡未经地方税务局认定的纳税人开具的货物运输发票不得作为记账凭证和增值税抵扣凭证。

（2）准予结算抵扣进项税的货物运费金额，是指在运输单位开具的货票上注明的运费和建设基金。随同运费支付的装卸费、保险费等其他杂费不得计算扣除进项税额。

（3）抵扣率为7%。

进项税的计算公式如下：

进项税额＝运费和建设基金×扣除率

【案例2-15】 甲公司20×1年1月购入原材料一批，取得的增值税专用发票上注明：原材料价款500000元，增值税额85000元；为购该批材料发生运杂费3200元，其中运费2950元、建设基金50元、装卸费200元；发票等结算凭证已经收到，款项已通过银行转账支付。甲公司的会计处理如下：

允许抵扣的进项税额＝85000＋(2950＋50)×7%＝85210(元)

原材料的采购成本＝500000＋(3200－3000×7%)＝502990(元)

借：原材料	502990
应交税费——应交增值税(进项税额)	85210
贷：银行存款	588200

2. 购入固定资产进项税额的会计处理

从2009年1月1日起，增值税一般纳税人购进、接受捐赠、接受投资或者自制、安装的固定资产发生的进项税额，可凭增值税专用发票、海关完税凭证以及根据运输费用结算单据计算的进项税额从销项税额中抵扣，其进项税额应当记入"应交税费——应交增值税(进项税额)"账户。

【案例2-16】 甲公司购进设备一台，增值税专用发票注明价款30000元，增值税额5100元。购入设备过程支付运输费用5000元(假定可按扣除率7%计算进项税额)，安装费8000元，取得合法发票，款项均以银行存款支付。甲公司的会计处理如下：

允许抵扣的进项税额＝5100＋5000×7%＝5450(元)

①购入时

借：在建工程	42650
应交税费——应交增值税(进项税额)	5450
贷：银行存款	48100

②到达预计可使用状态时

借：固定资产	42650
贷：在建工程	42650

需要说明的是，我国从2009年1月1日起实行消费型增值税，购入固定资产的进项税可以抵扣销项税，但准予抵扣的固定资产范围仅限于现行增值税征收范围内的固定资产。主要包括机器、机械、运输工具以及其他与生产、经营有

关的设备、工具、器具。对于房屋、建筑物等不动产以及小轿车、摩托车和游艇等，则不属于准予抵扣的固定资产范围，虽然在会计准则中作为固定资产核算，但不能纳入增值税的抵扣范围，因此其进项税不得抵扣销项税，只能计入相关的固定资产成本。

【案例 2-17】 甲公司购入小轿车一辆，买价 200000 元，增值税 34000 元，款已付，取得增值税专用发票一张。假定不考虑其他税费，甲公司会计处理如下：

借：固定资产　　　　　　　　　　　　　　　　　　　　　234000
　　贷：银行存款　　　　　　　　　　　　　　　　　　　　234000

3. 购进免税农产品进项税额的会计处理

根据规定，购进免税农产品，应按照农产品收购发票或者销售发票上注明的农产品买价和 13％ 的扣除率计算进项税额。在会计处理上，按买价扣除进项税额后的数额，借记"原材料"、"库存商品"等账户，按计算准予抵扣的进项税，借记"应交税费——应交增值税（进项税额）"账户，按应付或实际支付的价款，贷记"应付账款"、"银行存款"等账户。

【案例 2-18】 乙公司为粮食加工企业，20×1 年 2 月从某农场收购小麦 100 吨，农场开具的普通发票上注明金额 20 万元。乙公司的会计处理如下：

购进免税农产品的进项税额＝200000×13％＝26000（元）

小麦的采购成本＝200000－26000＝174000（元）

借：原材料　　　　　　　　　　　　　　　　　　　　　　174000
　　应交税费——应交增值税（进项税额）　　　　　　　　　26000
　　　贷：库存现金　　　　　　　　　　　　　　　　　　　200000

4. 支付水电费进项税额的会计处理

一般纳税人支付水费、电费，可以根据增值税专用发票注明的增值税额进行税款抵扣。但用于非应税项目、免税项目、集体和个人消费的水电，其增值税的进项税不得计算抵扣。

【案例 2-19】 甲公司 2 月份收到电力公司开来的电力增值税专用发票，因该公司生产用电与生活用电是一个电度表，增值税发票上的增值税税额中有属于职工个人消费的部分。2 月份该公司用电总价 20000 元，其中：生产用电的电价为 18000 元，职工生活用电的电价为 2000 元。电力公司开来增值税专用发票，电价 20000 元，税额 3400 元，价税合计 23400 元。甲公司对职工个人用电的价税计算到人，在发工资时扣回。甲公司在支付电费时，会计处理如下：

借：生产成本——辅助生产成本　　　　　　　　　　　　　18000
　　应交税费——应交增值税（进项税额）　　　　　　　　　3060
　　应付职工薪酬　　　　　　　　　　　　　　　　　　　2340
　　　贷：银行存款　　　　　　　　　　　　　　　　　　　23400

5. 外购存货退货、折让进项税额的会计处理

(1) 购进货物发生退货时,购货方应区别下列两种不同情况进行会计处理:

① 购货方未付货款也未作账务处理。这种情况下,购货方只需将发票联和抵扣联退还给销货方即可,既然购货方进货后还未作会计处理,退货时也无需进行会计处理。如果是部分退货,将发票联和抵扣联退还给销货方后,由销货方按实际数量重新开具增值税专用发票,购货方也不用对退货进行会计处理,只按实购数量、金额进行会计处理即可。

② 购货方已付货款,或者货款未付但已作会计处理。这种情况下,发票联及抵扣联无法退还,购货方必须取得当地主管税务机关开具的"进货退回及索取折让证明单"送交销货方,作为销货方开具红字增值税专用发票的合法依据。购货方根据销货方转来的红字发票联、抵扣联,借记"应收账款"、"银行存款"账户,贷记"应交税费——应交增值税(进项税额)"(实际登账时,应以红字记入借方)、"材料采购"等账户。

【案例 2-20】 甲公司 20×1 年 2 月份购进 A 材料 20000 千克,买价 100000元,增值税进项税 17000 元。取得的增值税专用发票上,材料已验收入库,货款尚未支付。甲公司 20×1 年 2 月材料验收入库时,作会计处理如下:

① 购入时

借:原材料——A 材料　　　　　　　　　　　　　　　　　100000
　　应交税费——应交增值税(进项税额)　　　　　　　　17000
　　贷:应付账款　　　　　　　　　　　　　　　　　　　117000

② 假定 3 月份上述材料因质量问题部分退货,取得当地主管税务机关开具的"进货退出及索取折让证明单"送交销货方,退回材料的价款为 5000 元,增值税款 850 元,已收到对方开具的红字增值税专用发票。甲公司会计处理如下:

借:原材料——A 材料　　　　　　　　　　　　　　　　　5000

　　应交税费——应交增值税(进项税额)　　　　　　　　850

　　贷:应付账款　　　　　　　　　　　　　　　　　　　5850

(2) 进货折让

购入的货物,如果由于质量不符,经与销售方协商,给予一部分折让。在采用验货付款的情况下,由于既未付款也未做会计处理,购货方应退回发票,由销货方按折让后的价款和税额重新开具发票。在采用验单付款的情况下,款已付而发票无法退回,购货方应向当地主管税务机关索取"证明单",转交销货方,并根据销货方转来的红字发票联和抵扣联进行相应的会计处理。

【案例 2-21】 甲公司以前采用托收承付结算方式(验单付款)购入的材料10000 千克,每千克 2 元,共计货款 20000 元,增值税进项税 3400 元,材料验收

入库时发现质量不符，经与销货方协商后同意折让 10%。甲公司作会计处理如下：

① 材料验收入库，按扣除折让后的金额入账，并将证明单转交销货方时

借：原材料 18000

应收账款 2000

贷：在途物资 20000

② 收到销货方转来的折让金额红字增值税专用发票及款项时

借：银行存款 2340

应交税费——应交增值税（进项税额） 340

贷：应收账款 2000

6. 投资转入货物进项税额的会计处理

投资者投入存货时，按投资合同或协议约定的价值，借记"原材料"、"周转材料"、"库存商品"等账户，按增值税专用发票上注明的增值税额，借记"应交税费——应交增值税（进项税额）"账户，按投资者在企业注册资本中拥有的份额，贷记"实收资本"或"股本"账户，按上述账户的差额贷记"资本公积"账户。

【案例 2-22】 甲公司由 A、B、C 三投资者共同投资设立，原注册资本为 3000 万元。为了扩大经营规模，甲公司决定增加注册资本 1000 万元。新增资本由 D 投资者以原材料投入。投资协议约定，D 投资者投入的原材料价值为 1200 万元，D 投资者在甲公司注册资本中所占比例为 25%。20×1 年 3 月 1 日，甲公司收到 D 投资者投入的原材料，增值税专用发票上注明的价款为 1200 万元，增值税为 204 万元。投资协议约定价值是公允的。甲公司作会计处理如下：

借：原材料 12000000

应交税费——应交增值税（进项税额） 2040000

贷：实收资本——D 10000000

资本公积——资本溢价 4040000

7. 接受企业捐赠货物进项税额的会计处理

企业接受捐赠转入的货物，按照捐赠确认的价值，借记"原材料"、"固定资产"等账户，按照专用发票上注明的增值税额，借记"应交税费——应交增值税（进项税额）"账户，按其差额贷记"营业外收入"账户。

【案例 2-23】 甲公司接受大海公司捐赠设备一台，收到增值税专用发票上注明设备价款 100000 元，增值税税额 17000 元。甲公司作会计处理如下：

借：固定资产 100000

应交税费——应交增值税（进项税额） 17000

贷：营业外收入 117000

8. 接受应税劳务进项税额的会计处理

企业接受加工、修理修配劳务,按照增值税专用发票上注明的加工、修理修配费用,借记"委托加工物资"、"其他业务成本"等账户,按照增值税专用发票上注明的增值税税额,借记"应交税费——应交增值税(进项税额)"账户,按应付或实际支付的金额,贷记"应付账款"、"银行存款"等账户。

值得注意的是,对于接受应税劳务,确认准予抵扣的进项税额必须满足以下条件:一是必须用于应税项目的生产经营,如果用于非应税项目、免税项目、集体福利和个人消费,则不得抵扣进项税额。二是必须取得受托加工单位开具的增值税专用发票,否则不得抵扣进项税额。支付运费时,必须取得运输部门开具给本单位的运输发票,否则不得计算抵扣进项税额。

【案例 2-24】　丙公司委托东方公司将一批 A 材料加工成 B 材料。发出加工的 A 材料成本为 40000 元,支付加工费 14000 元(不含增值税),支付增值税 2380 元。丙公司会计处理如下:

①发出加工用原材料时

借:委托加工物资　　　　　　　　　　　　　　　　　　　40000

　　贷:原材料——A 材料　　　　　　　　　　　　　　　　40000

②支付加工费用和增值税时

借:委托加工物资　　　　　　　　　　　　　　　　　　　14000

　　应交税费——应交增值税(进项税额)　　　　　　　　2380

　　贷:银行存款　　　　　　　　　　　　　　　　　　　　16380

③收回加工完成的 B 材料时

借:原材料——B 材料　　　　　　　　　　　　　　　　　54000

　　贷:委托加工物资　　　　　　　　　　　　　　　　　　54000

【案例 2-25】　丙公司 20×1 年 3 月份支付生产用设备修理费并取得对方开具的增值税专用发票,注明修理费用 30000 元,增值税额 5100 元,款项已支付。丙公司会计处理如下:

借:管理费用　　　　　　　　　　　　　　　　　　　　　30000

　　应交税费——应交增值税(进项税额)　　　　　　　　5100

　　贷:银行存款　　　　　　　　　　　　　　　　　　　　35100

9.国外采购货物进项税额的会计处理

企业进口货物增值税进项税的计算,是根据海关审定的关税完税价格,加上关税、消费税作为计税依据。一般纳税人应按照海关开具的"完税凭证"上注明的增值税额,借记"应交税费——应交增值税(进项税额)"账户,按进口货物应计入采购成本的金额,借记"原材料"、"库存商品"等账户,按应付或实际支付的金额,贷记"应付账款"、"银行存款"等账户。

【案例 2-26】　丁公司为从事进出口贸易的企业。20×1 年 4 月从国外购入

A商品一批,到岸价为100万美元,采用汇付结算方式,关税税率50%,增值税率17%,另支付国内运杂费5000元(其中运费4000元,增值税进项税280元)。该企业开出人民币转账支票680万元,从中国银行购入100万美元,转入美元存款户。当日外汇即期汇率为1:6.8。丁公司作会计处理如下:

①买入外汇时

借:银行存款——美元户(USD1000000×6.8)　　　　　　6800000

　　贷:银行存款——人民币　　　　　　　　　　　　　　　　6800000

②支付货款时

借:在途物资　　　　　　　　　　　　　　　　　　　　　6800000

　　贷:银行存款——美元　　　　　　　　　　　　　　　　　6800000

③支付进口关税和增值税时

应交关税税额=6800000×50%=3400000(元)

增值税进项税额=(6800000+3400000)×17%=1734000(元)

借:在途物资　　　　　　　　　　　　　　　　　　　　　3400000

　　应交税费——应交增值税(进项税额)　　　　　　　　　1734000

　　贷:银行存款　　　　　　　　　　　　　　　　　　　　　5134000

④支付国内运杂费时

借:销售费用　　　　　　　　　　　　　　　　　　　　　　4720

　　应交税费——应交增值税(进项税额)　　　　　　　　　　280

　　贷:银行存款　　　　　　　　　　　　　　　　　　　　　5000

⑤结转商品采购成本

借:库存商品　　　　　　　　　　　　　　　　　　　　　10200000

　　贷:在途物资　　　　　　　　　　　　　　　　　　　　10200000

10.购进货物不得抵扣进项税额的会计处理

根据税法规定,增值税一般纳税人未按规定取得增值税扣除凭证,以及购入的货物用于非应税项目、免征项目、集体福利或者个人消费的进项税额不得从销项税额中抵扣。对发生上述业务,纳税人所支付的增值税额不能在"应交税费——应交增值税(进项税额)"专栏中核算,而应将支付的增值税额计入外购货物或应税劳务的成本之中。

【案例2-27】　乙公司为增值税一般纳税人,20×1年4月发生以下三笔业务:

(1)从小规模纳税人处购进原材料一批,价值60000元,未取得增值税专用发票。

(2)从某一般纳税人处购进原材料一批,买价100000元,增值税17000元。款已付并取得增值税专用发票一张,但因保管不善,增值税专用发票丢失。

（3）购入商品一批，用于职工福利。该批商品的买价 30000 元，增值税 5100 元。款已付并取得增值税专用发票一张。

乙公司作会计分录如下：

①从小规模纳税人处购进原材料未取得扣税凭证，其进项税额不得抵扣，则会计处理如下：

借：原材料　　　　　　　　　　　　　　　　　　　　　60000

　　贷：银行存款　　　　　　　　　　　　　　　　　　　60000

②从一般纳税人处购进原材料未按规定保存扣税凭证，其进项税额不得抵扣，则会计处理如下：

借：原材料　　　　　　　　　　　　　　　　　　　　　117000

　　贷：银行存款　　　　　　　　　　　　　　　　　　　117000

③购入的货物用于集体福利或者个人消费，其进项税额不得抵扣，则会计处理如下：

借：应付职工薪酬　　　　　　　　　　　　　　　　　　35100

　　贷：银行存款　　　　　　　　　　　　　　　　　　　35100

【案例 2-28】　乙公司 20×1 年 5 月 10 日购入 A 材料 1000 吨，每吨 500 元，计 500000 元，进项税额 85000 元，运费 40000 元（按规定准予扣除的进项税为 2800 元），装卸费、保险费 6800 元，款项已支付，材料当日到达。验收发现短少 48 吨，原因待查。乙公司作会计分录如下：

记入待处理财产损益的金额＝48×500＋48×（37200＋6800）÷1000＋48×（85000＋2800）÷1000＝30326.40（元）

借：原材料　　　　　　　　　　　　　　　　　　　　　517888

　　待处理财产损益　　　　　　　　　　　　　　　　　　30326.40

　　应交税费——应交增值税（进项税额）　　　　　　　83585.60

　　贷：银行存款　　　　　　　　　　　　　　　　　　　631800

（二）进项税额转出的会计处理

企业购入的货物发生非常损失及改变用途等，其进项税额不得从销项税额中扣除。因为这些货物的增值税税额在其购入时已作为进项税额从当期的销项税额扣除了，故应将其从进项税额中转出，借记有关成本、费用、损失账户，贷记"应交税费——应交增值税（进项税额转出）"账户。另外，按我国现行出口退税政策规定，进项税额与出口退税的差额，也应作"进项税额转出"的会计处理。

1. 购入的货物改变用途进项税转出的会计处理

为生产、销售购入的货物，企业支付的增值税已经记入"进项税额"，若该货物购入后改变用途，不再用于生产后出售或转卖，而是用于非应税项目、免税项目、集体福利和个人消费等。此种情况下,销项税额不能形成,原已申报抵扣的进项税额不能抵减,只能转出。

【案例 2-29】 丙公司 20×1 年 5 月份基建工程领用生产用 A 材料一批,材料实际成本为 1000000 元,增值税率 17%。丙公司会计处理如下:

进项税额转出的金额＝1000000×17%＝170000(元)

借:在建工程　　　　　　　　　　　　　　　　　　　　1170000

　　贷:原材料——A 材料　　　　　　　　　　　　　　　　1000000

　　　　应交税费——应交增值税(进项税额转出)　　　　　170000

2. 购入的货物、在产品、库存商品发生非常损失进项税额转出的会计处理

因为发生非常损失,不能实现销售,不会产生销项税额,原已申报抵扣的进项税额不能抵减,只能转出。

【案例 2-30】 丁公司企业购入原材料一批,取得的增值税专用发票上注明:原材料价款 1600000 元,增值税额 272000 元;为购该批材料发生运费 4000 元,款项已通过银行转账支付。材料当天到达,验收入库时,发现短缺部分材料,实收材料价值 1580000 元,原因待查。丁公司作会计处理如下:

可抵扣的进项税＝(272000＋400×7%)×1580000÷1600000＝268876.50(元)

计入"待处理财产损溢"的金额＝20000×(1＋17%)＋280×(1－1580000÷1600000)＋3720×(1－1580000÷1600000)＝23450(元)

借:原材料　　　　　　　　　　　　　　　　　　　　1583673.50

　　应交税费——应交增值税(进项税额)　　　　　　　268876.50

　　待处理财产损溢　　　　　　　　　　　　　　　　　　23450

　　贷:银行存款　　　　　　　　　　　　　　　　　　　1876000

(三) 销项税额的会计处理

1. 一般销售业务销项税额的会计处理

税法规定,销售货物或者提供应税劳务,纳税义务发生时间为收讫销售款或者取得索取销售款凭据的当天。而不同的结算方式下,其纳税义务发生时间的具体规定又有所不同。

(1) 直接收款方式销售货物销项税额的会计处理

纳税人采取直接收款方式销售货物的,不论货物是否发出,纳税义务发生时间均为收到销售款或者索取销售款的凭据,并将提货单交给买方的当天。企业应根据销售结算凭证和银行存款进账单,借记"应收账款"、"银行存款"等账户,按照实现的销售收入,贷记"主营业务收入"等账户,按照规定收取的增值税额,贷记"应交税费——应交增值税(销项税额)"账户。

【案例 2-31】 甲公司 20×1 年 6 月份销售自产 A 产品一批,开具的增值税

专用发票上注明价款 800000 元,增值税额 136000 元。产品已经发出,货款以银行存款收讫。甲公司作会计处理如下:

借:银行存款　　　　　　　　　　　　　　　　　　 936000
　　贷:主营业务收入　　　　　　　　　　　　　　　　 800000
　　　应交税费——应交增值税(销项税额)　　　　　 136000

(2)托收承付和委托收款方式销售货物销项税额的会计处理

纳税人采取托收承付和委托收款方式销售货物,按照实现的销售收入和按规定收取的增值税额,借记"应收账款"账户,按照实现的销售收入,贷记"主营业务收入"等账户,按照规定收取的增值税额,贷记"应交税费——应交增值税(销项税额)"账户。

【案例 2-32】 甲公司 20×1 年 6 月份采用托收承付结算方式,发出 A 产品一批,不含税价款 200000 元,增值税额 34000 元,另代垫运费 2000 元。在办理完托收手续时,该公司的会计处理如下:

借:应收账款　　　　　　　　　　　　　　　　　　 236000
　　贷:主营业务收入　　　　　　　　　　　　　　　　 200000
　　　应交税费——应交增值税(销项税额)　　　　　 34000
　　　银行存款　　　　　　　　　　　　　　　　　　 2000

(3)具有融资性质的分期收款销售货物销项税额的会计处理

企业销售商品,有时会采取分期收款的方式,即商品已经交付,货款分期收回。如果延期收款的时间较长,实质上是具有融资性质的销售商品,按应收合同或协议价款,借记"长期应收款"账户,按应收合同或协议价款的公允价值(未来现金流量的现值),贷记"主营业务收入"账户,按专用发票上注明的增值税额,贷记"应交税费——应交增值税(销项税额)"账户,按其差额,贷记"未实现融资收益"账户。"未实现融资收益"在收款期内按实际利率法摊销,作为财务费用的抵减处理。

【案例 2-33】 20×1 年 1 月 1 日,甲公司以分期收款方式销售 B 产品 40 件,产品单价 100 万元,单位成本 80 万元。根据分期收款合同,该销售价款分 4 年平均收取,每年末收款一次。在现销方式下,该批产品的销售单价为 90 万元。假定甲公司发出商品时开出增值税专用发票,注明的增值税额为 680 万元,并于当日收到增值税额 680 万元。该延期收款销售具有融资性质。

本例中,甲公司应当确认的销售商品收入金额为 3600 万元(40×90 万元);计算得出的现值为 3600 万元、年金为 1000 万元、期数为 4 年的折现率为 4.35%;每期计入财务费用的金额如下表所示。

财务费用和已收本金计算表

	未收本金	财务费用	已收本金	收现总额
	①＝期初①－③	②＝①×4.35%	③＝1000万－②	④
20×1.1.1	36000000			
20×1.12.31	36000000	1566000	8434000	10000000
20×2.12.31	27566000	1199121	8800879	10000000
20×3.12.31	18765121	816283	9183717	10000000
20×4.12.31	9581404	418596*	9581404	10000000
合计		4000000	36000000	40000000

＊尾数调整

根据上表的计算结果,甲公司会计处理如下:

①20×1年1月1日销售实现

借:长期应收款	40000000
银行存款	6800000
贷:主营业务收入	36000000
未实现融资收益	4000000
应交税费——应交增值税(销项税额)	6800000
借:主营业务成本	32000000
贷:库存商品	32000000

②20×1年12月31日收款

借:银行存款	10000000
贷:长期应收款	10000000
借:未实现融资收益	1566000
贷:财务费用	1566000

③20×2年12月31日收款

借:银行存款	10000000
贷:长期应收款	10000000
借:未实现融资收益	1199121
贷:财务费用	1199121

④20×3年12月31日收款

借:银行存款	10000000
贷:长期应收款	10000000
借:未实现融资收益	816283
贷:财务费用	816283

⑤20×4 年 12 月 31 日收款

借:银行存款	10000000
贷:长期应收款	10000000
借:未实现融资收益	418596
贷:财务费用	418596

(4)预收货款方式销售货物销项税额的会计处理

纳税人采取预收货款方式销售货物,纳税义务发生时间为货物发出的当天。因此,纳税人在收到预收款项时,借记"银行存款"账户,贷记"预收账款"账户;在发出商品时,确认收入和补收货款,借记"预收账款"、"银行存款"等账户,贷记"主营业务收入"、"应交税费——应交增值税(销项税额)"账户,同时结转成本。

【案例 2-34】 甲公司以预收账款方式销售 C 产品一批,2008 年 8 月份收到预收货款 90000 元;当年 9 月 1 日发出 C 产品,实际成本 85000 元,不含税售价 100000 元,增值税额 17000 元,当日收到对方补付的货款。甲公司会计处理如下:

①8 月收到预收货款时

借:银行存款	90000
贷:预收账款	90000

②9 月 1 日发出产品、补收货款时

借:预收账款	90000
银行存款	27000
贷:主营业务收入	100000
应交税费——应交增值税(销项税额)	17000

③结转成本时

借:主营业务成本	85000
贷:库存商品——C 产品	85000

2. 视同销售行为销项税额的会计处理

根据税法规定,下列情况视同销售行为,应计算缴纳增值税。

(1)委托与受托代销货物销项税额的会计处理

委托与受托代销一般有两种形式:视同买断和收手续费形式。

第一种情况,视同买断方式:

即由委托方和受托方签订协议,委托方按协议价收取所代销的货款,实际售价可由受托方自定,实际售价与协议价之间的差额归受托方所有的销售方式。会计处理时,应视代销合同或协议的内容分别不同情况进行处理。如果委托方和受托方之间的协议明确规定,受托方在取得代销商品后,无论是否能够卖出、是否获利,均与委托方无关,那么委托方和受托方之间的代销商品交易,与委托方直接销售给受托方没有实质差别。在符合销售商品收入确认条件时,委托方应确认相关销售商品收入。如果委托方和受托方之间的协议明确标明,将来受托方没有将商品售出时可以将商品退给委托方,或受托方因代销商品出现亏损时可以要求委托方补偿,那么委托方在交付商品时不确认收入,受托方也不作购进商品处理;受托方将商品售出后,按实际售价确认销售收入,并向委托方开具代销清单;委托方收到代销清单时,再确认本企业的销售收入。

【案例 2-35】 甲公司委托乙公司销售 A 商品 500 件,协议价 100 元/件,商品成本 80 元/件,增值税率 17%。甲公司收到乙公司开来的代销清单时开具增值税发票:售价 50000 元,增值税 8500 元。乙公司实际销售时开具增值税发票:售价 60000 元,增值税 10200 元。假定按代销协议,乙公司可以将未售出的代销商品退还给甲公司。

甲公司的会计处理:

① 交付代销商品时

借:发出商品		40000
贷:库存商品		40000

② 收到代销清单时

借:应收账款——乙公司		58500
贷:主营业务收入		50000
应交税费——应交增值税(销项税额)		8500
借:主营业务成本		40000
贷:发出商品		40000

③ 收到代销商品款时

借:银行存款		58500
贷:应收账款——乙公司		58500

乙公司的会计处理:

① 收到代销商品时

借:受托代销商品(或代理业务资产)		50000
贷:代销商品款(或代理业务负债)		50000

② 实际销售商品时

借:银行存款		70200
贷:主营业务收入		60000
应交税费——应交增值税(销项税额)		10200
借:主营业务成本		50000
贷:受托代销商品(或代理业务资产)		50000
借:代销商品款(或代理业务负债)		50000

　　　　贷：应付账款——甲公司　　　　　　　　　　　　　　　　50000

③收到委托方发票时

借：应交税费——应交增值税（进项税额）　　　　　　　　　　8500

　　　　贷：应付账款　　　　　　　　　　　　　　　　　　　　8500

④支付代销商品款时

借：应付账款——甲公司　　　　　　　　　　　　　　　　　58500

　　　　贷：银行存款　　　　　　　　　　　　　　　　　　　58500

第二种情况，收手续费方式：

　　即受托方根据所代销的商品数量向委托方收取手续费的销售方式。对于委托方而言，收取的手续费实际上是一种劳务收入。在这种方式下，委托方发出商品时，商品所有权上的主要风险和报酬并未转移给受托方，因此，委托方在发出商品时通常不应确认销售商品收入，而应在收到受托方开具的代销清单时确认销售商品收入；受托方在商品销售后，按合同或协议约定的方法计算确定的手续费确认收入。

　　【案例2-36】　沿用前例，假定乙公司按协议价100元/件出售代销商品。甲公司按售价的10％支付乙公司手续费。乙公司实际销售向购买方开具的增值税专用发票上注明：售价50000元、增值税额8500元。甲公司收到代销清单时，向乙公司开具一张相同金额的增值税发票。

甲公司的会计处理：

①交付代销商品时

借：发出商品　　　　　　　　　　　　　　　　　　　　　　40000

　　　　贷：库存商品　　　　　　　　　　　　　　　　　　　40000

②收到代销清单时

借：应收账款——乙公司　　　　　　　　　　　　　　　　　58500

　　　　贷：主营业务收入　　　　　　　　　　　　　　　　　50000

　　　　　　应交税费——应交增值税（销项税额）　　　　　　8500

借：主营业务成本　　　　　　　　　　　　　　　　　　　　40000

　　　　贷：发出商品　　　　　　　　　　　　　　　　　　　40000

③计算应付手续费：50000×10％＝5000（元）

借：销售费用——代销手续费　　　　　　　　　　　　　　　5000

　　　　贷：应收账款——乙公司　　　　　　　　　　　　　　5000

④收到代销商品款时

借：银行存款　　　　　　　　　　　　　　　　　　　　　53500

　　　　贷：应收账款——乙公司　　　　　　　　　　　　　53500

乙公司的会计处理：

①收到代销商品时

借:受托代销商品(或代理业务资产)　　　　　　　　　　　　　　50000
　　贷:代销商品款(或代理业务负债)　　　　　　　　　　　　　　　50000

②实际销售商品时

借:银行存款　　　　　　　　　　　　　　　　　　　　　　　　　58500
　　贷:应付账款——甲公司　　　　　　　　　　　　　　　　　　　50000
　　　　应交税费——应交增值税(销项税额)　　　　　　　　　　　　8500

③收到委托方发票时

借:应交税费——应交增值税(进项税额)　　　　　　　　　　　　　8500
　　贷:应付账款——甲公司　　　　　　　　　　　　　　　　　　　8500

借:受托代销商品(或代理业务负债)　　　　　　　　　　　　　　　50000
　　贷:受托代销商品(或代理业务资产)　　　　　　　　　　　　　　50000

④计算应收手续费:50000×10%＝5000(元)

借:应付账款——甲公司　　　　　　　　　　　　　　　　　　　　5000
　　贷:主营业务收入(或其他业务收入)　　　　　　　　　　　　　　5000

⑤支付代销商品款时

借:应付账款——甲公司　　　　　　　　　　　　　　　　　　　　53500
　　贷:银行存款　　　　　　　　　　　　　　　　　　　　　　　　53500

(2)将自产或委托加工的货物用于非应税项目的会计处理

一般纳税人发生此类业务不开具发票,直接根据商品出库单或材料领料单做账。按发出的自产货物或委托加工收回货物的实际成本和计算的增值税销项税额,借记"在建工程"、"其他业务成本"等账户,按发出货物的实际成本贷记"库存商品"、"原材料"等账户,按计算出的销项税额贷记"应交税费——应交增值税(销项税额)"账户。

【案例2-37】 甲公司20×1年6月份领用B产品一批,用于本公司的厂房建设,该批产品实际成本15000元,不含税售价23000元。甲公司会计处理如下:

销项税额＝23000×17%＝3910(元)

借:在建工程　　　　　　　　　　　　　　　　　　　　　　　　18910
　　贷:库存商品——B产品　　　　　　　　　　　　　　　　　　　15000
　　　　应交税费——应交增值税(销项税额)　　　　　　　　　　　　3910

(3)将自产或委托加工的货物用于集体和个人消费的会计处理

企业以其生产或委托加工的产品作为非货币性福利提供给职工的,应当按照该产品的公允价值和相关税费,计量应计入成本费用的职工薪酬金额,相关收入的确认、销售成本的结转和相关税费的处理,与正常商品销售相同。

需要注意的是,在以自产或委托加工产品发放给职工作为福利的情况下,企业在进行账务处理时,应当先通过"应付职工薪酬"账户归集当期应计入成本费用的非货币性薪酬金额,以确定完整准确的企业人工成本金额。

【案例 2-38】　乙公司为一家生产彩电的企业,共有职工 200 名,20×1 年 2 月,公司以其生产的成本为 10000 元的液晶彩电作为春节福利发放给公司每名职工。该型号液晶彩电的售价为每台 14000 元,乙公司适用的增值税率为 17%,已开具了增值税专用发票;假定 200 名职工中 170 名为直接参加生产的职工,30 名为总部管理人员。乙公司会计处理如下:

彩电的售价总额＝14000×170＋14000×30＝2380000＋420000＝2800000(元)

彩电的增值税销项税额＝170×14000×17%＋30×14000×17%＝404600＋71400＝476000(元)

①公司决定发放非货币性福利时

借:生产成本　　　　　　　　　　　　　　　　　　　2784600

　　管理费用　　　　　　　　　　　　　　　　　　　491400

　　贷:应付职工薪酬——非货币性福利　　　　　　　　3276000

②实际发放彩电时

借:应付职工薪酬——非货币性福利　　　　　　　　　3276000

　　贷:主营业务收入　　　　　　　　　　　　　　　　2800000

　　　　应交税费——应交增值税(销项税额)　　　　　476000

借:主营业务成本　　　　　　　　　　　　　　　　　2000000

　　贷:库存商品　　　　　　　　　　　　　　　　　　2000000

(4)将自产、委托加工或购买的货物作为投资的会计处理

按照税法的规定,一般纳税人将自产、委托加工或购买的货物作为投资时,应视同销售,需要计算交纳增值税。对于税法的此类视同销售行为,从会计角度看属于非货币性资产交换,因此,会计核算应遵循非货币性资产交换准则进行会计处理。但是,无论会计上如何处理,只要税法规定需要交纳增值税的,应当计算交纳增值税的销项税额,并计入"应交税费——应交增值税(销项税额)"账户。

【案例 2-39】　甲公司 20×1 年 12 月份,以自产产品对乙企业投资,双方协议按产品的售价作价。该批产品的成本 200 万元,假定售价和计税价格均为 220 万元。该批产品的增值税税率为 17%。假定该笔交易符合非货币性自产交换准则规定的按公允价值计量的条件。甲公司会计处理如下:

对外投资转出计算的销项税额＝220×17%＝37.4(万元)

借:长期股权投资　　　　　　　　　　　　　　　　　12574000

　　贷:主营业务收入　　　　　　　　　　　　　　　　2200000

应交税费——应交增值税(销项税额)	374000
借:主营业务成本	2000000
贷:库存商品——B产品	2000000

(5) 将自产、委托加工或购买的货物无偿赠送他人的会计处理

企业将自产、委托加工或购买的货物无偿赠送他人,企业并未获得经济利益,并非销售活动。但按税法规定,要视同销售货物计算缴纳增值税。因为企业自产、委托加工货物本身所耗原材料和支付的加工费等的"进项税额"、购买货物中的"进项税额"已从"销项税额"中扣除了,若不视同销售,买卖双方互相"赠送",国家将无法收税。因此,这类业务要视同销售计税。在货物移送时,按移送货物的成本和按计税价格与增值税税率计算的销项税额,借记"营业外支出"账户,按计算出的销项税额贷记"应交税费——应交增值税(销项税额)"账户;按货物成本贷记"库存商品"等账户。

【案例2-40】 20×1年6月10日,甲公司将自己生产产品一批,作为礼物赠送给自己的长期客户。该批产品实际成本8000元,计税价格10000元,适用的增值税税率17%。甲企业会计处理如下:

增值税销项税额=10000×17%=1700(元)

借:营业外支出	9700
贷:应交税费——应交增值税(销项税额)	1700
库存商品	8000

(6) 将自产、委托加工或购买的货物作为利润分配给股东或投资者的会计处理

纳税人将自产、委托加工或购买的货物作为利润分配给股东或投资者视同销售。虽然这一行为没有直接的货币流入,但却避免了货币的流出,这类业务实质上与将货物出售后取得货币资金,然后再分配利润给股东,并无实质区别。因此,这一视同销售行为,应通过销售处理。在货物移送时,按照依税法核定的销售额与增值税销项税额之和,借记"应付股利"账户,按核定的销售额,贷记"主营业务收入"等账户,按计算出的增值税销项税额,贷记"应交税费——应交增值税(销项税额)"账户。

【案例2-41】 甲公司20×1年12月份向其投资者分配利润,经与投资者协商,决定以自产的C产品一批作为利润分配给投资者。该批C产品的实际成本127500元,不含税售价200000元。甲公司会计处理如下:

借:应付股利	234000
贷:主营业务收入	200000
应交税费——应交增值税(销项税额)	34000
借:主营业务成本	127500

　　贷:库存商品——C 产品　　　　　　　　　　　　　　　　　127500

　　(7)将企业货物从一个机构移送其他机构用于出售的会计处理

　　一般纳税人向设在外地的非独立核算的分支机构发出商品时,根据商品出库单按成本价做账,借记"发出商品"(或:"库存商品——某分支机构")账户,贷记"库存商品"账户;同时,按发出商品的销售额和其适用税率计算出销项税额,借记"应收账款"账户,贷记"应交税费——应交增值税(销项税额)"账户。

　　待外地非独立核算的分支机构实现销售时确认收入,借记"应收账款"账户,贷记"主营业务收入"账户,收到货款和税金时,借记"银行存款"账户,贷记"应收账款"账户。结转已销商品销售成本时,借记"主营业务成本"账户,贷记"发出商品"(或:"库存商品——某分支机构")账户。

　　3. 包装物销售以及没收包装物销项税额的会计处理

　　随同产品销售但单独计价的包装物,其收入计入其他业务收入。按应收或实际收到的全部价款,借记"银行存款"、"应收账款"等账户,按应确认的收入,贷记"其他业务收入"账户,按规定应缴的增值税额,贷记"应交税费——应交增值税(销项税额)"账户。

　　【案例 2-42】 某企业销售 B 商品一批,价款为 400000 元,随同商品出售但单独计价的包装物为 1000 个,每个售价 2 元,货款未收。增值税率为 17%。该企业会计处理如下:

　　增值税的销项税额＝(400000＋1000×2)×17%＝68340(元)

　　借:应收账款　　　　　　　　　　　　　　　　　　　　　470340

　　　　贷:主营业务收入　　　　　　　　　　　　　　　　　400000

　　　　　　其他业务收入　　　　　　　　　　　　　　　　　　2000

　　　　　　应交税费——应交增值税(销项税额)　　　　　　　68340

　　不随同产品销售而收取押金出租、出借的包装物,由于这部分押金按规定在包装物退还时返还给购买者,故在收取押金时,不计入销售额计征增值税,而是借记"银行存款"账户,贷记"其他应付款"账户;待包装物按期返还而退回包装物押金时,作相反的会计处理;当包装物逾期不予退还而将押金没收时,借记"其他应付款"账户,贷记"其他业务收入"、"应交税费——应交增值税(销项税额)"账户。

　　【案例 2-43】 甲公司 20×1 年 10 月份销售 B 产品一批,增值税专用发票上注明价款 92000 元,增值税额 15640 元;另收取包装物押金 7020 元,包装物的回收期限为 3 个月;款项均以银行存款收讫。11 月份回收包装物的价值 3510 元,其余的因逾期而将押金予以没收。则会计处理如下:

　　①销售 B 产品时

　　借:银行存款　　　　　　　　　　　　　　　　　　　　　107640

   贷:主营业务收人   92000

    应交税费——应交增值税(销项税额)   15640

 ②收取包装物押金时

 借:银行存款   7020

  贷:其他应付款   7020

 ③退回以及没收包装物押金时

 应确认销售额=(7020-3510)÷(1+17%)=3000(元)

 应计销项税额=3000×17%=510(元)

 借:其他应付款   7020

  贷:其他业务收入   3000

   应交税费——应交增值税(销项税额)   510

   银行存款   3510

 4. 特殊销售方式下销项税额的会计处理

 (1) 折扣方式销售货物的会计处理

 第一种方法:折扣在交易发生时已经确定,购销双方不反映折扣额,双方均按扣减折扣额后的余额计价入账。会计处理同一般销售业务。

 【案例 2-44】 甲公司 20×1 年 3 月份销售 B 产品 1000 件,价目表中标明不含税售价为 950 元/件,因购买数量较大给予 10%的折扣,折扣额与销售额在同一张发票上注明,货款尚未收到。甲公司会计处理如下:

 借:应收账款   1000350

  贷:主营业务收入   855000

   应交税费——应交增值税(销项税额)   145350

 第二种方法:现金折扣应视为一种理财费用,直接计入当期损益,而不是冲减销售收入和销项税额。在存在现金折扣的情况下,应收账款的入账金额有两种不同的确认方法,即总价法和净价法。我国会计实务中规定采用总价法。即在销售业务发生时,以未扣减现金折扣的销售价格确认销售收入、销项税额和应收账款,而发生现金折扣,则通过"财务费用"进行核算,不调整已入账的销售收入和销项税额。

 【案例 2-45】 承上例,甲公司为对方规定的现金折扣条件为 2/10、n/30,其他条件不变。甲公司于 10 日内收到货款时,作会计处理如下:

 借:银行存款   980343

  财务费用   20007

  贷:应收账款   1000350

 甲公司于 10 日后收到货款时

 借:银行存款   1000350

　　　贷:应收账款　　　　　　　　　　　　　　　　　　　　1000350

　　(2)销售折让的会计处理

　　销售折让可能发生在确认收入之前,也可能发生在确认收入之后。如是前者,销售折让相当于商业折扣,无须进行会计处理;如为后者,会计处理上在销售折让实际发生时,直接冲减发生当期的销售收入。如按规定允许扣减当期销项税额,应同时冲减销项税额。

　　【案例2-46】　甲公司20×1年8月5日向海华公司销售一批商品,增值税专用发票上注明的售价30000元,增值税额5100元,货到后买方发现商品质量不合格。9月1日,经双方协商,甲公司同意在价格上给予5%的折让。9月15日,甲公司收到款项并存入银行。甲公司的会计处理如下:

　　①8月5日销售实现时

　　借:应收账款　　　　　　　　　　　　　　　　　　　　35100

　　　贷:主营业务收入　　　　　　　　　　　　　　　　　30000

　　　　应交税费——应交增值税(销项税额)　　　　　　　5100

　　②9月1日发生销售折让时

　　借:主营业务收入　　　　　　　　　　　　　　　　　　1500

　　　应交税费——应交增值税(销项税额)　　　　　　　　255

　　　贷:应收账款　　　　　　　　　　　　　　　　　　　1755

　　③9月15日收到款项时

　　借:银行存款　　　　　　　　　　　　　　　　　　　　33345

　　　贷:应收账款　　　　　　　　　　　　　　　　　　　33345

　　(3)销售退回的会计处理

　　销售退回,是指企业售出的商品由于质量、品种不符合要求等原因而发生的退货。对于销售退回,企业应分别就不同情况进行会计处理。

　　对于未确认收入的售出商品发生销售退回的,企业应按已记入“发出商品”账户的商品成本金额,借记“库存商品”账户,贷记“发出商品”账户。

　　对于已确认收入的售出商品发生退回的,企业一般应在发生时冲减当期销售商品收入,同时冲减当期销售商品成本。如该项销售退回已发生现金折扣的,应同时调整相关财务费用的金额;如该项销售退回允许扣减增值税额的,应同时调整“应交税费——应交增值税(销项税额)”账户的相应金额。

　　已确认收入的售出商品发生的销售退回属于资产负债表日后事项的,应当按照有关资产负债表日后事项的相关规定进行会计处理。

　　【案例2-47】　甲公司在20×1年12月18日向乙公司销售一批商品,开出的增值税专用发票上注明的销售价格为50000元,增值税额为8500元,该批商品成本为26000元。乙公司在20×1年12月27日支付货款,20×2年4月5

日,该批商品因质量问题被乙公司退回,甲公司当日支付有关款项。假定销售退回不属于资产负债表日后事项。甲公司的会计处理如下:

①20×1年12月18日销售实现时,按销售总价确认收入

借:应收账款 58500

贷:主营业务收入 50000

应交税费——应交增值税(销项税额) 8500

借:主营业务成本 26000

贷:库存商品 26000

②在20×1年12月27日收到货款时

借:银行存款 58500

贷:应收账款 58500

③20×2年4月5日发生销售退回时

借:主营业务收入 50000

应交税费——应交增值税(销项税额) 8500

贷:银行存款 58500

借:库存商品 26000

贷:主营业务成本 26000

(4) 售后回购的处理

售后回购,是指销售商品的同时,销售方同意日后将同样或类似的商品购回的销售方式。在这种方式下,销售方应根据合同或协议的条款判断企业是否已将商品所有权上的主要风险和报酬转移给购货方,以确定是否确认商品销售收入。在大多数情况下,回购价格固定或原销价加合理回报,售后回购交易属于融资交易,企业不应确认销售商品收入;回购价格大于原售价的差额,企业应在回购期间按期计提利息,计入财务费用。

【案例 2-48】 甲公司在20×1年5月1日与乙公司签订一项销售合同,根据合同向乙公司销售一批商品,开出的增值税专用发票上注明的销售价格为1000000元,增值税额为170000元。商品尚未发出,款项已收到。该批商品的成本为800000元。5月1日,签订的补充合同约定,甲公司应于9月30日将所售商品购回,回购价为1100000元(不含增值税额)。甲公司的账务处理如下:

①20×1年5月1日,收到货款时

借:银行存款 1170000

贷:应交税费——应交增值税(销项税额) 170000

其他应付款 1000000

②回购价格大于原售价的差额,应在回购期间按期计提利息,计入财务费用。每月计提的利息费用为20000元(100000÷5)。

借:财务费用   20000

 贷:其他应付款   20000

③20×1 年 9 月 30 日回购商品时,收到的增值税专用发票上注明商品价款为 1100000 元,增值税额 187000 元,款项已支付。

借:应交税费——应交增值税(进项税额)   187000

 其他应付款   1100000

 贷:银行存款(或应付账款)   1287000

(5)"以旧换新"方式销售货物的会计处理

以旧换新方式下,销售货物和收购货物是两个不同的业务活动,销售额和收购额不能相互抵减。所以会计准则规定,采取"以旧换新"方式销售货物的,销售的货物按照一般货物销售的方法确认收入,回收的货物作为购进货物处理。

税法规定,采取"以旧换新"方式销售货物的,应按新货物的同期销售价格确定销售额,不得扣减旧货物的收购价格。

【案例 2-49】 甲公司采取以旧换新方式销售 B 产品一批,不含税价款 42000 元,增值税额 7140 元;同时回收同类旧产品作价 8400 元,并已验收入库,余额以现金收讫。则会计处理如下:

借:现金   40740

 原材料   8400

 贷:主营业务收入   42000

  应交税费——应交增值税(销项税额)   7140

(6)混合销售行为的会计处理

从事货物的生产、批发或零售为主的企业(年货物销售额超过 50%),在一项销售行为中,既涉及货物又涉及非应税劳务,为混合销售行为,涉及的非应交增值税的视为产品的销售,应开具增值税专用发票,交纳增值税。

【案例 2-50】 某月,某建筑门窗厂销售阳台窗,每平方米 180 元,共销售 1000 平方米,另每平方米收取运输及安装费 40 元,均为含税价格。收取的款项存入银行。该企业会计处理如下:

阳台窗的增值税$=[(180×1000)÷(1+17\%)]×17\%=26153.85(元)$

非应税劳务增值税$=[(40×1000)÷(1+17\%)]×17\%=5811.97(元)$

借:银行存款   220000

 贷:主营业务收入   153846.15

  其他业务收入   34188.03

  应交税费——应交增值税(销项税额)   31965.82

(四)增值税缴纳的核算

纳税期满,纳税人根据"应交税费——应交增值税"明细账户各专栏本期发生额,计算企业当期应缴纳的增值税额,并在规定期限内申报缴纳。

$$当期应纳税额 = \left(\begin{array}{c}销项\\税额\end{array} + \begin{array}{c}进项税\\额转出\end{array} + \begin{array}{c}出口\\退税\end{array}\right) - \left(\begin{array}{c}期初留抵\\进项税额\end{array} + \begin{array}{c}进项\\税额\end{array} + \begin{array}{c}已交\\税金\end{array}\right)$$

企业按规定期限申报缴纳的增值税,在收到银行退回的缴款书回执联后,借记"应交税费——应交增值税(已交税金)"账户,贷记"银行存款"账户。纳税期满,企业将当期发生的应交未交的增值税转出时,借记"应交税费——应交增值税(转出未交增值税)"账户,贷记"应交税费——未交增值税"账户;或将当期多交的增值税转出时借记"应交税费——未交增值税"账户,贷记"应交税费——应交增值税(转出多交增值税)"账户。未交增值税在以后缴纳时,借记"应交税费——未交增值税"账户,贷记"银行存款"账户;多交的增值税在以后退回或抵交当期应交的增值税时,借记"银行存款"或"应交税费——应交增值税(已交税金)"账户,贷记"应交税费——未交增值税"账户。

【案例 2-51】 甲公司为增值税的一般纳税人。假定本月份甲公司总的进项税额为 380000 元,总的销项税额为 583000 元,甲公司上交当月的增值税金 53000 元,余额结转下期缴纳。甲公司会计处理如下:

①当期实际上交 53000 元时

借:应交税费——应交增值税(已交税金)	53000
贷:银行存款	53000

②期末结转未交增值税时

借:应交税费——应交增值税(转出未交增值税)	150000
贷:应交税费——未交增值税	150000

③下期缴纳上期未交增值税时

借:应交税费——未交增值税	150000
贷:银行存款	150000

(五)增值税减免与退还的核算

根据有关规定,企业按规定享受直接减免的增值税,应借记"应交税费——应交增值税(减免税款)"账户,贷记"营业外收入"账户。实际收到即征即退、先征后退、先征收后返还的增值税,应借记"银行存款"账户,贷记"营业外收入"账户,不通过"应交税费——应交增值税(减免税款)"账户核算。

【案例 2-52】 甲公司为增值税一般纳税人,适用的增值税率 17%。某月份购进货物取得的增值税专用发票注明价款 1000000 元,增值税额 170000 元,当月实现销售收入 3000000 元,销项税额 510000 元。经企业申请,主管税务机关批准,该企业减半征收增值税 1 年,如果该企业享受免税优惠属于直接减免形式,则该企业会计处理如下:

①购进原材料并验收入库时

借:原材料　　　　　　　　　　　　　　　　　　　　　　1000000

　　应交税费——应交增值税(进项税额)　　　　　　　　　170000

　　贷:银行存款　　　　　　　　　　　　　　　　　　　　1170000

②销售商品实现收入时

借:银行存款　　　　　　　　　　　　　　　　　　　　　3510000

　　贷:主营业务收入　　　　　　　　　　　　　　　　　　3000000

　　　　应交税费——应交增值税(销项税额)　　　　　　　510000

③计算、缴纳当月应纳增值税额并享受减免税时

应纳税额=(510000-170000)×50%=170000(元)

借:应交税费——应交增值税(已交税金)　　　　　　　　170000

　　贷:银行存款　　　　　　　　　　　　　　　　　　　170000

借:应交税费——应交增值税(减免税款)　　　　　　　　170000

　　贷:营业外收入　　　　　　　　　　　　　　　　　　170000

【案例2-53】　承上例,假设该企业按规定享受先征后退办法进行减免。则该企业会计处理如下:

①当月购进原材料和销售产品会计处理同上

②计算、缴纳当月应纳增值税额时

应纳税额=510000-170000=340000(元)

借:应交税费——应交增值税(已交税金)　　　　　　　　340000

　　贷:银行存款　　　　　　　　　　　　　　　　　　　340000

③收到先征后退的增值税税款时

借:银行存款　　　　　　　　　　　　　　　　　　　　170000

　　贷:营业外收入　　　　　　　　　　　　　　　　　　170000

（六）出口退(免)税的会计处理

为了鼓励货物出口,增强我国产品在国际市场上的竞争力,增值税对出口产品实行零税率,即出口产品整体税负为零。这样,出口产品适用零税率不但在出口环节不必纳税,而且还可以退还以前环节已纳的税款,也就是"出口退税"。根据出口企业的不同形式和出口产品的不同种类,我国的出口退税政策可以分为三种形式。

1. 出口不免税也不退税的会计处理

对出口不免税也不退税的货物,在出口环节视同内销进行会计处理,即在出口时,按照出口货物实现的销售收入和按规定收取的增值税额,借记"应收账款"、"银行存款"等账户,按照出口货物实现的销售收入,贷记"主营业务收入"、"其他业务收入"等账户,按照规定收取的增值税额,贷记"应交税费——应交增值税(销项税额)"账户。

【案例 2-54】 某进出口公司经批准出口铜一批,取得价款 117 万美元,当日外汇市场美元对人民币的汇价为 1：6.7。则该公司增值税销项税额的计算及会计处理如下:

应确认销售额＝1170000÷(1＋17％)×6.7＝6700000(元)

应计销项税额＝6700000×17％＝1139000(元)

借:银行存款   7839000

 贷:主营业务收入   6700000

  应交税费——应交增值税(销项税额)   1139000

2. 出口免税不退税的会计处理

对出口免税不退税的货物,在购进该货物时,应将相应的进项税额直接计入购进货物的成本,借记"材料采购"、"原材料"等账户,贷记"应付账款"、"银行存款"等账户;或在购进货物时将进项税额计入"应交税费——应交增值税(进项税额)"账户,待货物出口后再将进项税额转出,借记"主营业务成本"账户,贷记"应交税费——应交增值税(进项税额转出)"账户;同时确认收入,借记"银行存款"等账户,贷记"主营业务收入"账户。

【案例 2-55】 某外贸公司收购免税农产品一批用于出口,购进农产品的买价 500000 元,出口离岸价为 100000 美元,当日外汇市场美元对人民币的牌价为 1：6.7。则该公司会计处理如下:

①购进免税农产品并验收入库时

借:库存商品   500000

 贷:银行存款   500000

②出口商品确认收入时

应确认销售额＝100000×6.7＝670000(元)

借:银行存款   670000

 贷:主营业务收入   670000

如果该公司在购进农产品时,已计算抵扣进项税额,则该公司会计处理如下:

①购进免税农产品并验收入库时

进项税额＝500000×13％＝65000(元)

农产品入账价＝500000－65000＝435000(元)

借:库存商品   435000

  应交税费——应交增值税(进项税额)   65000

 贷:银行存款   500000

②出口商品确认收入时

借:银行存款   670000

　　　贷：主营业务收入　　　　　　　　　　　　　　　　　　670000

③将出口农产品的进项税额转出时

借：主营业务成本　　　　　　　　　　　　　　　　　　　　65000

　　　贷：应交税费——应交增值税（进项税额转出）　　　　65000

3. 出口免税并退税的会计处理

（1）外贸企业出口免税并退税的会计处理

　　对有进出口经营权的外贸企业收购货物后直接出口，应该免征出口环节的增值税，并按规定的退税率，计算退回国内采购环节支付的进项税额。计算应退税额时，借记"其他应收款"账户，贷记"应交税费——应交增值税（出口退税）"账户；计算的不予退还增值税额时，借记"主营业务成本"账户，贷记"应交税费——应交增值税（进项税额转出）"账户；实际收到出口货物退回增值税时，借记"银行存款"账户，贷记"其他应收款"账户。

　　【案例 2-56】　某有进出口经营权的外贸企业购进商品一批，取得的增值税专用发票注明价款 500000 元，税额 85000 元；该批商品已全部办理了出口报关手续，并已收到销售款项 110000 美元，当日外汇市场美元对人民币的汇价为 1：6.8，出口商品的退税率为 13％，申请退税的单证齐全。该企业会计处理如下：

①企业购进商品时

借：库存商品　　　　　　　　　　　　　　　　　　　　　500000

　　　应交税费——应交增值税（进项税额）　　　　　　　　85000

　　　贷：银行存款　　　　　　　　　　　　　　　　　　　585000

②出口商品，收到货款时

折合人民币金额＝110000×6.8＝748000（元）

借：银行存款　　　　　　　　　　　　　　　　　　　　　748000

　　　贷：主营业务收入　　　　　　　　　　　　　　　　　748000

③结转销售成本时

借：主营业务成本　　　　　　　　　　　　　　　　　　　500000

　　　贷：库存商品　　　　　　　　　　　　　　　　　　　500000

④计算出口货物不得抵扣或退税的税额，调整出口商品成本时

不得抵扣或退税的税额＝85000－500000×13％＝20000（元）

借：主营业务成本　　　　　　　　　　　　　　　　　　　20000

　　　贷：应交税费——应交增值税（进项税额转出）　　　　20000

⑤计算应收的出口退税款时

应收的出口退税额＝500000×13％＝65000（元）

借：其他应收款　　　　　　　　　　　　　　　　　　　　65000

　　贷:应交税费——应交增值税(出口退税)　　　　　　　　　　65000

⑥实际收到出口退税款时

借:银行存款　　　　　　　　　　　　　　　　　　　　　　65000

　　贷:其他应收款　　　　　　　　　　　　　　　　　　　　65000

(2)生产企业出口产品"免、抵、退"增值税的会计处理

对于实行"免、抵、退"办法办理出口退税的生产企业,月末,当出口产品增值税的征收率与退税率不同时,要计算当期免、抵、退税的不得免征和抵扣的税额,将这部分不予免税、抵扣和退税的税额计入出口产品的成本,借记"主营业务成本"账户,贷记"应交税费——应交增值税(进项税额转出)"账户;按规定的退税率计算出口货物的进项税额抵减内销产品的应纳税额,借记"应交税费——应交增值税(出口抵减内销产品应纳税额)"账户;贷记"应交税费——应交增值税(出口退税)"账户;经批准给予退回的增值税,借记"其他应收款"账户,贷记"应交税费——应交增值税(出口退税)"账户;实际收到退回的税款,借记"银行存款"账户,贷记"其他应收款"账户。

【案例 2-57】　某生产企业为增值税一般纳税人,适用的增值税率为 17%,实行"免、抵、退"办法办理出口退税。该企业某月份购进原材料一批,取得的增值税专用发票注明价款为 300000 元,增值税额 51000 元;本月生产产品 1500台,每台生产成本为 450 元,每台国内售价 600 元,出口售价为 105 美元;本月实现内销 900 台,出口 600 台。出口当日外汇市场美元对人民币的汇价为1:6.7。假设该业务适用的退税率为 13%,假定购销业务均以银行存款支付。则该企业有关增值税应纳(退)税额的计算和会计处理如下:

①购进原材料时

借:原材料　　　　　　　　　　　　　　　　　　　　　　　300000

　　应交税费——应交增值税(进项税额)　　　　　　　　　　51000

　　贷:银行存款　　　　　　　　　　　　　　　　　　　　351000

②产品实现国内销售时

应确认销售收入=900×600=540000(元)

应确认销项税额=540000×17%=91800(元)

借:银行存款　　　　　　　　　　　　　　　　　　　　　　631800

　　贷:主营业务收入　　　　　　　　　　　　　　　　　　540000

　　　　应交税费——应交增值税(销项税额)　　　　　　　　91800

③产品实现出口时

应确认销售收入=600×105×6.7=422100(元)

借:银行存款　　　　　　　　　　　　　　　　　　　　　　422100

　　贷:主营业务收入　　　　　　　　　　　　　　　　　　422100

④结转产品销售成本时

借：主营业务成本　　　　　　　　　　　　　　　　　　　675000

　　贷：库存商品　　　　　　　　　　　　　　　　　　　　675000

⑤计算出口货物不得抵扣或退税的税额，调整出口商品成本时

进项税额转出金额＝（300000×600÷1500）×（17％－13％）＝4800（元）

借：主营业务成本　　　　　　　　　　　　　　　　　　　　4800

　　贷：应交税费——应交增值税（进项税额转出）　　　　　4800

⑥计算出口抵减内销产品应纳税额时

出口抵减内销产品应纳税额＝300000×13％×40％＝15600（元）

借：应交税费——应交增值税（出口抵减内销产品应纳税额）　15600

　　贷：应交税费——应交增值税（出口退税）　　　　　　　15600

三、小规模纳税人增值税的会计处理

（一）小规模纳税企业增值税核算的特点

1. 购入货物或接受应税劳务时，无论是否取得增值税专用发票，其支付的增值税额均计入所购货物或应税劳务的成本。相应地，其他企业从小规模纳税企业购入货物或接受应税劳务支付的增值税额，如果不能取得增值税专用发票，也不能作为进项税额抵扣。因此，小规模纳税人购进货物或接受应税劳务，均按应付或实际支付的价款借记"材料采购"、"原材料"、"管理费用"等账户，贷记"应付账款"、"银行存款"等账户。

2. 小规模纳税人销售货物或提供应税劳务，按实现的销售收入和按规定收取的增值税额，借记"应收账款"、"银行存款"等账户；按实现的销售收入，贷记"主营业务收入"、"其他业务收入"等账户；按应收取的增值税额，贷记"应交税费——应交增值税"账户。

3. 小规模纳税人按规定的纳税期限缴纳税款时，借记"应交税费——应交增值税"账户，贷记"银行存款"等账户；收到退回多交的增值税时，作相反的会计处理。

小规模纳税企业的"应交税金——应交增值税"账户，采用三栏式账页。

（二）小规模纳税企业增值税会计处理举例

【案例 2-59】　天宏集团戊公司为小规模纳税企业。20×1 年 3 月购入原材料一批，增值税专用发票上注明价款为 10000 元，增值税额为 1700 元，货款以银行存款支付，材料验收入库；本期销售产品一批，不含税销售额为 50000 元，货款尚未收到。该企业适用的增值税征收率为 3％。该企业的会计处理如下：

①购进原材料时

借：原材料　　　　　　　　　　　　　　　　　　　　　　11700

　　　贷：银行存款　　　　　　　　　　　　　　　　　　　11700

②销售货物时

应交增值税＝1500000×3‰＝1500（元）

借：应收账款　　　　　　　　　　　　　　　　　　　51500

　　贷：主营业务收入　　　　　　　　　　　　　　　　50000

　　　　应交税费——应交增值税　　　　　　　　　　　1500 的

③上缴增值税时

借：应交税费——应交增值税　　　　　　　　　　　　1500

　　贷：银行存款　　　　　　　　　　　　　　　　　　1500

【本章小结】

　　1. 增值税是我国现行税制中的两大主体税种之一，对国家和纳税人都极其重要。增值税的计算和申报要求熟悉增值税的基本规定。

　　2. 增值税的筹划方式比较灵活，比如纳税人身份的选择、购销业务的筹划、出口退税的筹划等方法。

　　3. 在与税务机关发生争议时，应充分理解、掌握税法的相关规定，加强与税务机关的沟通，以尽量减少损失。

　　4. 对于一般纳税人增值税的会计处理，要在"应交税费"账户下设置"应交增值税"和"未交增值税"两个二级账户，并在"应交增值税"二级明细账户下设置9个专栏进行增值税核算。

　　5. 对于小规模纳税人，由于其业务简单，只需设置"应交税费——应交增值税"账户进行核算。

【思考题】

　　1. 增值税的筹划可以从哪几个方面入手实施？

　　2. 如何进行销售方式的选择？

　　3. 甲公司属于增值税一般纳税人的商贸企业，兼营技术咨询业务，但以货物销售为主，货物销售额占公司总收入的90％以上。甲公司接受了一项业务：从A公司采购设备销售给客户C，同时委托B公司为客户C进行该设备的安装。甲公司就设备的销售分别与A公司、客户C签订合同，设备安装业务分别与B公司、客户C签订合同。甲公司从客户C分别收取设备款和安装费，然后分别支付给A公司与B公司。请问：甲公司的业务属于混合销售吗？安装部分的收入也需要缴纳增值税吗？应如何进行纳税筹划？

　　4. 甲公司和乙商场采用视同买断方式的代销方式，签订的协议为：乙商场每售出一件产品，甲公司按800元的协议价收取货款，乙商场在市场上以1000

元的价格销售甲公司的产品,实际售价与协议价之间的差额,即 200 元/件归乙商场所有。到年末,乙商场共售出该产品 1 万件。问:与案例 2-7 相比,甲、乙各自的增值税、城建税、教育费附加会如何变化?甲乙应如何协调?

5. 简述增值税一般纳税人"应交税费——应交增值税"账户设置的内容。

6. 视同销售方式下如何进行销项税的核算?

7. 哪些情况下要进行增值税进项税额转出的核算?

8. 简述小规模纳税人增值税会计核算的特点?

9. M 公司为增值税一般纳税人企业,适用的增值税税率为 17%,材料采用实际成本进行日常核算。该公司 20×1 年 4 月 30 日"应交税费——应交增值税"账户借方余额为 60000 元,该借方余额均可从下月的销项税额中抵扣。5 月份发生如下涉及增值税的经济业务:

(1) 购买原材料一批,增值税专用发票上注明价款为 900000 元,增值税额为 153000 元,公司已开出承兑的商业汇票。该原材料已验收入库。

(2) 用原材料对外投资,双方协议按成本作价。该批原材料的成本 600000 元和计税价格为 615000 元,应交纳的增值税额为 104550 元。

(3) 销售产品一批,销售价格为 300000 元(不含增值税额),实际成本为 240000 元,提货单和增值税专用发票已交购货方,货款尚未收到。该销售符合收入确认条件。

(4) 在建工程领用原材料一批,该批原材料实际成本为 450000 元,应由该批原材料负担的增值税额为 76500 元。

(5) 将产品用于福利,分给职工,产品成本 50000 元,公允价值 100000 元。

(6) 月末盘亏原材料一批,该批原材料的实际成本为 150000 元,增值税额为 25500 元。

(7) 用银行存款交纳本月增值税 37500 元。

(8) 月末将本月应交未交增值税转入未交增值税明细账户。

要求:根据上述经济业务,编制相关会计分录。

10. 某企业为增值税一般纳税人,本月购销业务如下:

(1) 购进原材料一批,增值税专用发票上已列明货款 3000000 元、税款 510000 元。材料验收入库,款已支付。

(2) 购进免税农产品一批,实际支付的价款为 500000 元。

(3) 本期销售产品开出增值税专用发票,取得销售额 5000000 元,销项税额 850000 元,款项已收到并存入银行。

(4) 购入甲材料一批,增值税专用发票上注明价款为 50000 元,税款为 8500 元。货款、税款均以银行存款付清,材料已验收入库。该种材料入库后,全部由某项工程领用。

（5）期末盘点，库存材料发生盘亏，其实际成本为 30000 元。

（6）企业建造托儿所，领用本厂的产品，成本为 10000 元，其售价为 15000 元。

要求：根据上述经济业务，编制相关会计分录。

11. 某企业有 100 位职工，其中，生产工人 90 人，管理人员 10 人。该企业决定将自家生产的电风扇 20000 元作为福利发放给每位职工，其中生产一线职工占 6 成，管理人员占 4 成。该企业增值税率为 17%。该电风扇成本为收入的 8 折。另外，企业还决定购入微波炉作为福利发给每位职工，微波炉市场价 1000 元（不含税）。

要求：根据上述经济业务，编制相关会计分录。

12. 某工业企业为小规模纳税人企业，适用的增值税税率为 6%。该企业本期购入原材料，按照增值税专用发票上记载的原材料成本为 600000 元，支付的增值税额为 102000 元，企业已开出、承兑商业汇票，材料尚未收到。该企业本期销售产品，含税价格为 916900 元，货款尚未收到。

要求：根据上述经济业务，编制相关会计分录。

第三章 消费税的纳税筹划与会计核算

学习目标

- 掌握消费税税种的基本要素和特点
- 掌握消费税应纳税额的计算和纳税申报
- 掌握消费税筹划的基本方法,理解和总结消费税的筹划案例
- 熟练掌握消费税会计的核算方法,了解消费税与增值税核算的异同

第一节 消费税的基本规定

一、消费税的纳税人

消费税的纳税人,是指在我国境内从事应税消费品生产、委托加工、进口和零售金银首饰的单位和个人。

单位是指国有企业、集体企业、私有企业、股份制企业、外商投资企业和外国企业、其他企业和行政单位、事业单位、军事单位、社会团体及其他单位。

个人是指个体经营者及其他个人。

具体来说包括:

(一)生产应税消费品的纳税人

主要是指从事应税消费品生产的各类企业、单位和个体经营者。

对于生产应税消费品,销售环节是消费品征收的主要环节,因消费税只对单一环节征税的特点,在生产销售环节征税以后,货物在流通环节无论再转销多少次,都不用再缴纳消费税。纳税人除了直接对外销售应纳消费税外,将生产的应税消费品换取生产资料、消费资料、投资、偿还债务及用于继续生产应税消费品以外的其他方面都应缴纳消费税。

要注意的是,经国务院批准,自 1995 年 1 月 1 日起,金银首饰消费税由生产销售环节征收改为零售环节征收。

(二)委托加工应税消费品的纳税人

委托加工应税消费品,是指委托方提供原料和主要材料、受托方只收取加工

费和代垫部分辅助材料加工的应税消费品。通常委托方为纳税人,由受托方代收代缴消费税。

（三）进口应税消费品的纳税人

进口应税消费品,由货物进口人或代理人在报关进口时缴纳消费税。

二、税目与税率

（一）税目

现行《中华人民共和国消费税暂行条例》确定征收消费税的只有烟、酒、化妆品等14个税目,有的税目还进一步划分了若干子目。通常应税消费品有下列几类:

第一类:特殊消费品。这些消费品若过度消费会对人类健康、社会秩序、生态环境等方面造成危害,如烟、酒、鞭炮、焰火等。

第二类:奢侈品、非生活必需品。如贵重首饰及珠宝玉石、化妆品等。

第三类:高能耗及高档消费品。如小汽车、摩托车等。

第四类:不可再生和替代的石油类消费品。如汽油、柴油等。

第五类:具有一定财政意义的产品。如汽车轮胎等。

具体税目为:

1. 烟

凡是以烟叶为原料加工生产的产品,不论使用何种辅料,均属于烟的税目的征收范围,包括卷烟(进口卷烟、白包卷烟、手工卷烟以及未经国务院批准纳入计划的企业及个人生产的卷烟)、雪茄烟和烟丝。

2. 酒及酒精

酒包括白酒、黄酒、啤酒、果啤和其他酒。

酒精包括各种工业酒精、医用酒精和食用酒精。

对饮食业、商业、娱乐业举办的啤酒屋(啤酒坊),利用啤酒生产设备生产的啤酒,应当征收消费税。

3. 化妆品

化妆品征收范围包括各类美容、修饰类化妆品、高档护肤类化妆品和成套化妆品。美容、修饰类化妆品是指香水、香水精、香粉、口红、指甲油、胭脂、眉笔、蓝眼油、眼睫毛以及成套化妆品。

4. 贵重首饰及珠宝玉石

凡以金、银、白金、宝石、珍珠、钻石、翡翠、珊瑚、玛瑙等高贵稀有物质以及其他金属、人造宝石等制作的各种纯金银首饰及镶嵌首饰(含人造金银、合成金银首饰等)。

5. 鞭炮、焰火

包括各种鞭炮、焰火。

体育上用的发令纸,鞭炮药引线,不按本税目征收。

6. 成品油

成品油税目包括汽油、柴油、石脑油、溶剂油、航空煤油、润滑油、燃料油 7 个子目。

7. 汽车轮胎

汽车轮胎是指用于各种汽车、挂车、专用车和其他机动车上的内外轮胎。不包括农用拖拉机、收割机、手扶拖拉机的专用轮胎。

自 2001 年 1 月 1 日起,子午线轮胎免征消费税,翻新轮胎停止征收消费税。

8. 小汽车

电动汽车、车身长度大于 7 米(含)并且座位在 10—23 座(含)以下的商用客车、沙滩车、雪地车、卡丁车、高尔夫车均不属于消费税征收范围,不征收消费税。

9. 摩托车

10. 高尔夫球及球具

包括高尔夫球、高尔夫球杆、高尔夫球包(袋)。高尔夫球的杆头、杆身和握把属于本税目的征收范围。

11. 高档手表

高档手表是指销售价格(不含增值税)每只在 10000 元(含)以上的各类手表。

12. 游艇

游艇包括艇身长度大于 8 米(含)小于 90 米(含),内置发动机,可以在水上移动,一般为私人或团体购置,主要用于水上运动和休闲娱乐等非牟利活动的各类机动艇。

13. 木制一次性筷子

包括各种规格的木制一次性筷子。未经打磨、倒角的木制一次性筷子也属于本税目的征税范围。

14. 实木地板

包括各类规格的实木地板、实木指接地板、实木复合地板及用于装饰墙壁、天棚的侧端面槽的实木装饰板。未经涂饰的素板也属于该税目的征税范围。

(二)税率

消费税率有两种形式:一种是比例税率;另一种是定额税率,即单位税额。根据不同的应税消费品分别实行比例税率、定额税率以及比例税率和定额税率相结合的复合计税方法。

消费税根据不同的税目或子目确定。大部分产品采取从价税率从 3%—45% 不等;从量税率主要集中在黄酒、啤酒、汽油、柴油等产品上;复合税率主要集中在卷烟、白酒等产品上。具体税率见下表。

消费税税目税率表

税　　目	税　　率
一、烟	
1. 卷烟	
(1) 甲类卷烟(每标准条调拨价≥70元(不含增值税))	56%加0.003元/支
(2) 乙类卷烟(每标准条调拨价<70元(不含增值税))	36%加0.003元/支
2. 雪茄烟	36%
3. 烟丝	30%
二、酒及酒精	
1. 白酒	20%加0.5元/500克(或者500毫升)
2. 黄酒	240元/吨
3. 啤酒	
(1) 甲类啤酒(每吨出厂价(含包装物及包装物押金,不含增值税))≥3000元的)	250元/吨
(2) 乙类啤酒(每吨出厂价(含包装物及包装物押金,不含增值税))<3000元的)	220元/吨
4. 其他酒	10%
5. 酒精	5%
三、化妆品	30%
四、贵重首饰及珠宝玉石	
1. 金银首饰、铂金首饰和钻石及钻石饰品	5%
2. 其他贵重首饰和珠宝玉石	10%
五、鞭炮、焰火	15%
六、成品油	
1. 汽油	
(1) 含铅汽油	0.28元/升
(2) 无铅汽油	0.20元/升
2. 柴油	0.10元/升
3. 航空煤油	0.10元/升
4. 石脑油	0.20元/升
5. 溶剂油	0.20元/升
6. 润滑油	0.20元/升
7. 燃料油	0.10元/升
七、汽车轮胎	3%

税　目	税　率
八、摩托车 1. 气缸容量(排气量,下同)在 250 毫升(含 250 毫升)以下的 2. 气缸容量在 250 毫升以上的	 3% 10%
九、小汽车 1. 乘用车 (1) 气缸容量(排气量,下同)在 1.0 升(含 1.0 升)以下的 (2) 气缸容量在 1.0 升以上至 1.5 升(含 1.5 升)的 (3) 气缸容量在 1.5 升以上至 2.0 升(含 2.0 升)的 (4) 气缸容量在 2.0 升以上至 2.5 升(含 2.5 升)的 (5) 气缸容量在 2.5 升以上至 3.0 升(含 3.0 升)的 (6) 气缸容量在 3.0 升以上至 4.0 升(含 4.0 升)的 (7) 气缸容量在 4.0 升以上的 2. 中轻型商用客车	 1% 3% 5% 9% 12% 25% 40% 5%
十、高尔夫球及球具	10%
十一、高档手表	20%
十二、游艇	10%
十三、木制一次性筷子	5%
十四、实木地板	5%

注:从事卷烟批发业务的单位和个人,按其不含增值税的销售额,征收 5% 的批发消费税。

成品油进口环节消费税税目税率表

税则号列		商品名称	税率	备注
	27101120	石脑油	0.2 元/升	1 千克＝1.385 升
	27101130	橡胶溶剂油、油漆溶剂油、抽提溶剂油	0.2 元/升	1 千克＝1.282 升
	27101991	润滑油	0.2 元/升	1 千克＝1.126 升
	27101922	5－7 号燃料油	0.1 元/升	1 千克＝1.015 升
ex	27101929	其他燃料油(蜡油除外)	0.1 元/升	蜡油:350℃ 以下馏出物体积百分比小于 20%,550℃ 以下馏出物体积百分比大于 80%

注:"ex"标识表示非全税目商品。

第二节　消费税应纳税额的计算与纳税申报

一、消费税应纳税额的计算

消费税的纳税人包括在我国境内生产应税消费品的纳税人、委托加工应税消费品的纳税人以及进口应税消费品的纳税人。因此,消费税应纳税额在生产销售环节、委托加工以及进口环节的计算均不同。

（一）生产销售应税消费品应纳消费税的计算

纳税人在生产销售环节应缴纳的消费税,包括直接对外销售应税消费品应缴纳的消费税和自产自用应税消费品应缴纳的消费税。

1. 直接对外销售的应税消费品

直接对外销售应税消费品包括使用从价定率、从量定额和从价定率和从量定额复合计算三种方法。

（1）从价定率计算

从价定率计算方法下,应纳消费税额等于销售额乘以适用税率：

应纳税额＝应税消费品的销售额×适用税率

（2）从量定额计算

从量定额计算方法下,应纳消费税额等于应税消费品的销售数量乘以单位税额：

应纳税额＝应税消费品的销售数量×单位税额

（3）从价定率和从量定额复合计算

从价定率和从量定额复合计算方法下,应纳消费税额等于应税消费品的销售额乘以适用税率加上应税消费品的销售数量乘以单位税额。

应纳税额＝应税销售额×比例税率＋应税消费品的销售数量×单位税额

【案例 3-1】　某酒厂销售粮食白酒 100000 箱（每箱 120 元,每箱 6 瓶,每瓶 500 克）,货已发出,款已收到。

应纳税额是：100000×120×20％＋100000×6×0.5＝330000（元）

2. 自产自用应税消费品

纳税人将生产的应税消费品用于连续生产应税消费品或用于其他方面均为自产自用。但依据情况不同缴纳的税额也不同。

（1）用于连续生产应税消费品

纳税人自产自用的应税消费品,用于连续生产应税消费品的,不纳税。因为自产自用的应税消费品,用于连续生产应税消费品,事实上前一种应税消费品是最终应税消费品的原材料,并构成最终产品实体的应税消费品。因此,用于连续生产的应税消费品不纳税,由最终形成的应税消费品来缴纳消费税。

(2) 用于其他方面的应税消费品

纳税人自产自用的应税消费品,除用于连续生产应税消费品外,凡用于生产非应税消费品和在建工程、管理部门、非生产机构,提供劳务,以及用于馈赠、赞助、集资、广告、样品、职工福利、奖励等方面均指用于其他方面的应税消费品,视同销售,在移送使用时纳税。

【案例 3-2】 某汽车制造厂以自产小汽车(1.5 升气缸量)10 辆换取某钢厂生产的钢材 200 吨,每吨钢材 3000 元。该厂生产的同一型号小汽车销售价格分别为 9.5 万元/辆、9 万元/辆和 8.5 万元/辆,计算用于换取钢材的小汽车应纳消费税额(以上价格不含增值税,小汽车适用的消费税税率为 5%)。

该汽车制造厂用于换取钢材的小汽车应缴纳消费税为:

应纳税额＝销售额×税率＝9.5×10×5%＝4.75(万元)

(3) 组成计税价格及应纳税额的计算

纳税人自产自用的应税消费品用于其他方面,应当纳税。按照纳税人生产的同类消费品的销售价格(当月同类商品的销售价格或销售数量的加权平均价格)计算纳税,但销售的应税消费品有下列情况之一的:

①销售价格明显偏低又无正当理由的;

②无销售价格的,按组成计税价格计算。

组成计税价格＝(成本＋利润)÷(1－消费税税率)

应纳税额＝组成计税价格×适用税率

【案例 3-3】 某化妆品公司将一批自产的化妆品用于做广告,该批化妆品的成本 7000 元,该批化妆品无同类产品市场价格,但已知其成本利润率为 5%,消费税率为 30%。计算该批化妆品应缴纳的消费税税额。

组成计税价格＝成本×(1＋成本利润率)÷(1－消费税税率)

＝7000×(1＋5%)÷(1－30%)＝10500(元)

应纳税额＝10500×30%＝3150(元)

(二) 委托加工应税消费品应纳消费税的计算

委托加工应税消费品是指委托方提供原料和主要材料、受托方只收取加工费和代垫部分辅助材料加工的应税消费品。委托方为纳税人,由受托方在向委托方交货时代收代缴消费税。受托方是法定的代收代缴义务人,必须严格履行代收代缴的义务,正确计算和按时代缴税款。

对于受托方没有按规定代收代缴税款的,并不能因此免除委托方补缴税款的责任。若在检查中发现委托加工应税消费品受托方没有代收代缴税款,委托方要补缴税款。若在检查时,收回的应税消费品已经直接销售的,按销售额计税;收回的应税消费品尚未销售或不能直接销售的(如收回后用于连续生产等),按组成计税价格计算。

委托加工的应税消费品,受托方在交货时已代收代缴消费税,委托方收回后直接出售的,不再征收消费税。

委托加工的应税消费品,按照受托方的同类消费品的销售价格(当月同类商品的销售价格或销售数量的加权平均价格)计算纳税,但销售的应税消费品有下列情况之一的:

(1) 销售价格明显偏低又无正当理由的;

(2) 无销售价格的,按组成计税价格计算。

组成计税价格=(材料成本+加工费)÷(1-消费税税率)

应纳税额=组成计税价格×适用税率

(三)进口应税消费品应纳消费税的计算

根据《消费税暂行条例》及其实施细则等有关规定,进口应税消费品应在进口环节缴纳消费税,根据计税方式的不同,分为:

1. 纳税人进口应税消费品,实行从价定率办法计算应纳税额的,按照组成计税价格和规定的税率计算纳税。其计算公式为:

组成计税价格=(关税完税价格+关税)÷(1-消费税税率)

应纳税额=组成计税价格×消费税税率

2. 纳税人进口应税消费品,实行从量定额办法计算应纳税额。应纳税额的计算公式为:

应纳税额=应税消费品数量×消费税单位税额

应税消费品数量是指海关核定的应税消费品进口征税数量。

3. 进口卷烟,依据确定的进口卷烟消费税适用比例税率计算进口卷烟消费税组成计税价格和应纳消费税税额。

(1) 进口卷烟消费税组成计税价格=(关税完税价格+关税+消费税定额税)÷(1-进口卷烟消费税适用比例税率)

(2) 应纳消费税税额=进口卷烟消费税组成计税价格×进口卷烟消费税适用比例税率+消费税定额税。

其中,消费税定额税=海关核定的进口卷烟数量×消费税定额税率,消费税定额税率为每标准箱(50000 支)150 元。

(四)已纳消费税扣除的计算

为了避免重复征税,税法规定,将外购应税消费品和委托加工收回的应税消费品继续生产应税消费品已缴纳的消费税给予扣除。

外购或委托加工的应税消费品继续生产应税消费品,税法规定应按当期生产使用数量计算准予扣除外购的应税消费品已缴纳的消费税。具体扣除范围为：

1. 外购、委托加工的已税烟丝生产的卷烟；

2. 外购、委托加工已税化妆品生产的化妆品；

3. 外购、委托加工已税珠宝玉石生产的贵重首饰及珠宝玉石；

4. 外购、委托加工已税鞭炮焰火生产的鞭炮焰火；

5. 外购、委托加工已税汽车轮胎（内胎和外胎）生产的汽车轮胎；

6. 外购、委托加工已税摩托车生产的摩托车（如用外购两轮摩托车改装三轮摩托车）；

7. 外购、委托加工已税杆头、杆身和握把为原料生产的高尔夫球杆；

8. 外购、委托加工已税木制一次性筷子为原料生产的木制一次性筷子；

9. 外购、委托加工已税实木地板为原料生产的实木地板；

10. 外购、委托加工已税石脑油为原料生产的润滑油。

【案例 3-4】　某地板生产企业，某月初库存外购应税的未经涂饰的素板 20 万元，当月又外购应税的未经涂饰的素板 40 万元，月末库存未经涂饰的素板 10 万元。其余被当月生产漆饰地板领用。

则当月准许扣除的外购应税的未经涂饰的素板已缴纳的消费税额＝（20＋40－10）×5％＝2.5（万元）

必须说明的是，纳税人用外购或委托加工收回的已税珠宝玉石生产的改在零售环节征收消费税的金银首饰，在计税时一律不得扣除已税珠宝玉石的已纳消费税税款。

（五）出口货物退（免）税

纳税人出口应税消费品与已纳增值税出口货物一样，国家都要给予退（免）税优惠。出口应税消费品同时涉及退（免）增值税和消费税，且退（免）消费税与出口货物退（免）增值税在退（免）税范围的限定、退（免）税办理程序、退（免）税审核及管理上都有许多相同。鉴于此，主要介绍应税消费品出口退税率、出口应税消费品退（免）税政策及出口退税额的计算。

1. 出口退税率的规定

出口应税消费品应退消费税的税率或单位税额，依据《消费税暂行条例》所附《消费税税目税率（税额）表》执行。当出口应税消费品，其退还消费税应按应税消费品所适用的消费税税率计算。对不同消费税率的出口应税消费品企业应分开核算和申报，凡划分不清适用税率的，一律从低适用税率计算应退消费税税额。

2. 出口应税消费品退（免）税政策

出口应税消费品退（免）消费税政策上分为出口免税并退税、出口免税但不退税、出口不免税也不退税三种情况。

（1）出口免税并退税

有出口经营权的外贸企业购进应税消费品直接出口以及外贸企业受其他外贸企业委托代理出口应税消费品。

但需要注意的是，外贸企业只有受其他外贸企业委托，代理出口应税消费品才可办理退税。如果外贸企业受其他企业（非生产性的商贸企业）委托，代理出口应税消费品是不予退（免）税的。

（2）出口免税但不退税

有出口经营权的生产性企业自营出口或生产企业委托外贸企业代理出口自产的应税消费品，依据其实际出口数量免征消费税，不予办理退还消费税。因为对生产性企业按实际出口数量免征消费税，就是免征了生产环节的消费税，该应税消费品出口时，已不含消费税，所以也无须再办理退还消费税了。

（3）出口不免税也不退税

除生产企业、外贸企业外的其他企业如商贸企业，委托外贸企业代理出口应税消费品一律不予退（免）税。

3. 出口应税消费品退税额的计算

外贸企业从生产型企业购进货物直接出口或受其他外贸企业委托代理出口应税消费品的应退消费税税款，按从量定额和从价定率计征计算。

从量定额计征计算：应退消费税税款＝出口数量×单位税额

从价定率计征计算：应退消费税税款＝出口货物工厂销售额×税率

但必须注意，出口的应税消费品办理退税后，发生退关或者国外退货进口时予以免税的，报关出口者必须及时向其所在地主管税务机关申报补缴已退的消费税税款。

纳税人直接出口的应税消费品办理免税后发生退关或国外退货，进口时已予以免税的，经所在地主管税务机关批准，可暂不办理补税，待其转为国内销售时，再向其主管税务机关申报补缴消费税。

二、纳税地点和纳税申报

（一）纳税地点

消费税纳税地点往往和销售情况联系在一起，销售的方式和地点均会影响纳税地点。具体纳税地点有：

1. 纳税人销售应税消费品、自产自用的应税消费品，除国家另有规定外，应当向纳税人核算地主管税务机关申报纳税。

2. 委托加工的应税消费品，除受托方为个体经营者外，由受托方向所在地主管税务机关代收代缴消费税税款。

3. 进口的应税消费品，由进口人或者其代理人向报关地海关申报纳税。

4. 纳税人到外县(市)销售或委托外县(市)代销自产应税消费品的,于应税消费品销售后,回纳税人核算地或所在地缴纳消费税。

5. 纳税人的总机构与分支机构不在同一县(市)的,应在生产应税消费品的分支机构所在地缴纳消费税。但经国家税务总局及所属省国家税务局批准,纳税人分支机构应纳消费税税款也可由总机构汇总向总机构所在地主管税务机关缴纳。

6. 纳税人销售的应税消费品,如因质量等原因由购买者退回时,经所在地主管税务机关审核批准后,可退还已征收的消费税税款。但不能直接自行递减应纳税款。

（二）纳税期限

按照《中华人民共和国消费税暂行条例》规定,消费税的纳税期限分别为 1 日、3 日、5 日、10 日、15 日或者 1 个月。纳税人的具体纳税期限,由主管税务机关根据纳税人应纳税额的大小分别核定;不能按照固定期限纳税的,可以按次纳税。

纳税人以 1 个月为一期纳税的,自期满之日起 10 日内申报纳税;以 1 日、3 日、5 日、10 日或者 15 日为一期纳税的,自期满之日起 5 日内预缴税款,于次月 1 日起至 10 日内申报纳税并结清上月应纳税款。

纳税人进口应税消费品,应当自海关填发税款缴纳证的次日起 15 日内缴纳税款。

如果纳税人不能按照规定的纳税期限依法纳税,将按《征收管理法》的有关规定处理。

（三）纳税申报资料

纳税人申报缴纳消费税时,一般应报送以下资料:

1. 消费税纳税申报表;

2. 领购金银饰品零售专用发票的纳税人还须填报《金银饰品零售专用发票》领用存月报表;

3. 有金银首饰生产、加工、批发、零售业务的纳税人还须填报金银饰品购销存月报表。

第三节　消费税的纳税筹划

一、消费税的特点和筹划思路

消费税是以特定消费品为课税对象所征收的一种税,即在货物普遍征收增值税的基础上,选择少数消费品再征收的消费税。它具有以下的特点:

1. 选择一部分消费品进行征收。消费税的征收主要对象是特殊消费品、奢侈品、高能耗消费品、不可再生的稀缺资源消费品。

2. 它只是在消费品的生产、流通和消费的某一环节征收,而不是在所有的环节征收。

3. 根据不同消费品的品种、档次、结构功能或消费品种某一成分的含量,以及市场供求状况,消费价格水平等情况制定高低不同的税率、税额。

4. 在征收方法上,实行从量定额、从价征收、混合征收的方法。

5. 税源具有转嫁性:消费品中所含的消费税由消费者负担。

正是因为消费税有这些特点,所以纳税人进行纳税筹划的思路也必须利用单一环节征税的特点、进行关联企业之间内部价格转移等方法进行筹划;必须利用不同销售方式或委托加工方式的计税依据销售额、税率的不同来进行生产经营方式和投资方式、包装方式等的选择以及利用计税依据的特殊规定;利用外购应税消费品和委托加工收回的应税消费品继续生产应税消费品已缴纳的消费税给予扣除的消费品范围进行该纳税人的选择来达到税负转嫁,以便从高纳税义务转为低纳税义务。

二、利用计税依据进行筹划

(一) 一般销售方式下计税依据的筹划

消费税的计税依据主要根据应税销售额和应税销售数量确定。而企业的应税销售额和销售数量有些特殊的规定:

1. 应税销售额为纳税人向购买方收取的全部价款和价外费用,但不包括增值税额。

2. 纳税人实行从价定率办法计算应纳税额的应税消费品连同包装物销售的,无论包装物是否单独计价,也不论在会计上如何核算,均应并入应税消费品的销售额中征收消费税。

如果包装物不作价随同产品销售,而是收取押金(啤酒、黄酒之外的其他酒类产品的包装物押金除外),且单独核算,又未逾期的,此项押金则不应并入应税消费品的销售额中征税。但对因逾期未收回的包装物不再退还的押金和已收取一年以上的押金,应并入应税消费品的销售额,按照应税消费品的适用税率征收消费税。

对酒类产品生产企业销售酒类产品(啤酒、黄酒除外)而收取的包装物押金,无论押金是否返还会计上如何核算,均需并入酒类产品销售额中,依据酒类产品的适用税率征收消费税。

3. 纳税人通过自设非独立核算的门市部销售的自产应税消费品,应当按照门市部对外销售额或销售数量征收消费税。

4. 纳税人用于换取生产资料和消费资料、投资入股和抵偿债务等方面的应税消费品应当以纳税人同类消费品的最高售价作为计税依据计算消费税。

5. 纳税人将自产的应税消费品不是用于连续生产的,于移送使用时纳税,计税价格:

(1) 为纳税人同类消费品的销售价格;

(2) 没有同类消费品的销售价格的,按照组成计税价格计征消费税。

组成计税价格＝(成本＋利润)÷(1－消费税税率)

6. 对于委托加工的应税消费品,按照下列方法计征消费税:

(1) 受托方同类消费品的销售价格计税;

(2) 没有同类消费品销售价格的,按照组成计税价格计征。

组成计税价格＝(材料成本＋加工费)÷(1－消费税税率)

7. 对于进口应税消费品,实行从价定率征收的,其计税依据为:

组成计税价格＝(关税完税价格＋关税)÷(1－消费税税率)

【案例3-5】 某省有两家大型烟草加工企业甲和乙,它们都是独立核算的法人企业。但两家企业同属一个烟草集团。企业甲主要生产加工烟丝和卷烟,以当地生产的烟叶加工成烟丝,再将烟丝主要用于出售,少量继续加工成卷烟。按照消费税法规定,应该适用30%的税率。企业乙以企业甲生产的烟丝为原料,生产雪茄,按照税法规定,应该适用25%的税率。

企业甲每年要向企业乙提供价值3亿元烟丝。经营过程中,企业乙由于缺乏人才和资金,市场开拓不力、管理不善,无法维持经营准备破产。烟草集团的智囊团建议高层决策部门决策,决定由企业甲兼并企业乙。原因是,此时企业乙欠企业甲共计4000万元货款。经评估,企业乙的资产恰好也为4000万元。企业甲的领导人经过讨论研究,决定接受集团的决策对企业乙进行收购。其决策的主要依据如下:

其一,由于合并前,企业乙的资产和负债均为4000万元,净资产为零。因此,按照现行税法规定,企业甲兼并企业乙的购并行为属于以承担被兼并企业全部债务方式实现吸收合并,两家企业之间的行为属于产权交易行为,不视为被兼并企业按公允价值转让、处置全部资产,不计算资产转让所得,既不用缴纳企业所得税,也不用缴纳营业税。

其二,企业甲有富余闲置的资金、科学有效的管理方法和训练有素的人才,有能力兼并企业乙,并使它原有生产加工卷烟的产量规模化、批量化,同时也可以将企业甲的管理经验用于企业乙的经营管理上,避免因企业乙的破产给集团带来的损失,解决了企业乙员工的就业问题。

其三,合并后可以实现递延税款和从高税负义务转向低税负义务的纳税筹划。

分析企业甲兼并企业乙的税收收益:

第一,合并可以递延税款。

合并前,企业甲向企业乙提供的烟丝,每年应缴纳的税款为:

消费税:$30000 \times 30\% = 9000$(万元)

增值税:$30000 \times 17\% = 5100$(万元)

第二,经调查测算,企业乙生产的雪茄市场利润很好,企业甲合并后将经营的主要力量转向雪茄生产销售,加大了市场开拓力量,半年后就可能占据中国90%的市场。而且转向后,企业应缴的消费税款将减少。由于烟丝的消费税税率为30%,而雪茄的消费税税率为25%,如果企业转产后主要生产雪茄,则税负将会大大减轻。

假定合并后雪茄的销售额将为5亿元,则:

合并前应纳消费税款为:

企业甲应纳消费税:$30000 \times 30\% = 9000$(万元)

企业乙应纳消费税:$50000 \times 36\% = 18000$(万元)

共计应纳税款:$9000 + 18000 = 27000$(万元)

合并后应纳消费税款为:$50000 \times 36\% = 18000$(万元)

合并后节约消费税税款:$27000 - 18000 = 9000$(万元)

点评:

这一案例主要是利用两企业合并后,企业甲提供企业乙的烟丝,已经转化为企业内部生产车间之间的传递,并不构成两个独立核算的企业之间的产品购销,所以,本来提供烟丝要缴纳的税款递延到最终产品卷烟和雪茄去缴税了。

(二)选择合理的加工方式筹划

企业在自己的生产经营活动中常常会遇到产品自行加工还是将一些材料委托其他企业加工成半成品或产成品的情况,即自行加工还是外协加工的问题。由于委托加工后的材料是连续生产还是收回后直接对外销售,计税的依据和缴纳的消费税情况是不一样的。因此,就涉及纳税筹划的问题。

【案例3-6】 宏伟卷烟厂是增值税一般纳税人,20××年准备生产销售猫牌卷烟(乙类)500万元,2000标准箱。烟丝的消费税率为30%,卷烟的消费税率为36%,每标准箱定额税率150元。假定城建税率7%,教育费附加3%,企业所得税率25%。对于如何生产这批卷烟,该厂有三种方案可供选择:

方案一:宏伟卷烟厂自购烟叶80万元,由烟叶加工成烟丝,再由烟丝加工成卷烟,总加工费用120万元,自行加工完毕后销售。

方案二:委托加工成半成品后连续生产:首先,宏伟卷烟厂委托希望厂将价值80万元的烟叶加工成烟丝,协议规定加工费50万元;加工的烟丝运回宏伟卷烟厂后继续加工成猫牌卷烟,加工成本及分摊的费用共计70万元。

方案三:委托加工的消费品收回后,委托方不再继续加工,而是直接对外销售。宏伟卷烟厂委托希望厂将价值80万元的烟叶首先加工成烟丝,再由烟丝加工成卷烟,从烟叶到卷烟的加工总成本120万元。

试比较三种方案的优劣,即哪种方案中税负最轻,税后利润最大。

方案一:自行加工完毕后销售

宏伟卷烟厂:

应纳的消费税$=500\times36\%+2000\times150\div10000=210$(万元)

应纳城建税和教育费附加$=210\times(7\%+3\%)=21$(万元)

共计税金$=210+21=231$(万元)

税后利润$=(500-80-120-231)\times(1-25\%)=51.75$(万元)

方案二:委托加工成半成品后连续生产

宏伟卷烟厂从受托方收回烟丝时,支付给受托方代收代缴的税金:

支付给受托方代收代缴的消费税$=(80+50)\div(1-30\%)\times30\%=55.7$(万元)

支付给受托方代收代缴的城建税、教育费附加$=55.7\times(7\%+3\%)=5.57$(万元)

宏伟卷烟厂从受托方收回烟丝,继续加工成卷烟后,应缴的税金:

应纳的消费税$=(500\times36\%+2000\times150\div10000)-55.7=210-55.7=154.3$(万元)

应纳城建税和教育费附加$=154.3\times(7\%+3\%)=15.43$(万元)

共计税金$=55.7+5.57+154.3+15.43=231$(万元)

税后利润$=(500-80-50-70-231)\times(1-25\%)=51.75$(万元)

方案三:委托加工的消费品收回后,委托方不再继续加工,而是直接对外销售

宏伟卷烟厂从受托方收回卷烟后,只需支付受托方代收代缴的税金,直接对外销售不用再缴纳消费税。

支付给受托方代收代缴的消费税$=(80+120)\div(1-36\%)\times36\%=112.5$(万元)

支付给受托方代收代缴的城建税、教育费附加$=112.5\times(7\%+3\%)=11.25$(万元)

共计税金$=112.5+11.25=123.75$(万元)

税后利润$=(500-80-120-123.75)\times(1-25\%)=132.1875$(万元)

点评:

(1) 三种方案中,在自行加工和外加工成本一致时,选择自行加工和部分半成品外加工税金是一致的。因此,两种方案的税后利润也一致,其结果也一致。

(2) 方案三外加工成完工产品,这种方案消费税的税基是(材料+加工费)÷(1-消费税率);方案一或方案二计算消费税的税基是在(材料+加工费)÷(1

—消费税率)的基础上加上利润作为销售额,方案三的税基肯定要低于方案一或方案二。所以委托加工成成品收回对外直接出售、委托加工成半成品收回后继续加工成成品再出售以及自行加工成品出售,从消费税角度,应选择委托加工成成品收回对外直接出售方式,对企业最有利。

(3)委托加工产品收回后连续生产的应税消费品对已纳税款的扣除,该应税消费品必须是属于国家税务总局规定的应税消费品的扣除范围。否则,即使委托加工成成品收回对外直接出售也不能达到节税的效果。

(4)委托加工必须是委托方提供原料和主要材料,受托方只收取加工费和代垫部分辅助材料;若委托方不能提供原料和主要材料,而是受托方以某种形式提供原料,那就不成为委托加工,而是受托方自制应税消费品了。这样,势必会造成确定计税价格偏低、代收代缴消费税虚假的现象。这是税法所不允许的。所以,委托加工应税消费品签订合同要注意这些规定。

(三)利用企业间的转让定价

转让定价是指在经济活动中,有关联交易的企业各方为均摊利润或转移利润而在产品交换或买卖过程中,不依照市场买卖规则和市场价格进行交易,而根据他们之间的共同利益或为了最大限度地实现他们之间的税后收益进行产品和非产品的转让。转让定价往往用于企业所得税、关税以及流转税的筹划上。转让定价用于消费税的筹划,往往与企业的应税销售额和销售数量有些特殊的规定相联系。即纳税人通过自设非独立核算的门市部销售的自产应税消费品,应当按照门市部对外销售额或销售数量征收消费税。若设立独立核算的门市部销售的自产应税消费品,应当按照厂部对外销售额或销售数量征收消费税。独立核算的门市部销售的自产应税消费品不用缴纳消费税。

【案例3-7】 某汽车生产制造厂的产品销往全国各地的经销商。按照以往的销售情况,本地的一些汽车用户和消费者每年会到厂家直接购买汽车4000辆。厂家销售零售户和消费者的零售价格为每辆12万元,销售给经销商的汽车价格为每辆10万元。经过筹划,厂家在本地设立了独立核算的4S汽车专卖店,厂家以销售给批发商的价格10万元/辆先销售给独立核算的4S汽车专卖店,再由独立核算的4S汽车专卖店以零售价12万元/辆销售给零售户和消费者。假定汽车的消费税率为9%。试问筹划后将给企业节约多少消费税?

筹划之前,厂家销售给零售户和消费者的汽车应纳的消费税额:

$4000 \times 12 \times 9\% = 48000 \times 9\% = 4320$(万元)

筹划之后,厂家销售给独立核算的4S汽车专卖店的汽车应纳的消费税额:

$4000 \times 10 \times 9\% = 40000 \times 9\% = 3600$(万元)

筹划之后比筹划之前节约的消费税为:4320—3600=720(万元)

点评:

（1）两种方案中,筹划之后的方案,即厂家销售给独立核算的 4S 汽车专卖店的汽车,再由独立核算的 4S 汽车专卖店以零售价销售给零售户和消费者,由于消费税只对出厂销售环节征一道税,因此厂家销售给独立核算的 4S 汽车专卖店的汽车时就计算缴纳这一道消费税,而独立核算的 4S 汽车专卖店以零售价销售给零售户和消费者不用再计算缴纳消费税。而筹划之后是按批发价计算汽车消费税的税基,比原来筹划之前按汽车零售价计算的汽车消费税的税基更少,因此节约了消费税。

（2）在进行筹划该方案时,应特别注意两点：

其一,厂家必须是设立了关联的独立核算的 4S 汽车专卖店。因为若不是独立核算的 4S 汽车专卖店,即使厂家先销售给 4S 汽车专卖店,再由 4S 汽车专卖店销售给消费者,仍然要按 4S 汽车专卖店销售给消费者的汽车零售价来计算汽车消费税；

其二,厂家销售给关联的 4S 汽车专卖店的销售价必须符合独立交易原则,即按与没有关联关系的交易各方一样,按照公平成交价格和营业常规进行关联企业之间的业务往来。否则,厂家销售给关联的 4S 汽车专卖店的销售价低于或高于没有关联关系企业的交易价格,造成少缴税款的,税务部门有权进行调整。

（四）包装物及押金的筹划

利用包装物及包装方式进行纳税筹划是企业节税的方式之一。企业对于包装物处理一般有两种方式：

1. 包装物随同产品出售。根据税法规定,纳税人实行从价定率办法计算应纳税额的应税消费品连同包装物销售的,无论包装物是否单独计价,也不论在会计上如何核算,均应并入应税消费品的销售额中征收消费税。

2. 包装物不出售,而是出租出借包装物并收取包装物押金,且押金不并入销售额。对于该种情况,如果是一般产品,包装物押金与销售额单独记账核算,包装物押金不并入销售额计算消费税。但对逾期（一般以一年为限）未收回的包装物押金,应将包装物押金换算为不含税价乘以按包装消费品的适用税率计算缴纳消费税。如果是酒类产品生产企业销售酒类产品（啤酒、黄酒除外）而收取的包装物押金,无论押金是否返还与会计上如何核算,均需并入酒类产品销售额中,依据酒类产品的适用税率征收消费税。

3. 包装物不出售,出租出借包装物收取包装物押金,押金不单独记账核算,或因逾期未收回包装物不再退还的、时间超过一年的押金应并入应税销售额,按照适用税率征收税款。

可见,根据包装物的实际处理情况,不同产品的包装物押金以及押金的逾期与否会直接影响包装物是否要计算缴纳消费税。因此,要使用包装物及押金来进行纳税筹划。

【**案例 3-8**】 某汽车轮胎有限公司是生产奇林品牌汽车轮胎的企业,汽车轮胎销售价格为每只 400 元,其中包括包装物 100 元,20××年共销售 60 万个汽车用轮胎。汽车轮胎的消费税税率为 3%。现在该企业财务科提出下列几种筹划方案:

方案一:该汽车轮胎有限公司采取轮胎连同包装物合并销售的方法。

方案二:该汽车轮胎有限公司财务部门要求销售部门在签订销售轮胎合同时,采取轮胎与包装物分开销售,分开核算。即销售轮胎 60 万只,每只 400 元,共计销售额 24000 万元;销售轮胎的包装物 60 万个,每只 100 元,共计销售额 6000 万元。

方案三:该汽车轮胎有限公司财务部门要求销售部门在签订销售轮胎合同时,只销售轮胎,包装物不销售,而是每只收取押金 100 元。

试比较三种方案的优劣,即哪种方案中税负最轻,税后利润最大。

分析:

方案一:该汽车轮胎有限公司采取轮胎连同包装物合并销售的方法。

20××年实际应缴纳的消费税额:

$500 \times 60 \times 3\% = 900$(万元)

方案二:该汽车轮胎有限公司尽管在签订销售轮胎合同时,采取轮胎与包装物分开销售,分开核算。但由于税法规定纳税人实行从价定率办法计算应纳税额的应税消费品连同包装物销售的,无论包装物是否单独计价,也不论在会计上如何核算,均应并入应税消费品的销售额中征收消费税。

20××年实际应缴纳的消费税额:

$(24000 + 6000) \times 3\% = 900$(万元)

方案三:该汽车轮胎有限公司只销售轮胎,包装物不销售是以押金方式收取。所以,只对轮胎销售额计算缴纳消费税。

20××年实际应缴纳的消费税额:

$24000 \times 3\% = 720$(万元)

可见方案三消费税税负最轻。

点评:

(1) 方案一、方案二的筹划结果是一致的。从表面看,方案二的筹划和方案一不一致,使人误认为只要将应税消费品和包装物分开核算,就可以免除包装物应缴纳的消费税。事实上,按照税法的规定,在签订销售合同时将应税消费品和包装物,即将汽车轮胎与包装物分开订合同,分开进行会计核算并不能解决节税问题,还必须并入销售额中计算消费税额。如果要进行纳税筹划,实现节税,应采取收取"押金",所以,若纳税人对该税法规定不了解透彻,一意孤行地不及时缴纳包装物的消费税,届时税务部门稽查必然要求其补交税款和滞纳金。

（2）包装物要避免缴纳消费税，必须不出售，只收取押金，而且押金必须不逾期。

（3）需要注意的是：

其一，若逾期未能收回包装物仍旧要缴纳消费税；

其二，若是销售酒类产品（啤酒、黄酒除外），即使收取押金也不能节税。因为酒类产品（啤酒、黄酒除外）的押金不管是否逾期，均并入销售额缴纳消费税。

三、利用消费税的相关政策进行筹划

（一）视同销售的纳税筹划

在实务工作中，纳税人经常用应税消费品去换取生产资料和消费资料、投资入股和抵偿债务等。根据税法规定，对该种行为要做视同销售处理，并且以纳税人同类消费品的最高售价作为计税依据计算消费税。因此，纳税人可以通过改变经营活动来进行纳税筹划。

【案例 3-9】　某汽车制造厂生产销售汽车，该企业汽车消费税税率为 5%，20××年 4 月准备以自产小汽车（1.5 升气缸量）10 辆换取某钢厂生产的钢材 300 吨，每吨钢材 3000 元。该厂生产的同一型号小汽车销售价格分别为 9.5 万元/辆、9 万元/辆和 8.5 万元/辆。现在企业财务部和销售部发生了争议：

财务部认为企业应和钢厂签订两份合同。一份销售合同：先将自产的 10 辆小汽车以 9 万元/辆出售给钢厂。另一份购货合同：汽车制造厂向钢厂购买其生产的钢材 300 吨，每吨钢材 3000 元。

销售部门认为财务部门签订合同太机械、繁琐。企业只要签订一份合同：即用自产的 10 辆小汽车去换取钢厂生产的钢材 300 吨，每吨钢材 3000 元。

双方谁也说服不了对方，企业高层只好请税务咨询公司帮助解释，从节约消费税角度出具筹划方案。

税务咨询公司认为，从节约消费税的角度看，财务部签订两份合同是正确的，因为财务部要求签订两份合同，意味着汽车制造厂是将自产的 10 辆小汽车以 9 万元/辆出售给某钢厂。因此，4 月份汽车制造厂应缴纳的消费税为：

$9 \times 10 \times 5\% = 4.5$（万元）

销售部门认为财务部门签订合同太机械、繁琐的观点是不正确的，因为若按销售部门的观点只签订一份合同，汽车制造厂将自产的 10 辆小汽车换取钢厂的钢材，根据税法规定，视同销售，并且按纳税人同类消费品的最高售价作为计税依据计算消费税。即意味着汽车制造厂将自产的 10 辆小汽车以 9.5 万元/辆出售给某钢厂。则 4 月份汽车制造厂应缴纳的消费税为：

$9.5 \times 10 \times 5\% = 4.75$（万元）

比较两个部门的方案，按财务部签订两份合同可以节约消费税 0.25 万元。

故应选择按财务部门意见签订两份合同。

点评：

由上例可以看出，用自产的应税消费品换取生产资料、消费资料、投资入股、抵偿债务等经济行为，在税法上均视同销售行为，为了节约消费税，必须先销售，后投资、抵偿债务及换取生产资料或消费资料，这样纳税人可以避免应税消费品以当月的最高售价作为消费税的计税基础。

（二）兼营不同税率时的纳税筹划

消费税的兼营行为，主要是指消费税的纳税人不是单一经营某一税率的产品，而是经营多种不同税率的产品。税法规定，纳税人兼营不同税率的应税消费品，应当分别核算不同税率应税消费品的销售额、销售数量。未分别核算销售额、销售数量，或者将不同税率的应税消费品组成成套消费品销售的，从高适用税率。

【案例3-10】 某酒厂将生产的白酒、水果酒、打火机组成了成套礼品酒销售。每年销售数量50000套。每套礼品酒由下列产品组成：白酒一瓶一斤装250元，水果酒两瓶，每瓶一斤装100元。打火机一只50元。白酒消费税税率为20％，其他酒消费税税率为10％。上述价格均不含税。现在，该酒厂根据自己企业的税负情况与同类其他企业比较，发现自身企业消费税税负较高，要求财务部门进行消费税筹划。财务部门与税务师商讨后提出筹划方案：

按照习惯做法，一般将产品包装后再销售给商业企业。现在，为了节约消费税，企业根据规模要么成立一个关联的包装公司，企业销售给包装公司；或者直接将商品分别销售给商业企业后，由商业企业再包装成礼品酒销售。试评价筹划前后节约的消费税。

筹划之前：

应纳消费税为：

$50000 \times (250 + 100 \times 2 + 50) \times 20\% + 50000 \times (1 + 2) \times 0.5 = 5075000$（元）

筹划之后：

应纳消费税为：

$[50000 \times 250 \times 20\% + 50000 \times 1 \times 0.5] + 50000 \times 2 \times 100 \times 10\% = 3525000$（元）

筹划后比筹划前节约消费税：$5075000 - 3525000 = 1550000$（元）

点评：

（1）当进行应税消费品成套销售，其中成套销售的商品中包含着不同税目、税率的应税消费品和非应税消费品。税法规定按成套应税消费品中最高税率的税目乘以成套商品的销售额计算消费税。因此，为了节约消费税，必须缩小计税依据，降低税率，因此，最好将成套商品拆开来出售，分别销售，分别核算。这样，可以将不同税率的应税消费品分开计算消费税，对于非应税消费品不用计算缴纳消费税,以达到节税的目的。

(2) 企业是成立关联的包装公司还是不成立,一般由企业生产销售的规模和业务的性质决定。若企业成立关联公司所节约的税额超过成立包装公司所发生的费用,并且成套商品销售业务具有长期性,那么就值得成立包装公司。反之,就没必要,还不如将成套商品分开先稍低于原先售价销售给商业公司,由商业公司再包装出售,企业和商业公司双方互惠。

四、涉税处理时的纳税筹划

(一) 销售价格的确定

卷烟、啤酒这些应税消费品采用的是差别税率,因此,定价不一致,使用的税率也不一致。当一个产品定价可介于两档税率边缘,产生的税后利润可能会一致。因而,合理确定卷烟、啤酒的销售价格,就为消费税提供了筹划的空间。

如啤酒价格的确定,根据税法的有关规定,每吨啤酒出厂价格(含包装物及包装物押金)在 3000 元(含 3000 元,不含增值税)以上的单位税额每吨 250 元,在 3000 元以下的单位税额每吨 220 元。纳税人可以通过制定合理的价格,适用较低的税率,达到减轻税负的目的。

价格的选择可以通过无差别价格临界点(即:每吨价格高于 3000 元时的税后利润与每吨价格等于 2999.99 元时的税后利润相等时的价格)进行判别。现假定城建税及教育费附加的税率分别为 7%,3%。

其计算过程如下:

设临界点的价格为 X(由于其高于 3000 元,故适用 250 元的税率),销售数量为 Y,即:

应纳消费税:$250 \times Y$

应纳增值税:$XY \times 17\%$ - 进项税额

应纳城建税及教育费附加:$[250 \times Y + (XY \times 17\% - 进项税额)] \times (7\% + 3\%)$

应纳所得税:$\{XY - 成本 - 250 \times Y - [250 \times Y + (XY \times 17\% - 进项税额)] \times (7\% + 3\%)\} \times 所得税税率$

税后利润:$\{XY - 成本 - 250 \times Y - [250 \times Y + (XY \times 17\% - 进项税额)] \times (7\% + 3\%)\} \times (1 - 所得税税率)$ ①

每吨价格等于 2999.99 元时税后利润为:

$\{2999.99Y - 成本 - 220 \times Y - [220 \times Y + (2999.99Y \times 17\%) - 进项税额]\} \times (7\% + 3\%)\} \times (1 - 所得税税率)$ ②

当①式=②式时,则:

$X = 2999.99 + 27.47 = 3027.46$(元)

即:临界点的价格为 3027.46 时,两者的税后利润相同。当销售价格＞

3027.46元时,纳税人才能获得节税利益。当销售价格＜3027.46元时,纳税人取得的税后利润反而低于每吨价格为2999.99元时的税后利润。

【案例3-11】 某啤酒厂原来生产销售A品牌啤酒,每吨出厂价格为3000元。后来该厂对该品牌啤酒的生产工艺进行了改进,使啤酒喝起来口感更纯、更清爽。但该厂反而降低了价格,每吨定为2980元。按原厂家3000元的定价,每吨需要缴纳250元消费税,收益2750元;定价降为2980元后,每吨缴纳220元消费税,收益2760元,仅从此项考虑不仅增加了10元的收益,而且由于价格优势,可以增强市场竞争力。

对于这一类产品具有差别税率的产品,在产品定价处于两级税率的边缘时,应该参考无差别临界点的价格来定价,可使企业少交税收,税后利润达到最大。

（二）销售收款时间的确定

消费税纳税义务发生的时间,以货款结算方式或行为发生时间分别确定。纳税人销售应税消费品,其纳税义务的发生时间根据销售的情形不同分别确定。

1. 纳税人采取赊销和分期收款结算方式的,其纳税义务的发生时间,为销售合同规定的收款日期的当天。

2. 纳税人采取预收货款结算方式的,其纳税义务的发生时间,为发出应税消费品的当天。

3. 纳税人采取托收承付和委托银行收款方式销售的应税消费品,其纳税义务的发生时间,为发出应税消费品并办妥托收手续的当天。

4. 纳税人采取其他结算方式的,其纳税义务的发生时间,为收讫销售款或者取得索取销售款的凭据的当天。

5. 纳税人自产自用的应税消费品,其纳税义务的发生时间,为移送使用的当天。

6. 纳税人委托加工的应税消费品,其纳税义务的发生时间,为纳税人提货的当天。

7. 纳税人进口的应税消费品,其纳税义务的发生时间,为报关进口的当天。

因此,企业进行赊销或分期收款销售等结算方式时,一定要在合同上注明销售方式,才能达到递延税款的目的。

【案例3-12】 某外资企业甲2009年4月在中国青岛成立生产销售摩托车企业,企业成立之初,为了在中国占领市场,实行了市场优先政策,允许全国经销商最长半年收款期。甲企业在2009年6月25日提供上海经销商乙1000万元商品;2009年8月18日提供广东经销商丙1600万元商品;甲企业将在2009年12月18日收款800万元,2010年2月18日收款800万元;到11月初,企业外资老总发现资金非常紧张,通过财务部门报账后,了解到企业2009年7月10日、2009年9月10日,分别缴纳了消费税100万元,160万元。他认为企业货款未收却提前垫交消费税是引起资金紧张的主要原因之一,要求财务部门想办法进行纳税筹划。

财务部门通过与税务师进行沟通后,税务师指出企业在签订合同时,没有利用好我国税款条例:

第一,没有指出企业的销售方式和结算方式,导致企业会计按其他结算方式,取得索取销售款的凭据的当天作为纳税义务发生时间了。企业按时缴纳税款是正确的。

第二,企业若要递延税款,必须与经销商签订赊销和分期收款销售合同,并注明规定的收款日期,这样就可以将消费税推后缴纳。

如甲企业在 2009 年 6 月 25 日提供上海经销商乙 1000 万元商品,签订赊销合同并确定收款日期为 2009 年 12 月 25 日,则根据税法规定:纳税人采取赊销方式销售货物的,其纳税义务发生时间为销售合同规定的收款日期的当天。即甲企业消费税的纳税义务日期就为 2009 年 12 月,递延税款时间为 6 个月。

又如:甲企业 2009 年 8 月 18 日提供广东经销商乙 1600 万元商品,企业将在 2009 年 12 月 18 日收款 800 万元,2010 年 2 月 18 日收款 800 万元;若在合同中注明了是分期收款销售,规定收款日期分别为 2009 年 12 月 18 日,2010 年 2 月 18 日。这样,也就符合税法规定:纳税人采取分期收款销售,其纳税义务的发生时间为销售合同规定的收款日期的当天。即甲企业消费税的纳税义务日期分别为 2009 年 12 月,递延税款时间为 4 个月;2010 年 2 月的货款,递延税款时间为 6 个月。

第四节　消费税的会计处理

一、会计账户的设置

为了准确地反映企业应交消费税的情况,需要缴纳消费税的企业,应在"应交税费"账户下设置"应交消费税"明细账户进行会计处理。该账户的贷方核算企业按规定应交纳的消费税,借方核算企业实际交纳的消费税或待扣的消费税;期末贷方余额表示尚未交纳的消费税,借方余额表示企业多交的消费税。

缴纳消费税的企业,除要设置"应交税费——应交消费税"明细账户外,还要设置"营业税金及附加"账户。"营业税金及附加"账户核算应由销售商品、提供劳务等应负担的营业税金及附加,包括消费税、营业税、城市维护建设税、资源税、土地增值税和教育费附加等。

"营业税金及附加"账户应按产品(或劳务)类别设置明细账。期末,应将"营业税金及附加"账户余额转入"本年利润"账户,结转后"营业税金及附加"账户应无余额。

二、生产销售应税消费品的会计处理

(一)应税消费品销售的会计处理

纳税人销售应税消费品,其纳税义务的发生时间为收讫销售款或者取得索取销售凭据的当天。在销售确认时,按取得的销售收入和增值税额,借记"银行存款"、"应收账款"等账户,贷记"主营业务收入"、"应交税费——应交增值税(销项税额)"账户;同时结转成本并计算提取消费税金,借记"主营业务成本"账户,贷记"库存商品"账户;借记"营业税金及附加"账户,贷记"应交税费——应交消费税"账户。按规定上缴税金时"应交税费——应交消费税"账户,贷记"银行存款"账户;月末结转销售税金时借记"本年利润"账户,贷记"营业税金及附加"账户。

【**案例 3-13**】 某小轿车生产企业 20×1 年 10 月份销售 A 型小轿车 20 辆(汽缸容量 2.2 升),出厂价每辆 18 万元,价外收取相关费用每辆 2 万元,每辆小轿车的成本是 12 万元。该企业适用的增值税税率为 17%,A 型小轿车的消费税税率为 9%。该企业会计处理如下:

应纳消费税税额=(180000+20000)×9%×20=360000(元)

应纳增值税税额=(180000+20000)×17%×20=680000(元)

①确认销售收入时

借:银行存款	4680000
贷:主营业务收入	4000000
应交税费——应交增值税(销项税额)	680000

②计提消费税时

借:营业税金及附加	360000
贷:应交税费——应交消费税	360000

③结转销售成本时

借:主营业务成本	240000
贷:库存商品	240000

④上交消费税时

借:应交税费——应交消费税	360000
贷:银行存款	360000

⑤月末,结转营业税金及附加时

借:本年利润	360000
贷:营业税金及附加	360000

（二）应税消费品包装物应交消费税的会计处理

应税消费品连同包装物一并出售的，无论包装物是否单独计价核算，均应并入应税消费品的销售额中缴纳消费税。对出租包装物收取的租金，应缴纳营业税；出租、出借包装物收取的押金，因逾期未收回包装物而没收的押金，也应计缴消费税。

1. 随同产品销售而不单独计价的包装物

随同产品销售而不单独计价的包装物，其收入随同所销售的产品一起记入产品销售收入，因而包装物应缴纳的消费税与产品销售应交的消费税一并进行会计处理，记入"营业税金及附加"账户。

2. 随同产品销售而单独计价的包装物

随同产品销售但单独计价的包装物，由于其收入记入"其他业务收入"账户，所以包装物出售收入应缴纳的消费税则应记入"其他业务成本"账户。

【案例3-14】　某酒厂异地销售粮食白酒，包装物单独计价，收取包装物出售收入 800 元（不含税）。该企业适用的增值税税率 17%，白酒的消费税税率 20%。出售包装物应交的增值税、消费税的会计处理如下：

应纳消费税税额＝800×20%＝160（元）

应纳增值税税额＝800×17%＝136（元）

借：应收账款　　　　　　　　　　　　　　　　　　　　　936

　　贷：其他业务收入　　　　　　　　　　　　　　　　　800

　　　　应交税费——应交增值税（销项税额）　　　　　136

借：其他业务成本　　　　　　　　　　　　　　　　　　　160

　　贷：应交税费——应交消费税　　　　　　　　　　　160

3. 出租、出借的包装物

出租、出借的包装物，收取押金时，借记"银行存款"账户，贷记"其他应付款"账户；当包装物按期返还而退回包装物押金时，做相反的会计处理；如果包装物逾期不能收回，没收押金时，借记"其他应付款"账户，贷记"其他业务收入"、"应交税费——应交增值税（销项税额）"账户，没收押金应缴纳的消费税记入"其他业务成本"账户。

【案例3-15】　某化妆品公司销售化妆品一批，出借化妆品包装物收取押金 3000 元。因包装物逾期未归还，而没收押金。该企业适用的增值税税率 17%，化妆品的消费税税率 30%。该企业没收包装物押金时的会计处理如下：

应纳增值税税额＝3000÷（1+17%）×17%＝435.90（元）

应纳消费税税额＝3000÷（1+17%）×30%＝769.23（元）

借：其他应付款　　　　　　　　　　　　　　　　　　　3000

　　贷：其他业务收入　　　　　　　　　　　　　　　　2564.10

应交税费——应交增值税(销项税额)	435.90
借:其他业务成本	769.23
贷:应交税费——应交消费税	769.23

三、应税消费品视同销售的会计处理

消费税的视同销售行为范围除与增值税相同之外,还包括纳税人以自产应税消费品连续生产非应税消费品行为。对视同销售行为,一般按同类应税消费品市场价格计税,但对纳税人用于换取生产资料、消费资料、投资入股和抵偿债务等方面的应税消费品,应当以纳税人同类应税消费品的最高销售价格为计税依据计算应交消费税。

(一)企业以生产的应税消费品作为投资的会计处理

企业以生产的应税消费品作为投资,应视同销售缴纳增值税和消费税,并计入投资成本。在会计处理上,按应税消费品的公允价值和应交增值税及消费税之和借记"长期股权投资"账户,按应税消费品的公允价值"主营业务收入"等账户,按应税消费品公允价值或组成计税价格计算的应交增值税、消费税,贷记"应交税费——应交增值税(销项税额)"、"应交税费——应交消费税"账户;同时结转应税消费品的账面成本,借记"主营业务成本"账户,贷记"库存商品"账户等。

【案例3-16】 某汽车制造厂10月份以其生产的20辆乘用车(汽缸容量2.0升)向出租汽车公司投资。双方协议,税务机关认可的每辆汽车售价为200000元,每辆汽车的实际成本为150000元。该企业适用的增值税税率17%,乘用车的消费税税率5%。该企业会计处理如下:

应交增值税税额＝200000×17%×20＝680000(元)

应交消费税税额＝200000×5%×20＝200000(元)

借:长期股权投资	4880000
贷:主营业务收入	4000000
应交税费——应交增值税(销项税额)	680000
——应交消费税	200000
借:主营业务成本	3000000
贷:库存商品	3000000

(二)企业以生产的应税消费品换取生产资料、消费资料或抵偿债务的会计处理

企业以生产的应税消费品换取生产资料、消费资料或抵偿债务等,除按《企业会计准则第7号——非货币性资产交换》、《企业会计准则第12号——债务重组》规定进行财务会计处理外,税务会计应按税法规定,作为视同销售行为,以纳税人同类应税消费品的最高销售价格为计税依据计算应交消费税。

【案例 3-17】 某酒厂 11 月份用粮食白酒 10 吨,抵偿红星农场谷物款 50000 元。该粮食白酒每吨本月售价在 4800 元~5200 元之间浮动,平均销售价格 5000 元/吨。粮食白酒每吨成本 3000 元。该企业适用的增值税税率 17%,白酒采用 20%加 0.5 元/500 克复合征收消费税。该酒厂会计处理如下:

应纳增值税税额=5000×10×17%=8500(元)

应纳消费税税额=5200×10×20%+10×2000×0.5=20400(元)

借:应付账款——红星农场　　　　　　　　　　　38500

　　贷:库存商品　　　　　　　　　　　　　　　　30000

　　　　应交税费——应交增值税(销项税额)　　　8500

借:营业税金及附加　　　　　　　　　　　　　　20400

　　贷:应交税费——应交消费税　　　　　　　　　20400

(三)企业以自产应税消费品用于在建工程、职工福利的会计处理

1. 企业以自产应税消费品用于在建工程的会计处理

企业将自产的产品用于在建工程是一种内部结转关系,不存在销售行为,企业并没有现金流入,因此,应按产品成本转账,并据其用途记入相关账户。当企业将应税消费品移送自用时,按其成本转账,借记"在建工程"账户,贷记"库存商品"等账户;按自用产品的销售价格或组成计税价格计算应交增值税、应交消费税时,则借记"在建工程"账户,贷记"应交税费——应交增值税(销项税额)"、"应交税费——应交消费税"账户。

【案例 3-18】 某汽车制造厂将自产的一辆乘用车(3.0 升)用于在建工程,同类汽车销售价格为 180000 元,该汽车成本 110000 元,消费税税率 12%,该企业增值税适用税率 17%。该企业的会计处理如下:

应交增值税税额=180000×17%=30600(元)

应交消费税税额=180000×12%=21600(元)

借:在建工程　　　　　　　　　　　　　　　　162200

　　贷:库存商品　　　　　　　　　　　　　　　110000

　　　　应交税费——应交增值税(销项税额)　　30600

　　　　　　　　——应交消费税　　　　　　　　21600

2. 企业以自产应税消费品用于职工福利的会计处理

企业以其生产的应税消费品作为非货币性福利提供给职工的,应当按照该产品的公允价值和相关税费,计量应计入成本费用的职工薪酬金额,相关收入的确认、销售成本的结转和相关税费的处理,与正常商品销售相同。

需要注意的是,在以自产应税消费品发放给职工作为福利的情况下,企业在进行账务处理时,应当先通过"应付职工薪酬"账户归集当期应计入成本费用的非货币性薪酬金额,以确定完整准确的企业人工成本金额。

【案例3-19】 天河公司为一家啤酒生产企业,共有职工200名,20×1年2月该啤酒厂将自己生产的啤酒20吨(甲类啤酒)发给职工作为福利。该啤酒每吨成本2000元,每吨出厂价格3000元。假定200名职工中170名为直接参加生产的职工,30名为总部管理人员。该企业适用的增值税税率17%,甲类啤酒按每吨250元计算缴纳消费税。天河公司作会计处理如下:

啤酒的售价总额＝20×3000＝60000(元)

应交增值税税额＝60000×17%＝10200(元)

应交消费税税额＝20×250＝5000(元)

(1)公司决定发放非货币性福利时

借:生产成本	63920
管理费用	11280
贷:应付职工薪酬——非货币性福利	75200
借:应付职工薪酬——非货币性福利	75200
贷:主营业务收入	60000
应交税费——应交增值税(销项税额)	10200
应交税费——应交消费税	5000

(2)实际发放时

借:主营业务成本	40000
贷:库存商品	40000

四、委托加工应税消费品应纳税额的会计处理

(一)委托方的会计处理

1. 收回后直接用于销售

委托加工的应税消费品收回后直接用于销售的,销售时不再缴纳消费税。因此,委托方应将受托方代收代缴的消费税随同应支付的加工费一并计入委托加工的应税消费品成本。委托方根据受托方代收代缴的消费税和向受托方支付的加工费有关凭证,借记“委托加工物资”等账户,贷记“银行存款”等账户。

【案例3-20】 A化妆品公司委托B化妆品厂加工化妆品一批,发出材料成本500000元,支付加工费150000元,增值税25500元,收回时支付运费10000元。该化妆品厂无同类化妆品的销售价格。A化妆品公司收回的这批化妆品直接用于对外销售,销售收入1500000元。该企业适用的增值税税率17%,化妆品的消费税税率30%。A公司的会计处理如下:

(1)发出材料时

借:委托加工物资	500000
贷:原材料	500000

（2）支付加工费、增值税、消费税时

支付增值税＝150000×17％＝25500（元）

代扣代缴消费税＝（500000＋150000）÷（1－30％）×30％＝278571.43（元）

借：委托加工物资　　　　　　　　　　　　　　　　　　　428571.43

　　应交税费——应交增值税（进项税额）　　　　　　　25500

　　　贷：银行存款　　　　　　　　　　　　　　　　　　454071.43

（3）支付运费时

借：委托加工物资　　　　　　　　　　　　　　　　　　　9300

　　应交税费——应交增值税（进项税额）　　　　　　　700

　　　贷：银行存款　　　　　　　　　　　　　　　　　　10000

（4）委托加工的化妆品入库时

借：库存商品　　　　　　　　　　　　　　　　　　　　　937871.43

　　　贷：委托加工物资　　　　　　　　　　　　　　　　937871.43

（5）销售该批化妆品时不再缴纳消费税

借：银行存款　　　　　　　　　　　　　　　　　　　　　1755000

　　　贷：主营业务收入　　　　　　　　　　　　　　　　1500000

　　　　　应交税费——应交增值税（销项税额）　　　　255000

借：主营业务成本　　　　　　　　　　　　　　　　　　　937871.43

　　　贷：库存商品　　　　　　　　　　　　　　　　　　937871.43

2. 收回后连续生产应税消费品

收回后连续生产应税消费品时，已交的消费税款准予抵扣。因此，委托方应将受托方代收代缴的消费税计入"应交税费——应交消费税"账户的借方，在最终应税消费品销售时，允许从缴纳的消费税中抵扣。

【案例3-21】　承上例，委托加工的化妆品收回后将用于连续生产其他化妆品，并全部对外销售。不含税销售收入为1200000元，其他条件相同。该公司有关会计处理如下：

（1）发出材料时会计处理同上

（2）支付加工费、增值税、消费税时

支付增值税＝150000×17％＝25500（元）

代扣代缴消费税＝（500000＋150000）÷（1－30％）×30％＝278571.43（元）

借：委托加工物资　　　　　　　　　　　　　　　　　　　150000

　　应交税费——应交增值税（进项税额）　　　　　　　25500

　　应交税费——应交消费税　　　　　　　　　　　　　278571.43

　　　贷：银行存款　　　　　　　　　　　　　　　　　　454071.43

（3）支付运费时

借:委托加工物资　　　　　　　　　　　　　　　　　　　9300

　　应交税费——应交增值税(进项税额)　　　　　　　　700

　　贷:银行存款　　　　　　　　　　　　　　　　　　　10000

(4) 委托加工的化妆品入库时

借:库存商品　　　　　　　　　　　　　　　　　　　　659300

　　贷:委托加工物资　　　　　　　　　　　　　　　　　659300

(二) 受托方的会计处理

受托方在委托方提货时代收代缴消费税。受托方可按本企业同类消费品的销售价格计算代收代缴消费税额;若没有同类消费品销售价格的,按组成计税价格计算。

【案例 3-22】 仍以上例,A 化妆品厂取得加工费并代收代缴消费税时,有关会计处理如下:

组成计税价格=(500000+150000)÷(1-30%)=928571.43(元)

代收代缴消费税款=928571.43×30%=278571.43(元)

(1) 确认收入时

借:银行存款　　　　　　　　　　　　　　　　　　　175500

　　贷:主营业务收入　　　　　　　　　　　　　　　　150000

　　　　应交税费——应交增值税(销项税额)　　　　　　25500

(2) 代收代缴消费税时

借:银行存款　　　　　　　　　　　　　　　　　　278571.43

　　贷:应交税费——应交消费税　　　　　　　　　　278571.43

(3) 上交代收代缴消费税时

借:应交税费——应交消费税　　　　　　　　　　　278571.43

　　贷:银行存款　　　　　　　　　　　　　　　　　278571.43

五、进口应税消费品的会计处理

进口应税消费品时,进口单位交纳的消费税应计入应税消费品成本中。按进口成本连同应纳关税、消费税等,借记"固定资产"、"材料采购"、"应交税费"等账户;由于进口货物将海关交税与提货联系在一起,即交税后方能提货,为简化核算,关税、消费税可以不通过"应交税费"账户反映,直接贷记"银行存款"账户。若情况特殊,先提货,后交税时,可以通过"应交税费"账户核算。

【案例 3-23】 海河公司从国外购进化妆品一批,CIF 价为 USD60000。假定关税税率为 20%,增值税税率为 17%,化妆品的消费税税率 30%。当日即期汇率为 USD100=RMB¥680。假定进口化妆品的货款尚未支付,进口货物的关税、增值税、消费税以银行存款付清。该公司会计处理如下:

组成计税价格＝（60000＋60000×20％）÷（1－30％）×6.8＝699428.57（元）

应交关税税额＝60000×20％×6.8＝81600（元）

应交消费税税额＝699428.57×30％＝209828.57（元）

应交增值税税额＝699428.57×17％＝118902.86（元）

借：在途物资　　　　　　　　　　　　　　　　699428.57

　　应交税费——应交增值税（进项税额）　　　118902.86

　　贷：应付账款　　　　　　　408000（USD60000×6.8）

　　　　银行存款　　　　　　　　　　　　　　410331.43

六、出口应税消费品的会计处理

（一）有进出口权的生产企业直接出口货物

可以直接免税的，不计算应缴消费税，即不通过"应交税费——应交消费税"账户核算。免税后，若发生退关或退货，可暂不办理补税，待其转为国内销售时，再申报缴纳消费税。

（二）通过外贸企业出口应税消费品

在销售实现时，先缴纳消费税；所缴的消费税在产品出口后，由外贸企业申请退税，并将该税款划交生产企业。生产企业先缴纳的消费税借记"应收账款"账户，待收到退还税款时，再予以冲销。

代理出口应税消费品的外贸企业将应税消费品出口后，收到税务机关退还生产企业缴纳的消费税，借记"银行存款"账户，贷记"应付账款"账户。将此项退税款退还给企业时，借记"应付账款"账户，贷记"银行存款"账户。

退税后，若又发生了退关或退货，外贸企业应先代为补缴消费税，借记"应收账款——应收生产企业消费税"账户，贷记"银行存款"账户，然后再向生产企业收取。

（三）自营出口应税消费品的外贸企业

应在应税消费品报关出口后申请出口退税，借记"其他应收款"账户，贷记"主营业务成本"账户。实际收到出口应税消费品退回的税款时，借记"银行存款"账户，贷记"其他应收款"账户。发生退关或退货而补缴已退的消费税时，做相反的会计分录。

七、金银首饰、钻石及其饰品零售业务的会计处理

金银首饰、钻石及其饰品零售业务，是指将金银首饰、钻石以及饰品销售给中国人民银行批准的金银首饰生产加工、批发、零售单位以外的单位和个人的业务。

（一）自购自销

零售企业销售金银首饰、钻石及其饰品的收入，记入"主营业务收入"账户；其应交的消费税，借记"营业税金及附加"账户，贷记"应交税费——应交消费税"账户。

金银首饰、钻石及其饰品连同包装物一起销售的，无论包装物是否单独计价，均应并入金银首饰、钻石及其饰品的销售额计缴消费税。随同金银首饰、钻石及其饰品销售但不单独计价的包装物，其收入应交消费税均与商品销售收入和税金在一起计算和处理；随同首饰、饰品销售而单独计价的包装物，其收入贷记"其他业务收入"，应交消费税（税率同商品）借记"其他业务成本"。

【案例3-24】 某金银首饰商店是经中国人民银行总行批准经营金银首饰的企业。20×1年5月份发生下列销售业务：

（1）销售给经中国人民银行总行批准经营金银首饰单位金项链一批，销售额为2648000元；

（2）销售给未经中国人民银行总行批准经营金银首饰单位金首饰一批，销售额为1845000元；

（3）门市零售金银首饰销售额3415800元；

（4）销售金银首饰连同包装物销售，其包装物金额为314500元，并未计入金银首饰的销售额内，作为其他业务收入；

（5）采用以旧换新方式销售金银首饰，换出金银同类品种销售价计算为1644000元，收回旧金银首饰作价916000元，实收金额为728000元。

该商店20×1年5月份，有关业务的会计处理如下：

①增值税计算

金银饰品销项税额＝（2648000＋1845000＋3415800＋728000）÷（1＋17％）×17％＝1254919.60（元）

包装物销项税额＝314500÷（1＋17％）×17％＝45696.58（元）

②消费税计算

金银饰品零售应纳消费税税额＝（1845000＋3415000＋728000）÷（1＋17％）×5％＝255931.62（元）

包装物应纳消费税税额＝314500÷（1＋17％）×5％＝13440.17（元）

①金银饰品（批发、零售、以旧换新）收入的会计分录

借:银行存款	8636799.80
库存商品（旧金银首饰）	916000
贷:主营业务收入（批发）	2263247.80
主营业务收入（零售）	6034632.40
应交税费——应交增值税（销项税额）	1254919.60

②计提金银首饰消费税

借:营业税金及附加   255931.62

  贷:应交税费——应交消费税   255931.62

③随金银首饰销售包装物收入

借:银行存款   314500

  贷:其他业务收入   268803.42

    应交税费——应交增值税(销项税额) 45696.58

④计提包装物收入应交消费税

借:其他业务成本   255931.62

  贷:应交税费——应交消费税   255931.62

(二)受托代销

企业受托代销金银首饰时,消费税由受托方负担,即受托方是消费税的纳税义务人。

如果是以收取手续费方式代销金银首饰,收取的手续费贷记"其他业务收入"。根据销售价格计算的应交消费税,相应冲减"其他业务收入",借记"其他业务收入"账户,贷记"应交税费——应交消费税"账户。

不采用收取手续费方式代销的,通常是由双方商定代销协议价,委托方按协议价收取代销货款,受托方实际销售的货款与协议价之间的差额归己所有。在这种情况下,受托方交纳消费税的处理与自购自销相同。

【本章小结】

1. 消费税是我国现行税制中的主要税种之一,消费税的计算和申报要求熟悉消费税的基本规定。

2. 要注意消费税的纳税范围及纳税特点。

3. 要掌握消费税的计算方法,尤其要重点掌握消费税的纳税筹划。

4. 消费税是增值税的一个补充性税种,有消费税的企业,一定还有增值税。所以,在税务会计中消费税的计算、缴纳、会计处理,往往是与增值税同步进行的。但是,由于消费税的特点,其会计处理方法与增值税是不同的,学习时要注意区分,不要混淆。

【思考题】

1. 长城橡胶工业公司是生产 A 品牌汽车轮胎的企业,2009 年实现销售35800 万元。A 品牌汽车轮胎销售价格为每只 500 元,其中包括包装物 100 元。长城橡胶工业公司采取轮胎连同包装物合并销售的方法,汽车轮胎的消费税税率为 3%,则长城橡胶工业公司 2009 年度实际缴纳消费税额为:

$35800 \times 3\% = 1074$(万元)

2010 年 1 月长城橡胶工业公司进行了人事调整。新来的财务总监王利民上任后对公司的会计核算及财务运行情况进行了深入的调查研究,他从税收筹划角度出发,认为销售部门在销售轮胎签订合同时,应将包装物与轮胎分开。2010 年长城橡胶工业公司总共销售了 720000 只汽车轮胎,则公司申报缴纳消费税为:

销售额=$(500-100) \times 720000 = 28800$ (万元)

应纳消费税额=$28800 \times 3\% = 864$(万元)

试问新来的财务总监王利民上任后,对销售汽车轮胎申报的消费税是否正确?为什么?

2. 高峰烟草集团是一家大型烟草生产企业,其下属的金龙卷烟厂生产的乙类卷烟,其市场售价为不含增值税价每箱 6000 元对外零售,其税收负担比较重。2010 年初,金龙卷烟厂咨询了税务顾问,其建议在该企业集团所在地的市区设立一个独立核算的门市部,金龙卷烟厂以不含税价每箱 5500 元的价格销售给门市部 5000 箱,可以节税。试问税务顾问的建议是否正确?为什么?

3. 如何核算自产自用的应税消费品?

4. 如何核算应税消费品的包装物?

5. 宏大公司一季度销售 40 辆摩托车,每辆销售价格 10000 元(不含应向购买方收取的增值税额),货款尚未收到,摩托车每辆成本为 6000 元。摩托车的增值税税率为 17%,消费税税率为 10%。

要求:编制相关的会计分录。

6. 通惠机床厂为增值税一般纳税人,适用的增值税税率为 17%,消费税税率为 10%,库存材料采用实际成本核算,销售收入(或计税价格)均不含应向购买者收取的增值税。

该企业 3 月份发生如下经济业务:

(1) 工程领用本企业生产的应缴消费税产品,该产品成本为 5000000 元,计税价格为 7000000 元。

(2) 收回委托加工的原材料并验收入库。该委托加工的材料系上月发出,发出的原材料的实际成本为 1950000 元,本月以银行存款支付受托加工企业代扣代缴的消费税 50000 元,加工费用 500000 元以及加工费用相关的增值税 85000 元。收回委托加工的原材料用于本企业生产应缴消费税产品。

要求:编制相关的会计分录(不考虑城市维护建设税和教育费附加)。

7. 东方机械厂委托甲企业加工 A 材料一批(属于应税消费品)。发出加工用原材料的成本为 40000 元,支付加工费 14000 元(不含增值税),支付增值税 2380 元,支付消费税 6000 元。

要求:分别编制收回后用于连续生产和直接销售两种情况下的会计分录。

第四章　营业税的纳税筹划与会计核算

学习目标

◉ 掌握营业税税种的基本要素和特点

◉ 掌握营业税应纳税额的计算和纳税申报

◉ 掌握营业税筹划的基本方法,理解和总结消费税的筹划案例

◉ 掌握运输企业、建筑企业、房地产开发企业、旅游服务企业营业税的核
算方法

◉ 熟悉租赁业务、转让无形资产业务以及出售不动产业务营业税的会计
处理

第一节　营业税的基本规定

一、营业税的纳税人

营业税是指对在中华人民共和国境内提供应税劳务、转让无形资产和销售
不动产征收的一种税。其纳税人为在中华人民共和国境内提供应税劳务、转让
无形资产或者销售不动产的单位和个人。

单位是指国有企业、集体企业、私有企业、股份制企业、外商投资企业和外国
企业、其他企业和行政单位、事业单位、军事单位、社会团体。

负有营业税纳税义务的单位为发生应税行为并收取货币、货物或者其他经
济利益的单位,但不包括单位依法不需要办理税务登记的内设机构。

个人是指个体工商户及其他有经营行为的中国公民和外国公民。

为了理解营业税的纳税人,必须明确几点:

(一)关于境内

是指在中华人民共和国境内税收行政管辖区的区域。具体为:

1. 提供或者接受条例规定劳务的单位或者个人在境内;

2. 所转让的无形资产(不含土地使用权)的接受单位或者个人在境内;

3. 所转让或者出租土地使用权的土地在境内;

4. 所销售或者出租的不动产在境内。

对于保险业,有下列情形之一者,为在境内提供保险劳务:

(1) 境内保险机构提供的保险劳务,但境内保险机构为出口货物提供保险的除外;

(2) 境外保险机构以在境内的物品为标的提供的保险劳务。

（二）纳税人的特殊规定

1. 铁路运输的纳税人

(1) 中央和地方铁路运营业务的纳税人分别为铁道部和地方铁路运营管理机构;

(2) 合资铁路运营业务的纳税人为合资铁路公司;

(3) 基建临管线铁路运营业务纳税人为基建临管线管理机构。

2. 从事水路、航空、管道运输或其他陆路运输的纳税人为从事运输业务并计算盈亏的单位。

3. 金融保险业的纳税人包括银行、信用合作社、证券公司、金融租赁公司、证券基金管理公司、财务公司、信托投资公司、证券投资基金、保险公司及经批准成立的且经营金融保险业务的机构。

4. 单位以承包、承租、挂靠方式经营的,承包人、承租人、挂靠人(以下统称承包人)发生应税行为,承包人以发包人、出租人、被挂靠人(以下统称发包人)名义对外经营并由发包人承担相关法律责任的,以发包人为纳税人;否则以承包人为纳税人。

承租人或承包人是指有独立的经营权,在财务上独立核算,并定期向出租者或发包者上缴租金或承包费的承租人或承包人。

5. 建筑安装业务实行分包的,分包者为纳税人。

（三）扣缴义务人

按照现行营业税相关规定,营业税的扣缴义务人是:

1. 中国境外的单位或者个人在中国境内提供应税劳务、转让无形资产或者销售不动产,在境内未设有经营机构的,以其境内代理人为扣缴义务人;在境内没有代理人的,以受让方或者购买方为扣缴义务人。

2. 非居民在中国境内发生营业税应税行为而在境内未设立经营机构的,以代理人为营业税的扣缴义务人,没有代理人的,以发包方、劳务受让方为扣缴义务人。

3. 纳税人提供建筑业应税劳务,符合以下情形之一的,无论工程是否实行分包,以建设单位或个人作为营业税的扣缴义务人:

(1) 纳税人从事跨地区(包括省、市、县)工程提供建筑业应税劳务的。

(2) 纳税人在劳务发生地没有办理税务登记或临时税务登记的。

4. 委托金融机构发放贷款的,以受托方为扣缴义务人。

5. 单位或个人进行演出,由他人售票的,其应纳税款以售票者为扣缴义务人,演出经纪人为个人的,其办理演出业务的应纳税款也以售票者为扣缴义务人。

6. 分保险业务,以初保人为扣缴义务人。

7. 个人转让专利权、非专利技术、商标权、著作权、商誉的,以受让者为扣缴义务人。

8. 国务院财政、税务主管部门规定的其他扣缴义务人。

二、营业税的税目和税率

营业税的征税范围包括在中华人民共和国境内提供应税劳务、转让无形资产和销售不动产,其税目也是围绕征税范围展开,具体包括 9 个税目和三档税率(见下表)。

营业税税目税率表

税目	征收范围	税率
交通运输业	陆路运输、水路运输、航空运输、管道运输、装卸搬运	3%
建筑业	建筑、安装、修缮、装饰及其他工程作业	3%
金融保险业		5%
邮电通信业		3%
文化体育业		3%
娱乐业	歌厅、舞厅、卡拉 OK 歌舞厅、音乐茶座、台球、高尔夫球、保龄球、游艺	5%—20%
服务业	代理业、旅店业、饮食业、旅游业、仓储业、租赁业、广告业及其他服务业	5%
转让无形资产	转让土地使用权、专利权、非专利技术、商标权、著作权、商誉	5%
销售不动产	销售建筑物及其他土地附着物	5%

(一)营业税的税目

营业税的税目,按行业划分为:

1. 交通运输业

是指运用运输工具或人力、畜力将货物或旅客送达目的地,使其发生空间位移的劳务活动。

征税范围包括陆路运输、水路运输、航空运输、管道运输及装卸搬运以及与运营业务有关的各项劳务活动。

2. 建筑业

是指建筑安装工程作业。

征税范围包括：建筑，新建、改建、扩建各种建筑物，安装生产设备、动力设备、起重设备、运输设备、传动设备、医疗实验设备及其他各种设备的装配、安置工程作业，对建筑物、构筑物进行的修缮、装饰，管道煤气集资费（初装费）业务及其他工程作业。但自建自用建筑物或出租、投资入股的自建建筑物均不属于建筑业的征税范围。

3. 金融保险业

是指经营金融、保险的业务。金融包括贷款、融资租赁、金融商品转让、金融经纪业和其他金融业务，但对于中国出口信用保险公司办理的出口信用保险业务不征收营业税。

4. 邮电通信业

是指专门办理信息传递的业务，包括邮政、电信。

5. 文化体育业

是指经营文化、体育活动的业务，包括文化业、体育业。

文化业包括表演、播映、经营游览场所和各种展览、培训活动，举办文学、艺术、科技讲座、讲演、报告会，图书馆的图书和资料的借阅业务等。

体育业包括举办各种体育比赛和为体育比赛或体育活动提供场所的业务。

6. 娱乐业

是指为娱乐活动提供场所和服务的业务。

征税范围包括经营歌厅、舞厅、卡拉 OK 歌舞厅、音乐茶座、台球、高尔夫球、保龄球、网吧、游艺场等娱乐场所，以及娱乐场所为顾客进行娱乐活动提供服务的业务。

娱乐场所为顾客提供的饮食服务及其他各种服务业按照娱乐业征税。

7. 服务业

是指利用设备、工具、场所、信息或技能为社会提供服务的业务。

征税范围包括代理业、旅店业、饮食业、旅游业、仓储业、租赁业、广告业及其他服务业。

在服务业中要特别注意下列规定：

（1）双方签订承包、租赁合同，将企业或企业部分资产出包、租赁，出包、出租者向承包、承租方收取承包费、租赁费（承租费）按"服务业"税目征收营业税。出包方收取的承包费凡同时符合以下三个条件的，属于企业内部分配行为，不征收营业税：

①承包方以出包方名义对外经营，由出包方承担相关的法律责任；

②承包方的经营开支全部纳入出包方的财务核算；

③出包方与承包方的利益分配是以出包方的利润为基础的。

（2）对远洋运输企业从事光租业务和航空运输企业从事干租业务取得的收入，按"服务业"税目中的"租赁业"征收营业税。（光租业务和干租业务都是在约定的时间内将运输工具出租他人使用，不配备操作人员，不承担运输过程中发生的各种费用，只收取固定租赁费的业务。）

（3）无船承运业务应按照"服务业——代理业"税目征收营业税。

无船承运业务是指无船承运业务经营者以承运人身份接受托运人的货载，签发自己的提单或其他运输单证，向托运人收取运费，通过国际船舶运输经营者完成国际海上货物运输，承担承运人责任的国际海上运输经营活动。

（4）交通部门有偿转让高速公路收费权行为，属于营业税征收范围，按"服务业"税目中的"租赁业"征收营业税。

（5）酒店产权式经营业主在约定的时间提供房产使用权与酒店进行合作经营，如房产产权并未归属新的经济实体，业主按照约定取得的固定收入和分红收入应视为租金收入，根据有关税收固定，应按照"服务业"税目中的"租赁业"征收营业税。

（6）自 2002 年 1 月 1 日起，福利彩票机构发行销售福利彩票取得的收入不征收营业税。但对福利彩票机构以外的代销单位销售福利彩票取得的手续费收入应按规定征收营业税。

（7）对社保基金投资管理人、社保基金托管人从事社保基金活动取得的收入，依照税法的规定征收营业税。

8. 转让无形资产

是指转让无形资产的所有权或使用权的行为，包括转让土地使用权、商标权、专利权、非专利技术、出租电影拷贝、转让著作权和商誉。

自 2003 年 1 月 1 日起，以无形资产投资入股、参与接受投资方的利润分配、共同承担风险的行为，不征收营业税；在投资后转让股权的也不征收营业税。

9. 销售不动产

是指有偿转让不动产所有权的行为，包括销售建筑物或构筑物和销售其他土地附着物。

自 2003 年 1 月 1 日起，以不动产投资入股、参与接受投资方的利润分配、共同承担风险的行为，不征收营业税；在投资后转让其股权的也不征收营业税。

单位将不动产无偿赠送给他人，视同销售不动产征收营业税；对个人无偿赠送不动产的行为，不征收营业税。

纳税人自建住房销售给本单位职工，属于销售不动产行为，应照章征收营业税。

（二）营业税税率

营业税税率按照行业和税目类别分别采用不同的比例税率,具体有 3%、5% 和 5%—20% 三档。

1. 交通运输业、建筑业、邮电通信业、文化体育业税率为 3%；

2. 金融保险业、服务业、销售不动产和转让无形资产税率为 5%；

3. 娱乐业执行 5%—20% 的幅度税率。具体适用的税率,由各省、自治区、直辖市人民政府根据当地的实际情况在税法规定的幅度内决定。

自 2001 年 5 月 1 日起,对夜总会、歌厅、舞厅、射击、狩猎、跑马、游戏、高尔夫球、游艺、电子游戏厅等娱乐行为一律按 20% 的税率征收营业税。

自 2004 年 7 月 1 日起,保龄球、台球减按 5% 的税率征收营业税,税目仍属于"娱乐业"。

第二节　营业税应纳税额的计算与纳税申报

一、营业税应纳税额的计算

营业税应纳税额＝营业额×税率

营业额是营业税的计税依据,是纳税人提供应税劳务、转让无形资产或销售不动产向对方收取的全部价款和价外费用。

价外费用包括纳税人境内提供应税劳务、转让无形资产和销售不动产向对方收取的手续费、基金、集资费、代收款项、代垫款项及其他各种性质的价外收费。凡属价外费用,无论会计制度如何核算,均应并入营业额计算应纳税额。同时,按照经营项目的不同,纳税人提供应税劳务的营业额具体规定也不同。

1. 交通运输业的营业额

是指从事交通运输的纳税人提供运输劳务取得的全部运营收入,包括全部价款和价外费用。

纳税人将承揽的运输业务分给其他单位或者个人的,以其取得的全部价款和价外费用扣除其支付给其他单位或者个人的运输费用后的余额为营业额。

2. 建筑业营业额

纳税人将建筑工程分包给其他单位的,以其取得的全部价款和价外费用扣除其支付给其他单位的分包款后的余额为营业额。

从事建筑、修缮、装饰工程作业,无论如何结算,营业额均包括工程所用原材料及其他物资和动力的价款。从事安装工程作业,安装设备价值作为安装工程产值的,营业额包括设备的价款。

纳税人采用清包工形式(工程所需的主要原材料和设备由客户自行采购,纳税人只向客户收取人工费、管理费和辅助材料等)提供的装饰劳务,按照其向客户实际收取的人工费、管理费和辅助材料等收入(不含客户自行采购的材料价款和设备价款)确认计税营业额。

自建行为和单位将不动产无偿赠与他人,由税务机关按以下办法核定:

(1) 按当月同类劳务或销售同类不动产的平均价格确定;

(2) 按纳税人最近时期提供的同类劳务或同类不动产的平均价格确定;

(3) 按公式计算组税价格作为计税依据:

组税价格＝营业成本或工程成本×(1＋成本利润率)÷(1－营业税率)

但对于纳税人自建自用的房屋不纳税;如纳税人将自建的房屋对外销售,其自建行为应按建筑业缴纳营业税,再按销售不动产征收营业税。

3. 金融保险业

一般贷款业务以贷款利息收入为营业额。

外汇转贷业务以其贷款利息收入减去借款利息支出后的余额为营业额。

外汇、股票、债券、期货等金融商品买卖业务,以卖出价减去买入价后的余额为营业额。每类金融商品买卖中的正负差,在一个会计年度内可以相抵。

金融经纪业和其他金融业务,以金融服务手续费等收入为营业额。

融资租赁业务以其向承租者收取的全部价款和价外费用(包括残值)减去出租方承担的出租货物的实际成本后的余额为营业额。其中,出租货物的实际成本包括由出租方承担的货物购入价、关税、增值税、消费税、运杂费、安装费、保险费等费用。

保险业务,以纳税人提供属于保险业征税范围劳务向对方收取的全部收入为营业额。保险业实行分保险的,初保人也应按全部保费收入为营业额缴纳营业税,分保人不再缴纳营业税。

4. 邮电通讯业

邮政业务的营业额,是指提供传递函件或包件、邮汇、报刊发行、邮务物品销售、邮政储蓄、其他邮政业务的收入。

电信业务的营业额是指提供电报、电话、电传、电话机安装、电信物品销售及其他邮政业务的收入。具体包括长途电信收入和市内电话收入两大项。

电信局提供上网服务而取得的收入,应按邮电通讯业的税率计算营业税;而上网培训、饮料消费收入,则应分别按文化体育业和服务业征收营业税。

单位和个人从事快递业务按"邮电通信业"税目征收营业税。

5. 文化体育业

单位或个人进行演出,以全部票价收入或者包场收入减去付给提供演出场所的单位、演出公司或经纪人的费用后的余额为营业额。

6. 娱乐业

以向顾客收取的各项费用为营业额,包括门票费、台位费、点歌费、烟酒和饮料收费及其他收费。

7. 服务业

旅游业组织旅游团到境外旅游,在境外改由其他旅游企业接团的,以全程旅费减去付给该接团企业的旅游费后的余额为营业额。

旅游业组织旅游团在境内旅游的,以收取的旅游费减去旅游者支付给其他单位的住房、就餐、交通费用和其他代付费用后的余额为营业额,改由其他旅游企业接团的,比照境外旅游办法确定营业额。

境内单位派出本单位的员工赴境外,为境外企业提供劳务,不属于在境内提供应税劳务。对境内企业外派本单位员工赴境外从事劳务服务取得的各项收入,不征收营业税。

从事物业管理的单位,以与物业管理有关的全部收入减去代业主支付的水、电、燃气以及代承租者支付的水、电、燃气、房屋租金的价款后的余额为营业额。

对经过国家出版局注册登记,在销售时一并转让著作权、所有权的计算机软件征收营业税。计算机软件产品是指记载有计算机程序及其有关文档的存储介质(包括软盘、硬盘、光盘等)。

纳税人从事无船承运业务,以其向委托人收取的全部价款和价外费用扣除其支付的海运费以及报关、港杂、装卸费用后的余额为计税营业额申报缴纳营业税。若纳税人从事无船承运业务,应按照从事无船承运业务收取的全部价款和价外费用向委托人开具发票,同时应凭其取得的开具给本纳税人的发票或其他合法有效凭证作为差额缴纳营业税的扣除凭证。

8. 销售不动产或转让土地使用权

单位和个人销售和转让其购置的不动产或受让的土地使用权,以全部收入减去不动产或土地使用权的购置或受让原价后的余额为营业额。

单位和个人销售和转让抵债的不动产、土地使用权,以全部收入减去抵债时该项不动产或土地使用权作价后的余额为营业额。

若纳税人对于提供劳务、转让无形资产或销售不动产价格明显偏低而无正当理由的,税务机关可先后按当月同类劳务或销售同类不动产的平均价格、按纳税人最近时期提供的同类劳务或同类不动产的平均价格、营业成本或工程成本×(1+成本利润率)÷(1-营业税率)的组税价格确定。

9. 营业额的其他规定

(1) 单位和个人提供营业税应税劳务、转让无形资产和销售不动产发生退款,凡该项退款已征收过营业税的,允许退还已征税款,也可以从纳税人以后的营业额中减除。

（2）单位和个人发生营业额时，如果销售额与折扣额在同一张发票上注明的，以折扣后的价款为营业额；如果不在同一张发票上注明的，不得从营业额中扣除。

（3）单位和个人提供营业税应税劳务、转让无形资产和销售不动产时，因受让方违约而从受让方取得的赔偿金收入，应并入营业额中征收营业税。

（4）单位和个人因财务会计核算办法改变，将已缴纳过营业税的预收性质的价款逐期转为营业收入时，允许从营业额中减除。

10. 特殊经营行为的营业额的规定

企业发生营业税的应税行为除了上述明确规定以外，在实际经营活动中还有些行为很难分清。因此，税法针对这些行为进行了如下规定。

（1）兼营不同税目的应税行为

纳税人兼营不同税目应税行为的，应当分别核算不同税目的营业额、转让额、销售额，然后按各自的适用税率计算应纳税额；未分别核算的，将从高适用税率计算应纳税额。

（2）混合销售行为

一项销售行为如果既涉及货物又涉及非应税劳务的，为混合销售行为，从事货物的生产、批发或零售的企业、企业性单位及个体经营者的混合销售行为，视为销售货物，不征收营业税；其他单位和个人的混合销售行为，视为提供应税劳务，应征收营业税。但纳税人的销售行为是否属于混合销售行为，由国家税务总局所属征收机关确定。

纳税人的下列混合销售行为，应当分别核算应税劳务的营业额和货物的销售额，其应税劳务的营业额缴纳营业税，货物销售额不缴纳营业税；未分别核算的，由主管税务机关核定其应税劳务的营业额：

①提供建筑业劳务的同时销售自产货物的行为；

②财政部、国家税务总局规定的其他情形。

（3）兼营应税劳务与货物或非应税劳务行为

纳税人兼营应税行为和货物或者非应税劳务的，应当分别核算应税行为的营业额和货物或者非应税劳务的销售额，其应税行为营业额缴纳营业税，货物或者非应税劳务销售额不缴纳营业税；未分别核算的，由主管税务机关核定其应税行为营业额。

纳税人兼营免税、减税项目的，应当分别核算免税、减税项目的营业额；未分别核算营业额的，不得免税、减税。

（4）营业税与增值税征税范围的划分

尽管营业税和增值税在税法上进行了严格的划分，但对于一些实际操作上容易混淆的增值税和营业税的问题，税法作了具体规定。

①建筑业务征税问题

基本建设单位和从事建筑安装业务的企业附设的工厂、车间生产的水泥预制构件、其他构件或建筑材料,用于本单位或本企业的建筑工程的,应在移送使用时征收增值税。但对其在建筑现场制造的预制构件,凡直接用于本单位或本企业建筑工程的,征收营业税,不征收增值税。

②邮电业务征税问题

集邮商品的生产征收增值税。

邮政部门(含集邮公司)销售集邮商品,应当征收营业税;邮政部门以外的其他单位与个人销售集邮商品征收增值税。邮政部门发行报刊征收营业税,其他单位与个人发行报刊征收增值税。

电信单位自己销售电信物品,并为客户提供有关的电信劳务服务的,征收营业税,对单纯销售无线寻呼机、移动电话等不提供有关的电信劳务服务的,征收增值税。

③服务业的征税问题

代购代销货物本身的经营活动属于购销货物,在其经营过程中,货物实现了有偿转让,应属增值税的征收范围。代购代销中发生营业税不是针对货物有偿转让的经营业务,而是针对代理者为委托方提供的代购或代销的劳务行为征税。代购货物是指受托方按照协议或委托方的要求,从事商品的购买,并按发票购进价格与委托方结算(原票转交)。受托方在代购货物后并按购进额收取了一定的手续费。这就是受托方为委托方提供劳务而取得的报酬,并征收营业税。一般来说,代购货物行为,凡同时具备以下条件,不论会计上如何进行账务处理,均应征收营业税:

第一,受托方不垫付资金;

第二,销货方将增值税专用发票开具给委托方,并由受托方将该项发票转交给委托方;

第三,受托方按代购实际发生的销售额和增值税额与委托方结算货款,并另收取手续费。

【案例 4-1】 某电机厂委托某贸易公司代购原材料,事先预付款项 100 万元。该贸易公司代购原材料后,将销货方开具给电机厂的增值税专用发票原票转交,并按实际购进价格向电机厂结算,价税合计金额 93.6 万元。该贸易公司另向电机厂结算应收取的 4% 的手续费 3.744 万元,并单独开具给电机厂劳务发票。这 3.744 万元的手续费即为营业税的征税范围。

需要注意的是,若贸易公司将增值税专用发票不转交电机厂,先购进原材料,增值税专用发票自留,并照原购进发票的原价,另外用本公司的增值税专用发票填开给电机厂,同时再按原协议收取手续费。这种情况下,贸易公司的代购行为变成了自营材料行为,所收取的手续费属于销售货物时所收取的价外费用,应当并入货物的销售额征收增值税。

代销是指受托方按委托方的要求销售委托方的货物,并收取手续费的经营活动。仅就销售货物环节而言,它与代购一样也属增值税的征收范围。但受托方以委托方的名义,从事销售委托方的货物的活动,对代销货物发生的质量问题以及法律责任,都由委托方负责。受托方这样为委托方提供代销货物业务的劳务所取得的手续费,征收营业税。

④商业企业向货物供应方收取的部分费用征收流转税的问题

自2004年7月1日起,对商业企业向供货方收取的与商品销售量、销售额无必然联系,且商业企业向供货方提供一定劳务的收入,如进场费、广告促销费、上架费、展示费、管理费等,不属于平销返利,不冲减当期增值税进项税额,应按营业税的适用税目税率(5%)征收营业税。商业企业向供货方收取的各种收入,一律不得开具增值税专用发票。

【案例4-2】　某汽车运输公司20××年8月份货运收入360000元,同时收取装卸费等价外费用44000元;另外与另二货运公司签订联运协议,规定联运收入由双方各占50%。8月份联运收入为220000元,已取得联运单位开来的发票,计算该公司8月份应税营业额。

应税营业额 $= 360000 + 44000 + (220000 \times 50\%) = 514000$(元)

【案例4-3】　某建筑安装工程公司承建办公楼一栋,该公司将土建工程分包给某建筑公司:协议约定分包费1820000元;装饰及安装工程由本公司自行施工。该工程于当年竣工并通过验收,取得工程结算收入2860000元,计算该公司应税营业额。

应税营业额: $2860000 - 1820000 = 1040000$(元)

【案例4-4】　某银行对外贷款5亿元,贷款利率6%,其中自有资金贷款4.5亿元,外汇转贷贷款0.5亿元,其借入资金年利率5%。计算该银行应税营业额。

应税营业额 $= 450000000 \times 6\% + 50000000 \times (6\% - 5\%) = 2750$(万元)

【案例4-5】　西江旅行社20××年9月共取得旅游收入430000元。其中境外旅游收入146000元,出境时改由境外旅行社接团,支付费用76000元;境内旅游收入284000元,代付旅客交通费48000元,食宿费112000元,门票10400元。计算该旅行社9月份应税营业额。

应税营业额: $430000 - 76000 - 48000 - 112000 - 10400 = 183600$(元)

二、纳税地点和纳税申报

（一）纳税地点

营业税的纳税地点原则上采取属地征收的办法,就是纳税人在经营行为发生地缴纳应纳税款。具体规定如下:

1. 纳税人提供应税劳务,应当向应税劳务发生地的主管税务机关申报纳税。

纳税人从事运输业务的,应当向其机构所在地主管税务机关申报纳税。

2. 纳税人转让土地使用权,应当向土地所在地主管税务机关申报纳税。

纳税人转让其他无形资产,应当向其机构所在地主管税务机关申报纳税。

3. 单位和个人出租土地使用权、不动产的营业税纳税地点为土地、不动产所在地,单位和个人出租物品、设备等动产的营业税纳税地点为出租单位机构所在地和个人居住地。

4. 纳税人销售不动产,应当向不动产所在地主管税务机关申报纳税。

5. 纳税人提供的应税劳务发生在外县(市),应向应税劳务发生地的主管税务机关申报纳税;如未向应税劳务发生地申报纳税的,由其机构所在地或者居住地主管税务机关申报纳税。

6. 纳税人承包的工程跨省、自治区、直辖市的,向其机构所在地主管税务机关申报纳税。

7. 各航空公司所属分公司,无论是否单独计算盈亏,均应作为纳税人向分公司所在地主管税务机关申报纳税。

8. 纳税人在本省、自治区、直辖市范围内发生应税行为,其纳税地点需要调整的,由省、自治区、直辖市人民政府所属税务机关确定。

9. 建筑业纳税人以及扣缴义务人应按照下列规定确定建筑业营业税的纳税地点:

(1) 纳税人提供建筑业应税劳务,其营业税的纳税地点为建筑业应税劳务的发生地。

(2) 纳税人从事跨省工程的,应向其机构所在地主管税务机关申报纳税。

(3) 纳税人在本省、自治区、直辖市和计划单列市范围内提供建筑业应税劳务的,其纳税地点需要调整的,由省、自治区、直辖市和计划单列市税务机关确定。

(4) 扣缴义务人代扣代缴的建筑业营业税税款的解缴地点为该工程建筑业应税劳务发生地。

(5) 扣缴义务人代扣代缴跨省工程的,其建筑业营业税税款的解缴地点为被扣缴纳税人的机构人的机构所在地。

（6）纳税人提供建筑业劳务，应按月就其本地和异地提供建筑业应税劳务取得的全部收入向其机构所在地主管税务机关进行纳税申报，就其本地提供建筑业应税劳务取得的收入缴纳营业税；同时，自应申报之月（含当月）起6个月内向机构所在地主管税务机关提供其异地建筑业应税劳务收入的完税凭证，否则，应就其异地提供建筑业应税劳务取得的收入向其机构所在地主管税务机关缴纳营业税。

10．在中华人民共和国境内的电信单位提供电信业务的营业税纳税地点为电信单位机构所在地。

11．在中华人民共和国境内的单位提供的设计（包括在开展设计时进行的勘探、测量等业务）、工程监理、调试和咨询等应税劳务，其营业税纳税地点为单位机构所在地。

12．在中华人民共和国境内的单位通过网络为其他单位和个人提供培训、信息和远程调试、检测等服务的，其营业税纳税地点为单位机构所在地。

（二）纳税期限

1．营业税的纳税期限，分别为5日、10日、15日或者1个月。

纳税人的具体纳税期限，由主管税务机关根据纳税人应纳税额的大小分别核定；不能按照固定期限纳税的，可以按次纳税。

纳税人以1个月为一期纳税的，自期满之日起10日内申报纳税；以5日、10日、15日为一期纳税的，自期满之日起5日内预缴税款，于次月1日起10日内申报纳税并结清上月应纳税款。

2．扣缴义务人的解缴税款期限，比照上述规定执行。

3．金融业（不包括典当业）的纳税期限为一个季度，自纳税期满之日起10日内申报纳税。其他纳税人从事金融业务，应按月申报纳税。

4．保险业的纳税期限为1个月。

（三）纳税申报资料

营业税纳税人均应报送以下资料：

1．《营业税纳税申报表》（见附件）；

2．按照本纳税人发生营业税应税行为所属的税目，分别填报相应税目的营业税纳税申报表附表（见附件）；同时发生两种或两种以上税目应税行为的，应同时填报相应的纳税申报表附表；

3．凡使用税控收款机的纳税人应同时报送税控收款机IC卡；

4．主管税务机关规定的其他申报资料。

纳税申报资料的报送方式、报送的具体份数由省一级地方税务局确定。

第三节 营业税的纳税筹划

一、利用计税依据进行筹划

营业税的应交税额采用从价计税,即根据营业额乘以税率计算所得。因此,对于营业额和税率的确定直接会影响应交的营业税。

（一）营业额的筹划

营业税是根据不同行业的收入来确定的。因此,对营业额的筹划可以根据行业的特征来确定。

【案例 4-6】 某房产公司 20×8 年一季度营业收入 6000 万元,各项代收款项 1500 万元,手续费收入 75 万元(按代收款项的 5％计算)。营业税率 5％,城市维护建设税率 7％,教育费附加征收率 3％。

企业在本季度要缴纳的税金为:

应纳营业税＝(6000＋1500＋75)×5％＝378.75(万元)

应纳城市维护建设税和教育费附加＝378.75×10％＝37.875(万元)

合计缴纳税金＝378.75＋37.875＝416.625(万元)

企业老总认为房产公司替别人代收的款项公司也要缴纳税金,觉得非常冤枉。因此,要求财务部门想办法进行筹划合法节税。财务部门向税务专家咨询,税务专家要求房产公司应将各项代收款分离出去转由另一家物业管理公司收取。财务部门将税务专家的方案分析给老总,老总认为该方案可接受。试分析财务部门如何将税务专家的方案分析给老总,让老总接受。

分析:

根据财政部、国家税务总局《关于营业税若干政策问题的通知》(财税〔2003〕16 号)规定、《关于物业管理公司的代收费用有关营业税问题的通知》(国税发〔1998〕217 号)的规定:物业管理企业代有关部门收取的水费、电费、燃气费、维修基金、房租的行为属于代理业务,不交营业税;但对其从事此项代理业务收取的手续费收入应当征收营业税。所以,房产公司应将各项代收款分离出去转由另一家物业管理公司收取。这样,企业要缴纳的税金则为:

房产公司:

应纳营业税＝6000×5％＝300(万元)

应纳城市维护建设税和教育费附加＝300×10％＝30(万元)

房产公司合计纳税＝300＋30＝330(万元)

物管公司:

应纳营业税＝75×5％＝3.75(万元)

应纳城市维护建设税和教育费附加＝3.75×10％＝0.375(万元)

物管公司合计纳税＝3.75＋0.375＝4.125(万元)

两公司总计应纳税额＝330＋4.125＝334.125(万元)

筹划后比筹划前节约了税额＝416.625－334.125＝82.5(万元)

点评:

(1) 营业额是营业税的计税依据,是纳税人提供应税劳务、转让无形资产或销售不动产向对方收取的全部价款和价外费用。价外费用包括纳税人境内提供应税劳务、转让无形资产和销售不动产向对方收取的手续费、基金、集资费、代收款项、代垫款项及其他各种性质的价外收费。凡属价外费用,无论会计制度如何核算,均应并入营业额计算应纳税额。因此,进行该营业额的筹划在房产公司内部中无法进行,只有将其代收款项的价外收费分离出去,才能达到减少计税依据的目的。

(2) 房产公司代收款项的价外收费不是房产公司的营业收入,因此,分离出去不属于企业减少收入;另一方面,税法又规定:从事物业管理的单位,以与物业管理有关的全部收入减去代业主支付的水、电、燃气以及代承租者支付的水、电、燃气、房屋租金的价款后的余额为营业额。这样,利用税款的相关规定,合法合理地规避了这部分代收款项的税额。

(3) 房产公司代收款项的价外收费是分离出去由另一家物业管理公司收取,还是由房产公司自己成立关联的物业公司收取,两者筹划的原理是一致的,只是由房产公司的规模和业务性质、资金情况决定。

【案例 4-7】　广州某策划公司的主要业务是帮助全国客商在广州举办各种展销会,该策划公司是一家中介服务公司。20×7 年 10 月,该策划公司租用广州某展览馆举办了为期两天的全国汽车配件展销会,吸引了 100 家客商参展,对每家客商收费 5 万元,营业收入共计 500 万元。在收到的展费中有 100 万元要作为租金付给展览馆。试问该策划公司如何向客商收费对策划公司有利?

方案一:策划公司向每户客商收取展销费 5 万元,并开具服务业发票。然后,再将展费中的 100 万元作为租金付给广州某展览馆。

方案二:策划公司向每户客商收取展销费 4 万元,被租用的广州某展览馆向每户客商收取展销费 1 万元,分别开具了服务业发票。

分析:

方案一:

策划公司收取展销费属于中介服务的"服务业"税目,应纳营业税:

500×5％＝25(万元)

策划公司收到的 500 万元中的展销费的 100 万元尽管要付给展览馆做租

金,但缴纳营业税时,租金100万元不能减扣。

展览馆收到100万元租金后,属于租赁服务的"服务业"税目仍要纳营业税:

$100 \times 5\% = 5$(万元)

两个公司共计交税$= 25 + 5 = 30$(万元)

方案二:

策划公司收取展销费属于中介服务的"服务业"税目,应纳营业税:

$400 \times 5\% = 20$(万元)

展览馆收到100万元租金后,属于租赁服务的"服务业"税目仍要纳营业税:

$100 \times 5\% = 5$(万元)

两个公司共计交税$= 20 + 5 = 25$(万元)

通过上述分析,策划公司应该向每位客商只收取4万元的展销费;另外1万元应由被租用的展览馆收取,这样,可以节约税收。

点评:

(1)营业税属于流转税,营业税的纳税环节是在销售环节,即在每一个流转环节都要征收营业税。企业应尽可能减少其流转的环节,从而减少完成整个流转环节的营业税总额。

(2)对于这种营业税的筹划,事实上是减少营业税的计税依据,因此,企业可以通过减少流转环节来减少营业额,即如果第一个纳税人收取的营业额,要将其中的一部分款项再转付第二个、第三个纳税人的,而且又不能抵扣第一个纳税人的营业额,如策划公司全额向客户收取的展销费收入;猎头公司向用人单位全额(包括要支付给被用人才的工资和支付给猎头公司的中介费)收取的收入,则应采取分解营业额,让客户分别向第一纳税人、第二或第三纳税人缴费,这样就会使纳税情况发生变化,减少第一纳税人的营业额,从而达到节税的目的。

（二）利用税率筹划

营业税税率有3%,5%和$5\% - 20\%$三档,企业要进行筹划,就要尽可能把某些业务通过组织活动的改变,使承担高税率的义务转化为承担低高税率的义务,从而使企业少交营业税。如工程承包与建设单位是签订建筑承包合同还是签订服务合同,所承担的营业税的税目是不同的,因为建筑业适用的税率是3%,服务业适用的税率是5%。因此,企业在签订合同时要利用税率不一致来进行纳税筹划。

【案例4-8】 建设单位B有一工程需找一施工单位承建。在工程承包公司A的组织安排下,施工单位C最后中标,于是,B与C签订了承包合同,合同金额为30000万元。另外,建设单位B还支付给A企业100万元的服务费用。建筑业营业税率3%,服务业营业税率5%。试问A企业如何筹划可以节约税收。

筹划前:

A 企业应纳营业税＝100×5％＝5(万元)

筹划后：

由于建筑业营业税率 3％,服务业营业税率 5％,现在 A 企业进行筹划,让建设单位 B 直接和自己签订合同,金额为 30100 万元。然后,A 企业再把该工程分包给施工单位 C。完工后,A 企业向施工单位 C 支付价款 30000 万元。

A 应缴纳营业税(30100－30000)×3％＝3(万元)

少缴 2 万元税款。

点评:

(1) A 企业就是利用建筑业和服务业的税率差异进行筹划的。筹划前,A 企业没有与建设单位签订建筑合同,也没有与施工单位 C 签订分包合同,只是负责工程的组织协调。A 企业只是从建设单位处获取了 100 万元的服务佣金,因此 A 企业获取的 100 万元的服务佣金必须按服务业缴纳营业税。

(2) 筹划后,A 企业与建设单位 B 签订的是建筑合同,尽管 A 企业随后又与 C 施工单位签订建筑分包合同,但现行税法规定:建筑业的总承包人将工程分包给他人,以工程的全部承包额减去付给分包人的价款后的余额为营业额。因此,A 企业按建筑业税率 3％,营业额按(30100－30000)万元计税,这样,就降低了A 企业的营业税率及营业税。

二、合同签订方式的筹划

对于从事建筑、修缮、装饰工程作业,无论与对方如何核结算,营业额均包括工程所用原材料及其他物资和动力的价款。从事安装工程作业,安装设备价值作为安装工程产值的,营业额包括设备的价款。纳税人采用清包工形式(工程所需的主要原材料和设备由客户自行采购,纳税人只向客户收取人工费、管理费和辅助材料等)提供的装饰劳务,按照其向客户实际收取的人工费、管理费和辅助材料等收入(不含客户自行采购的材料价款和设备价款)确认计税营业额。因此,从事安装工程作业的企业和采用清包工形式提供的装饰劳务在签订合同时就必须注意其合同的签订来合理地节约税收。

(一)合理的材料供应和设备采购方式

【案例 4-9】 某安装企业承包基本建设单位发电设备的安装工程,原计划由安装企业提供设备并负责安装,工程总价款为 50000 万元。后安装企业经税务筹划后,决定改为只负责安装业务,收取安装费 500 万元,设备由建设单位自行采购提供。

安装企业提供设备应纳营业税＝50000×3％＝1500(万元)

安装企业不提供设备应纳营业税＝500×3％＝15(万元)

通过纳税筹划后节约营业税＝1500－15＝1485(万元)

【案例 4-10】　某项建筑工程总造价是 1000 万元,其中原材料部分 700 万元,由基本建设单位提供,施工单位提供的应税劳务为 300 万元。这里,施工单位的计税营业额是 1000 万元,而非 300 万元。税法之所以这样规定,主要是防止纳税人将"包工包料"的建筑工程,改为以基本建设单位的名义购买原材料,从而逃避营业税收。

【案例 4-11】　建设单位 B 拟请建筑企业 A 建造一幢房屋。有两种方案:

方案一:包工不包料,材料由建设单位 B 来购买,价值 2000 万元。建筑施工企业 A 只负责施工,总承包价为 3000 万元。

方案二:包工包料,由于施工企业 A 熟悉建材市场,能以低价买到质优的材料,以 1500 万元的价款买到了所需建材,同时总承包价款为 4500 万元。

试问建筑施工企业应选择哪种方案?

方案一:包工不包料

尽管建设单位购买建筑材料,建筑施工企业包工不包料。建筑施工企业仍然按工程总预算计算营业额。故:

建筑施工企业 A 应纳营业税＝(2000＋3000)×3％＝150(万元)

方案二:包工包料

建筑施工企业也是按工程总预算计算营业额。则:

建筑施工企业 A 应纳营业税＝4500×3％＝135(万元)

方案二比方案一节约税收＝150－135＝15(万元)

点评:

(1)《营业税暂行条例》规定,从事建筑、修缮、装饰工程作业,无论与对方怎样结算,营业额均包括工程所用原材料及其他物资和动力的价款。因此,纳税人可以通过控制工程原料的预算开支,减少应计税营业额。如案例 4-10 就无法采取包工不包料或包工包料等形式来节约税收;只有在案例 4-11 中,建筑施工企业通过熟悉建材市场,能以低价买到优质的材料,控制工程原料的预算开支,才能减少应计税营业额,才能节约营业税。

(2)《营业税暂行条例》规定,从事安装工程作业,凡所安装的设备的价值作为安装工程产值的,营业额包括设备价款。因此,建筑安装企业在从事安装工程作业时,应尽量不将设备价值作为安装工程产值,可由建设单位提供机器设备,建筑安装企业只负责安装,取得的只是安装费收入,使得营业额中不包括所安装设备价款,从而达到节税的目的。如案例 4-9 经过筹划,安装企业只负责安装业务,不包括安装设备的价值,这就使得计税依据的营业额减少,从而少交营业税。

(3)纳税人筹划时应该特别注意区分从事建筑施工作业和安装工程作业,采取包工包料或包工不包料是有区别的;签订包工不包设备,对于安装工程作业是可以节约税收的;但对于建筑施工作业来说,签订包工包料或包工不包料的合同,其营业额计算结果是一样的,因此,要节约建筑施工企业的营业税,只有控制工程原料的预算开支,控制营业额才能节约营业税。

（二）不动产销售的筹划

企业在实际生活中越来越多地遇到债务人资金周转不灵,以物抵债来解决债务问题。但进行这些债务重组问题往往会引起一定的税负,那么,企业如何操作或筹划才能使税负降到最低或者没有,使得债权最大额或全额收回。

【案例 4-12】 甲公司购买乙公司的一条输油管道,管道的公允价值为 1000 万元。由于涉及税种较多,企业聘请专业的税务人员为其进行纳税筹划。税务人员提出如下安排:首先由甲公司与乙公司双方签订投资协议,乙公司以输油管道投资到甲公司,换取甲公司的 10% 的股权;然后待条件成熟后,甲公司再以 1000 万元的价格回购乙公司所持有的甲公司股权。这样就不会涉及营业税。

点评:

（1）按照现行营业税的规定,以无形资产和不动产投资入股、参与投资方的利润分配,共担风险的行为不征营业税,投资以后再转让股权的,也不征营业税。因此,乙公司对甲公司的投资一定要参与接受投资方利润分配,共同承担投资风险。

（2）由于不动产的增值可能要面临着企业所得税问题,所以在这种情况下,最好能够结合企业所得税的相关规定,将投资行为处理为特殊性的重组,以享受企业所得税的税收优惠政策。

三、利用营业税的税收优惠政策

（一）合作建房

在现实经营过程中,由于银行银根收紧,许多房地产企业采取了合作建房。但合作方式不一,直接会影响到合作双方的税收。目前合作的方式主要有:

其一,一方（甲方）提供土地使用权,另一方（乙方）提供资金,房屋建成后,各分得一半。这种合作方式,甲方以转让部分土地使用权为代价,换取部分房屋的所有权,发生了转让土地使用权的行为;乙方则以转让部分房屋的所有权为代价,换取了部分土地的使用权,发生了销售不动产的行为。因此,这种合作建房甲乙双方都发生了营业税的应税行为。

其二,一方（甲方）出租土地使用权给乙方若干年,另一方（乙方）投资在甲方出租的土地上建造建筑物并使用,租赁期满后,乙方将土地使用权连同所建的建筑物归还甲方。这种合作方式,乙方是以建筑物为代价换取了若干年的土地使用权,甲方是以出租土地使用权为代价换取了建筑物,甲方发生了出租土地使用权的行为,按"服务业的租赁业"征收营业税,乙方发生了销售不动产的行为,对其按"销售不动产"征收营业税。

其三,一方(甲方)以土地使用权投资入股,另一方(乙方)以货币合股,成立合营企业,合作建房。房屋建成后,双方风险共担、利润共享。对双方分得的利润不征营业税,只对合营企业销售房屋的收入按"销售不动产"征收营业税。

其四,一方(甲方)以土地使用权投资入股,另一方(乙方)以货币合股,成立合营企业,合作建房。房屋建成后,甲方按销售收入一定比例提成。甲方按"转让无形资产"征税。合营企业则按"销售不动产"征收营业税。

以上几种常见的合作方式下,企业可根据自身情形选择合作方式来节约税额。

【案例 4-13】 现有甲乙双方两个企业拟合作建房,甲方提供土地使用权,乙方提供资金,甲乙双方约定房屋建成后,双方均分;房屋完工评估的房屋价值大概 10000 万元。但考虑到合作建房可能涉及的税收问题,甲乙双方财务总监进行了商讨,决定进行纳税筹划。即甲方以土地使用权,乙方以货币资金合股成立合营企业,合作建房,房屋建成后双方采取风险共担、利润共享的分配方式来节约税额。试讨论纳税筹划前后各方应缴纳的营业税额。

筹划前:

甲方以转让部分土地使用权为代价,换取部分房屋的所有权,发生了转让土地使用权的行为 5000 万元。

甲方应缴纳的营业税 = 5000 × 5% = 250(万元)

乙方以转让部分房屋的所有权为代价,换取了部分土地的使用权,发生了销售不动产的行为 5000 万元。

乙方应缴纳的营业税 = 5000 × 5% = 250(万元)

筹划后:

甲方以土地使用权投资入股,不征营业税;乙方以货币资金投资入股,也不征营业税。房屋建成后合营企业销售房屋的收入按"销售不动产"征收营业税。甲乙双方从合营企业分得的税后利润不缴税。

【案例 4-14】 某房地产企业甲现拥有土地资源和商务楼项目,目前急需开发资金。而某实业企业乙拥有雄厚的资金,准备进军房地产行业。鉴于对房地产开发市场不了解,乙准备先与甲合作,以获取房地产市场开发的经验。由于乙对房地产市场不是很了解,担心合作方式不当会影响企业利润的分配和资金的抽回,于是,向税务顾问咨询。税务顾问提出了三种合作的方案供乙企业选择。

方案一:甲企业出土地使用权 1000 万元,乙企业出货币资金 1000 万元合作开发商务楼项目,乙企业 1 年后收回货币资金并获取 100 万元的利润;

方案二:乙企业将资金 1000 万元出借给甲企业,1 年后收回本息 1100 万元;

方案三:甲企业以土地使用权 1000 万元投资入股,乙企业以货币资金 1000

万元投资入股成立合营企业,合作建房,房屋建成后双方采取风险共担、利润共享的分配方式。乙企业 1 年后分回税后利润 100 万元。

试分析三种方案的营业税额,从节税角度乙企业应决策选取哪种方案?

分析:

方案一:乙企业 1 年后收回货币资金并获取 10% 的利润,相当于乙企业将出资 1000 万元合作所建的房屋出售给了甲企业,因此乙企业应按出售收入缴纳营业税。

乙企业应缴纳营业税 $= 1100 \times 5\% = 55$(万元)

方案二:乙企业将资金 1000 万元出借给甲企业,1 年后收回本息 1100 万元,相当于乙企业将 1000 万元资金出借给甲企业,收到利息 100 万元,乙企业应按利息收入缴纳营业税。

乙企业应缴纳营业税 $= 100 \times 5\% = 5$(万元)

方案三:甲乙企业各自投资入股成立合营企业,合作建房,房屋建成后双方采取风险共担、利润共享的分配方式。根据税法规定:以无形资产投资入股、参与接受投资方的利润分配、共同承担风险的行为,不征收营业税。因此,乙企业以货币资金 1000 万元投资入股成立合营企业,合作建房,不用缴纳营业税。乙企业 1 年后分回税后利润 100 万元,也不用缴纳营业税。

从三种方案的比较来看,方案三最节税,方案二次之,方案一缴税最多。

点评:

(1) 从节税的角度应该选择方案三,充分使用了税收优惠政策。但方案三却存在着较大的风险,倘若合作伙伴没选择好,乙企业很容易造成被动。资金投入到合营企业,若乙企业又没参与管理,合作伙伴会以企业亏损或资金占用等途径不进行利润分配,不同意接受投资股转让等致使乙企业本利无收。因此,要选择该方案,必须合作伙伴很可靠,才能使用。否则,宁愿多缴税,也比本利无收好。

(2) 方案二不失为一个好方案。因为从乙企业来讲,方案二资金风险小,而且要获取房地产开发经验,可以以控制资金使用为名参与合营企业的管理。这样,既能保证资金安全,又能积累房地产开发经验。但值得注意的是,乙企业借给合营企业资金时,借贷利率不得违反国家有关限制借款利率的规定(民间借贷的利率可以适当高于银行的利率,各地人民法院可根据本地区的实际情况具体掌握,但最高不得超过银行同类贷款利率的 4 倍(包含利率本数)。超出此限度的,超出部分的利息不予保护;企业所得税法规定:债务人税前允许列支的借贷利率不能高于或低于银行及金融机构的同期贷款利率。否则,借贷合同不受法律保护,债务人多出的利息也不允许税前列支。

(3) 方案一相当于乙企业将投资 1000 万元的货币资金建成的房屋以 1100

万元转让给了甲企业,因此,获取转让收入全部要缴营业税,没有任何节税。

(二)合理利用承包的免税政策

在现实生活中,有许多企事业单位的后勤部门往往承包或租赁给单位内部职工或其他人经营。对于承包人或租赁人是否与出包、出租企业分开纳税还是合在一起交税,要根据承包或租赁人与出包、出租企业的具体情况来确定。因此,纳税人可根据具体的规定来合理避税。

【案例4-15】 某医院将其所属的一栋酒楼出包,该酒楼房产原值为400万元,高校职工赵某经过竞标以年承包费40万元获得4年承包权,按双方事先约定,赵某在财务上独立核算,享有独立的经营权。假定营业税率5%,城建税率和教育费附加费率分别为7%和3%。

刚开始第一年,赵某以其家人名义领取了营业执照,办理了税务登记。该年医院酒楼应要按租赁收入的5%缴纳的营业税,按租赁收入的12%缴纳房产税等。

医院酒楼财务经理与认识的税务顾问闲聊中无意中得知,承包人赵某若不办理独立营业执照,只办理分支机构税务登记,改上交租金为上交利润,仍以医院酒楼名义对外经营,可以节约许多税收。试站在医院酒楼的角度分析,承包人赵某办理或不办理独立营业执照对医院酒楼的税收有何影响。

第一种方案:第一年承包人领取了营业执照,第一年承包人赵某应交纳医院酒楼承包费40万元,则:

医院酒楼按租赁收入的5%缴纳的营业税=40×5%=2(万元)

医院酒楼按租赁收入的12%缴纳的房产税=40×12%=4.8(万元)

医院酒楼应缴纳的城建税和教育费附加=[2×(3%+7%)]=0.2(万元)

承包人赵某以其家人名义领取了营业执照,医院酒楼共计要缴纳税额=7(万元)

第二种方案:承包人赵某注销了以家人名义成立的公司,而是以医院酒楼分支机构的名义成立了分公司,这样,医院酒楼向承包人赵某提供房产所收取的各种名目的价款,均属于企业内部分配行为,不属于租赁行为。医院酒楼每年只需按房产原值缴纳房产税,即:

医院酒楼按拥有的房产缴纳房产税=400×(1-30%)×1.2%=3.36(万元)

通过筹划,每年医院酒楼可节约房产税为7-3.36=3.64(万元)。

由本例可以看出:

第一,分支机构和子公司是有区别的,分支机构非法人,子公司为独立法人,它与母公司分开来独立承担税收。

第二,医院酒楼的筹划也适用于其他企事业单位等发生与医院酒楼同种承包方式的筹划。

点评：

承包人赵某以其家人名义领取了营业执照,办理了税务登记。则根据《关于企业出租不动产取得固定收入征收营业税问题的批复》(国税函〔2001〕78号)规定,企业以承包或承租形式,将资产提供给内部职工经营,在企业不提供产品、资金,只提供门面、货柜及其他资产,并收取固定的管理费、利润或其他名目的价款的前提下,如果承包者或承租者领取了营业执照,企业属于出租不动产和其他资产,不论款项名称如何,均属于从事租赁业务取得的收入,应缴纳营业税、城建税和教育费附加,属房屋出租的还应缴纳出租房产税。

第四节　营业税的会计处理

一、营业税会计账户的设置

由于营业税涉及的行业和业务类型较多,应根据不同情况设置和使用账户,主要涉及以下账户：

(一)"应交税费——应交营业税"账户

该账户核算各类企业应缴纳的营业税。月末,企业按规定计提应缴纳的营业税时,记入贷方,实际缴纳营业税时,记入借方;期末贷方余额,表示尚未缴纳的营业税。

(二)"营业税金及附加"账户

该账户核算企业经营活动发生的营业税、消费税、城市维护建设税、资源税及教育费附加等相关税费。因此,企业按规定计算确定的与主营业务收入相关的应交营业税,记入该账户的借方,收到退回的营业税时,记入其贷方,期末,将该账户的余额转入"本年利润"账户,结转后无余额。

(三)"固定资产清理"账户

该账户用于核算企业销售、报废、毁损等转出的固定资产。企业销售已使用过的不动产的成本转入、发生清理费用、计提出售不动产的营业税和结转出售不动产的净收益时,记入该账户的借方,取得出售不动产收入和结转出售不动产净损失记入该账户贷方。

二、运输企业营业税的会计处理

运输企业实际取得的客运收入、货运收入、装卸搬运收入以及其他运输业务收入和运输票价中包含的保险费收入等营业收入均为营业额。运输企业自我国境内运输旅客或货物出境,在境外改由其他运输企业承运的,以全程运费减去付给该承运企业的运费后的余额为应税营业额;从事联运业务的运输企业,其营业额应为实际取得的营业额。所以,企业在取得全程运费后,借记"银行存款"等账户,对于本企业应确认的收入,贷记"主营业务收入"账户,应支付给其他企业的运费,贷记"其他应付款"账户;支付给其他企业运费时,借记"其他应付款"账户,贷记"银行存款"账户,计算应缴纳的营业税时,借记"营业税金及附加"账户,贷记"应交税费——应交营业税"账户。

【案例 4-16】 某运输企业运输一批货物到国外某地,收取全程运费 1500000 元,货物到达该国境内后,改由该国铁路运输至目的地,支付国外承运企业运费 200000 元。该企业有关的会计处理如下:

(1)确认收入时

借:银行存款		1500000
贷:主营业务收入		1300000
其他应付款		200000

(2)计提营业税时

借:营业税金及附加		39000
贷:应交税费——应交营业税		39000

(3)支付国外承运部门运费时

借:其他应付款		200000
贷:银行存款		200000

二、建筑业营业税的会计处理

从事建筑、修缮、装饰工程作业,无论与对方如何结算,其营业额均应包括工程材料所用原材料的价款。即使由对方提供原材料,在工程结算收入中未包括材料成本,但计税时材料成本仍应包括在营业额中。从事安装工程作业的,凡所安装的设备价值作为安装工程产值的,营业额包括设备的价款。总承包人收到承包款项时,借记"银行存款"账户,扣除应付给分承包人的部分,贷记"主营业务收入"账户,应付给分包人的部分,贷记"应付账款"账户。根据扣除后的工程结算收入计算的应交税费,借记"营业税金及附加"账户和"应付账款"账户,贷记"应交税费——应交营业税"账户。

【案例 4-17】 甲建筑工程公司 20×1 年 5 月份承包一项工程,工期 6 个月,工程总造价为 8000000 元。其中,装修工程 2000000 元,分包给丁公司承建。该建筑公司完成工程累计发生合同成本 5500000 元。该项目当年如期完工。甲建筑工程公司会计处理如下:

(1)甲建筑公司实际发生成本费用时

借:工程施工——合同成本　　　　　　　　　　　　　　　　　　　5500000

　　贷:原材料、应付职工薪酬、机械作业等　　　　　　　　　　　5500000

（2）向业主结算合同价款时

借:应收账款　　　　　　　　　　　　　　　　　　　　　　　　8000000

　　贷:工程结算　　　　　　　　　　　　　　　　　　　　　　8000000

（3）收到合同价款时

借:银行存款　　　　　　　　　　　　　　　　　　　　　　　　8000000

　　贷:应收账款　　　　　　　　　　　　　　　　　　　　　　8000000

（4）计提营业税金及代扣营业税时

计提营业税＝（8000000－2000000）×3％＝180000（元）

借:营业税金及附加　　　　　　　　　　　　　　　　　　　　　180000

　　贷:应交税费——应交营业税　　　　　　　　　　　　　　　180000

（5）缴纳营业税时

借:应交税费——应交营业税　　　　　　　　　　　　　　　　　180000

　　贷:银行存款　　　　　　　　　　　　　　　　　　　　　　180000

三、房地产开发企业营业税的会计处理

　　房地产开发企业是经营房地产买卖业务的企业,其从事房地产开发、销售及提供劳务而取得的经营收入,应计算缴纳营业税。房地产开发企业自建自售时,其自建行为按建筑业 3％的税率计算营业税,出售建筑物按 5％的税率（"销售不动产"税目）计算营业税。

　　【案例 4-18】　某房产开发公司自行开发建筑的一幢写字楼本月竣工,建筑成本共计 5000 万元,本月出售 30％,取得收入 2000 万元。由于该公司不动产属自建出售,因此应按建筑业和销售不动产两个税目计算缴纳营业税,当地税务部门规定的建筑业成本利润率为 8％。该房地产开发公司计算应交营业税并作会计处理如下:

　　应交建筑业营业税额＝5000×（1＋8％）÷（1－3％）×3％＝167（万元）

　　应交售房营业税额＝2000×5％＝100（万元）

　　本期应交营业税合计＝167＋100＝267（万元）

　　有关会计分录:

　　（1）计提本期应交营业税时

借:营业税金及附加　　　　　　　　　　　　　　　　　　　　　2670000

　　贷:应交税费——应交营业税　　　　　　　　　　　　　　　2670000

　　（2）上缴本月营业税时

借:应交税费——应交营业税　　　　　　　　　　　　　　　　　2670000

  贷：银行存款   2670000

  房地产开发企业以经营房地产为其主营业务，税款缴纳办法可以采用按上月实缴额预缴，下月初结清上月税款的办法。

  【案例 4-19】 某房产公司 6 月份商品房销售收入 2200 万元，配套设施销售收入 520 万元，代建工程结算收入 400 万元。租金收入 280 万元。上月缴纳营业税税款为 96 万元。该房地产公司计算本月应交营业税并做会计处理如下：

  (1) 按上月实缴额，预缴本月营业税时

  借：应交税费——应交营业税   960000

    贷：银行存款   960000

  (2) 月末计算应交营业税时

  ①商品房销售、配套设施销售，因属"销售不动产"，按 5% 的税率计算应交营业税：

  $(2200＋520)×5\%＝136(万元)$

  ②代建工程结算收入，因属于建筑业，应按 3% 税率计算应交营业税：

  $400×3\%＝12(万元)$

  ③租金收入，因属"服务业"，按 5% 税率计算应交营业税：

  $280×5\%＝14(万元)$

  三项合计应交营业税＝136＋12＋14＝162(万元)

  借：营业税金及附加   1620000

    贷：应交税费——应交营业税   1620000

  (3) 下月初结清上月税款时

  应补缴税款＝162－96＝66(万元)

  借：应交税费——应交营业税   660000

    贷：银行存款   660000

  对预收售房款，年终如果满足收入确认条件的，转入"主营业务收入"；不能满足收入确认条件的，在资产负债表的"预收账款"中反映。

  【案例 4-20】 某房产开发公司预售商品房一批，收到预收房款 500 万元（按总售价 1000 万元的 50% 一次性收取），余款在交付商品房时结算。计算应交营业税并作会计处理如下：

  (1) 收到预收款时

  借：银行存款   5000000

    贷：预收账款   5000000

  (2) 按预收款上缴营业税时

  应交营业税＝500×5%＝25(万元)

  借：应交税费——应交营业税   250000

　　　　贷:银行存款　　　　　　　　　　　　　　　　　　　　250000

　　(3) 交付商品房,确认销售收入时

　　借:应收账款　　　　　　　　　　　　　　　　　10000000

　　　　贷:主营业务收入　　　　　　　　　　　　　　10000000

　　同时,计提应交营业税:

　　应交营业税＝1000×5%＝50(万元)

　　借:营业税金及附加　　　　　　　　　　　　　　　500000

　　　　贷:应交税费——应交营业税　　　　　　　　　　500000

　　(4) 结转预收账款及清缴尚欠营业税时

　　借:预收账款　　　　　　　　　　　　　　　　　5000000

　　　　贷:应收账款　　　　　　　　　　　　　　　　5000000

　　补缴税额＝50-25＝25(万元)

　　借:应交税费——应交营业税　　　　　　　　　　　250000

　　　　贷:银行存款　　　　　　　　　　　　　　　　250000

四、金融企业营业税的会计处理

　　金融企业贷款业务以利息收入为营业额,转贷业务以贷款利息收入减去利息支出的余额为营业额。在实际工作中,金融企业的贷款利息收入和借款利息支出是分别核算的,即按应税应收利息的全额计税;由于税法对逾期贷款应收未收利息的规定与会计准则、制度不同,企业既要按会计准则、制度规定正确记录,又要按税法规定正确计税,因此,企业还应设置"应收利息"备查簿,详细记录各项贷款应收利息的发生时间、金额、收到利息的时间及金额等。无论是贷款业务还是转贷业务,计算应缴营业税时,借记"营业税金及附加"账户,贷记"应交税费——应交营业税"账户。金融企业接受其他企业委托发放贷款,收到委托贷款利息时,记入"应付账款——应付委托贷款利息"账户,并根据收到的贷款利息减去委托贷款的手续费,计算代扣营业税,借记"应付账款——应付委托贷款利息"账户,贷记"应交税费——应交营业税"账户;实际代缴营业税与自己上缴营业税时,均是借记"应交税费——应交营业税"账户,贷记"银行存款"账户。

　　【案例 4-21】　某金融企业,营业税税率5%,某纳税期有关资料如下:

　　(1) 本期实际收到逾期90天以上的贷款利息7600元;

　　(2) 本期按时收到的贷款利息收入12000元;

　　(3) 前期已交营业税的应收未收利息4500元,90天后仍未收回;

　　(4) 逾期未满90天(含)的应收未收利息19000元;

　　(5) 逾期90天以上的应收未收利息8000元。

　　该金融企业有关会计处理如下:

（1）应交营业税的计算：

应税利息收入额＝7600＋12000＋19000－4500＝34100（元）

利息收入应交营业税＝34100×5％＝1705（元）

（2）会计分录如下：

①本期实际收到逾期90天以上的贷款利息时

借：活期存款　　　　　　　　　　　　　　　　　　　　　　7600

　　贷：利息收入　　　　　　　　　　　　　　　　　　　　7600

②本期按时收到的贷款利息收入

借：活期存款　　　　　　　　　　　　　　　　　　　　　　12000

　　贷：利息收入　　　　　　　　　　　　　　　　　　　　12000

③对90天后仍未收回的前期已缴营业税的应收未收利息,应作备查登记,不做会计处理。

④逾期未满90天（含）的应收未收利息

借：应收利息　　　　　　　　　　　　　　　　　　　　　　19000

　　贷：利息收入　　　　　　　　　　　　　　　　　　　　19000

⑤逾期90天以上的应收未收利息8000元,应冲减利息收入,并做备查登记。

借：应收利息　　　　　　　　　　　　　　　　　　　　　　8000

　　贷：利息收入　　　　　　　　　　　　　　　　　　　　8000

⑥本期应交营业税

借：营业税金及附加　　　　　　　　　　　　　　　　　　　1705

　　贷：应交税费——应交营业税　　　　　　　　　　　　　1705

五、旅游、饮食服务企业营业税的会计处理

旅游企业组织旅游团在境内旅游的,以收取的旅游费减去替旅游者支付给其他单位的房费、用餐费、交通费、门票和其他代付费用后的余额为营业额。根据计税营业额计算营业税时,借记"营业税金及附加"账户,贷记"应交税费——应交营业税"账户。上缴营业税时,借记"应交税费——应交营业税"账户,贷记"银行存款"账户。

【案例4-22】 某旅行社20×1年8月全部营业收入为500万元,其中代付的各项费用为120万元。计算应交营业税并作会计处理如下：

应交营业税额＝（5000000－1200000）×5％＝190000（元）

借：营业税金及附加　　　　　　　　　　　　　　　　　　　190000

　　贷：应交税费——应交营业税　　　　　　　　　　　　　190000

饮食服务企业的营业税以营业额为依据。根据计税营业额计算营业税时，借记"营业税金及附加"账户，贷记"应交税费——应交营业税"账户。上缴营业税时，借记"应交税费——应交营业税"账户，贷记"银行存款"账户。

【案例4-23】　某饭店8月份取得营业收入如下：客房收入50万元，写字楼营业收入14万元，餐厅营业收入22万元，饭店洗衣房收入4万元，饭店所属舞厅收入12万元，柜台食品饮料收入5万元，康乐收入15万元。当地规定娱乐业营业税税率20%。计算应交营业税并作会计处理如下：

（1）应交营业税的计算：

客房收入应缴纳的营业税＝500000×5%＝25000（元）

写字楼收入应缴纳的营业税＝140000×5%＝7000（元）

餐厅收入应缴纳的营业税＝220000×5%＝11000（元）

洗衣房收入应缴纳的营业税＝40000×5%＝2000（元）

舞厅收入应缴纳的营业税＝120000×20%＝24000（元）

柜台食品饮料收入应缴纳的营业税＝50000×5%＝2500（元）

康乐收入应缴纳的营业税＝150000×20%＝30000（元）

应缴纳的营业税总额＝101500（元）

（2）会计分录如下：

借：营业税金及附加　　　　　　　　　　　　　　　　　101500

　　贷：应交税费——应交营业税　　　　　　　　　　　101500

实际上缴税金时

借：应交税费——应交营业税　　　　　　　　　　　　　101500

　　贷：银行存款　　　　　　　　　　　　　　　　　　101500

六、租赁业务收入应交营业税的会计处理

租赁业务分为经营租赁和融资租赁，因此，其租赁收入既可以是企业的主营业务收入（如符合融资租赁确认条件的融资租赁业务收入），也可以是企业的其他业务收入。不论哪种收入，都应按规定计算缴纳营业税。

【案例4-24】　20×1年1月1日，华夏公司将其拥有的机器经营租赁给恒达公司使用。合同约定，租期3年，恒达公司每年支付租金200000元。按照税法的规定，华夏公司每年应就获取的租金收入交纳营业税10000元。该机器的成本为1000000元，估计的使用寿命为10年，估计的残值为0，采用直线法折旧。为简化，假定华夏公司按年计提折旧。华夏公司的会计处理如下：

（1）取得租金收入时

借：银行存款　　　　　　　　　　　　　　　　　　　　200000

　　贷：其他业务收入　　　　　　　　　　　　　　　　200000

（2）计提折旧时

借：其他业务成本   100000

    贷：累计折旧   100000

（3）计提应交纳的营业税时

借：营业税金及附加   100000

    贷：应交税费——应交营业税   100000

七、转让无形资产应交营业税的会计处理

企业在转让无形资产时，按实际取得的转让收入，借记"银行存款"等账户，按该无形资产的累计摊销额，借记"累计摊销"账户，按该无形资产计提的减值准备，借记"无形资产减值准备"账户，按无形资产账面余额，贷记"无形资产"账户，按应支付的相关税费，贷记"应交税费"等账户，按其差额，贷记或借记"营业外收入"或"营业外支出"账户。

【案例 4-25】 20×1 年 1 月 1 日，中天公司将所拥有的一项商标权出售给长城公司，取得出售收入 2000000 元。该商标权的成本为 5000000 元，已累计摊销 3000000 元，已计提的减值准备为 500000 元。按照税法的规定，中天公司应就获取的出售收入交纳营业税 100000 元。中天公司的会计处理如下：

借：银行存款   2000000

    累计摊销   3000000

    无形资产减值准备   500000

    贷：无形资产——商标权   5000000

      应交税费——应交营业税   100000

      营业外收入——处置非流动资产利得   400000

八、销售不动产应交营业税的会计处理

房地产开发企业之外的企业销售不动产是其非主营业务，不是商品销售，而是财产处置。企业处置作为固定资产使用的房屋建筑物及其附着物，按税法规定要缴纳营业税，企业计提应缴纳的营业税时，借记"固定资产清理"账户，贷记"应交税费"账户。

【案例 4-26】 某工业企业于 2×07 年 8 月对外销售一幢建筑物，该建筑物原值 1000 万元，已使用 8 年，已提折旧 160 万元。出售该建筑物取得收入 900 万元，发生清理费用 4 万元。该企业有关的会计处理如下：

（1）将需要销售的建筑物转入清理时

借：固定资产清理   8400000

    累计折旧   1600000

贷:固定资产	10000000

（2）确认销售收入时

借:银行存款	9000000
贷:固定资产清理	9000000

（3）发生固定资产清理费用时

借:固定资产清理	40000
贷:银行存款	40000

（4）计提营业税金时

应交营业税＝900×5％＝45（万元）

借:固定资产清理	450000
贷:应交税费——应交营业税	450000

（5）实际缴纳时

借:应交税费——应交营业税	450000
贷:银行存款	450000

（6）结转清理净收益时

借:固定资产清理	110000
贷:营业外收入——处置固定资产净收益	110000

【本章小结】

1. 要了解和掌握营业税的征税范围、了解营业税的纳税人、税目和税率。

2. 营业税的应纳税额在各种税目下的计算是不一样的。

3. 营业税的筹划方法包括利用计税依据进行筹划、合同签订方式的筹划、利用营业税的税收优惠政策的筹划。

4. 由于营业税涉及的行业和业务类型较多,同是营业税,其借方账户不同;同是销售不动产,房地产企业与其他企业的会计处理不同。因此,学习时应区分不同情况,正确使用会计账户。

【思考题】

1. 运输企业如何核算应纳的营业税?

2. 建筑企业如何核算应纳的营业税?

3. 金融企业如何核算应纳的营业税?

4. 旅游、服务企业如何核算应纳的营业税?

5. 房地产企业如何核算应纳的营业税?

6. 如何核算转让无形资产、销售不动产应纳的营业税?

7. 华润商业大厦签订一购房合同,合同规定,甲公司将写字楼的第一至二层共 5000 平方米的经营用房,按照华润商业大厦的要求进行装修后再销售给华润商业大厦,每平方米售价 6000 元,合计 3000 万元。甲公司将装修工程承包给乙装修公司,承包总额 1200 万元。试问该如何税收筹划?

8. 某运输公司 20×1 年 6 月份发生下列有关经济业务:

(1) 6 月 30 日,收到本月客运收入 50 万元;

(2) 6 月 30 日,收到本月与宏海运输公司的联运收入 15 万元,其中支付给宏海运输公司的联运费用 5 万元;

(3) 6 月 30 日,按 3% 计提应缴的营业税额;

(4) 7 月 5 日,以银行存款缴纳应纳的营业税额。

要求:编制相关会计分录。

9. 某饭店 20×1 年 7 月份发生下列有关经济业务:

(1) 7 月 31 日,本月客房收入 80 万元;

(2) 7 月 31 日,本月餐厅收入 30 万元;

(3) 7 月 31 日,饭店所属舞厅收入 10 万元;

(4) 按客房收入与餐厅收入的 5%、舞厅收入的 20% 计提应缴的营业税额;

(5) 8 月 5 日,以银行存款缴纳应纳的营业税额。

要求:编制相关会计分录。

10. 某国际旅游公司 20×1 年 6 月份发生下列有关经济业务:

(1) 该公司组团到境外旅游,收取成员全程旅游费 50 万元;

(2) 出境后由国外旅游公司负责,该公司支付境外旅游费 20 万元。

要求:编制相关会计分录。

11. 建设银行某支行发生下列有关经济业务:

(1) 9 月 30 日,将本月份企事业单位贷款利息收入 480 万元入账;

(2) 9 月 30 日,将本月份企事业单位办理结算和贷款的手续费收入 80 万元入账;

(3) 9 月 30 日,按 5% 营业税税率计提应缴营业税额;

(4) 10 月 7 日,以银行存款缴纳应纳的营业税。

要求:编制相关会计分录。

第五章　企业所得税的纳税筹划和会计核算

第一节　企业所得税的基本规定

一、纳税人和征税对象

（一）纳税人

企业所得税是对我国境内的企业和其他取得收入的组织的生产经营所得和其他所得所征收的一种税收。

企业所得税的纳税义务人，是指在中华人民共和国境内的企业和其他取得收入的组织，即指依照中国法律、行政法规在中国境内成立的，除个人独资企业和合伙企业以外的公司、企业、事业单位、社会团体、民办非企业单位、基金会、外国商会、农民专业合作社以及取得收入的其他组织，均为企业所得税的纳税人。

企业所得税的纳税人按照国际上的通行做法分为居民企业和非居民企业。

居民企业，是指依法在中国境内成立，或者依照外国（地区）法律成立但实际管理机构（是指对企业的生产经营、人员、账务、财产等实施实质性全面管理和控制的机构）在中国境内的企业。

非居民企业，是指依照外国（地区）法律成立且实际管理机构不在中国境内，但在中国境内设立机构、场所的，或者在中国境内未设立机构、场所，但有来源于中国境内所得的企业。如非居民企业委托营业代理人在中国境内从事生产经营活动的,包括委托单位或者个人经常代其签订合同、交付货物等,则该营业代理人就视为非居民企业在中国境内设立的机构和场所。

（二）征税对象

企业所得税的征税对象是指企业的生产经营所得、其他所得和清算所得。纳税人分为居民和非居民,其征税对象是不同的。

居民企业的征税对象主要是来源于中国境内、境外的所得作为征税对象。居民企业的所得包括销售货物收入、提供劳务收入、转让财产收入、股息、红利等权益性投资收益、利息收入、租金收入、特许权使用费收入、接受捐赠收入、其他收入。

非居民企业的征税对象主要是指在中国境内设立机构、场所的,应当就其所设机构、场所取得的来源于中国境内的所得以及发生在中国境外但与其所设机构、场所有实际联系的所得,缴纳企业所得税。非居民企业在中国境内未设立机构、场所的,或者虽设立机构、场所但取得的所得与其所设机构、场所没有实际联系的,应当就其来源于中国境内的所得缴纳企业所得税。非居民企业所得主要包括非居民企业取得来自中国境内股息、红利等权益性投资收益和利息、租金、特许权使用费所得（以收入全额为应纳税所得额）及转让财产所得（以收入全额减除财产净值后的余额为应纳税所得额）。

二、税率

企业所得税实行比例税率,企业所得税法将纳税人分为居民企业和非居民企业,税率也根据纳税人的不同而不同。现行规定如下:

（一）基本税率

企业所得税的基本税率为 25％,适用于居民企业和在中国境内设立的机构、场所且所得与机构、场所有关联的非居民企业。

（二）低税率

企业所得税的低税率为 20％,适用于在中国境内未设立的机构、场所且所得与机构、场所无实际联系的非居民企业。

在这些税率的基础上,税法根据企业产业性质不同,通常对居民企业和非居民企业还会进行税收优惠。于是,还有高新技术企业的 15％的税率,小型微利企业的 20％的税率等,在后面税收优惠中介绍。

第二节　企业所得税应纳税所得额的计算

企业所得税应纳税额等于应纳税所得额乘以所得税率。因此,应纳税所得额是企业计算所得税的依据。但对于不同的纳税人居民企业和非居民企业,其应纳税所得额也是不同的。下面分别介绍居民企业和非居民企业应纳税所得额和应纳所得税的计算。

一、应纳税所得额的计算

应纳税所得额是企业计算所得税的依据。非居民企业和居民企业的应纳税所得额计算公式分别为:

非居民企业应纳税所得额＝收入总额(或转让财产所得)

因为非居民企业所得主要包括非居民企业取得来自中国境内股息、红利等权益性投资收益、利息、租金、特许权使用费所得和转让财产所得。非居民企业取得来自中国境内股息、红利等权益性投资收益、利息、租金、特许权使用费所得通常以收入全额为应纳税所得额,转让财产所得通常以收入全额减除财产净值后的余额为应纳税所得额。对于非居民企业取得的其他所得参照收入总额(或转让财产所得)两项规定的方法计算应纳税所得额。

居民企业应纳税所得额＝纳税年度的收入总额－减除不征税收入－免税收入－各项扣除－允许弥补的以前年度亏损后的余额

应纳税所得额是企业计算所得税的依据。它计算的正确与否直接影响到企业所得税的正确计算,关系到国家和纳税人税源的正确征收和缴纳、财政收入的稳定。因此,税法规定居民企业应纳税所得额的计算首先以权责发生制为原则,属于当期的收入和费用,不论款项是否收付,均作为当期的收入和费用;不属于当期的收入和费用,即使款项已经当期收付,均不作为当期的收入和费用;其次,规定了收入总额、扣除范围和标准、资产的税务处理、亏损弥补等具体的确定标准。

（一）收入总额

企业的收入总额包括企业以货币形式和非货币形式从各种来源取得的收入,包括销售货物收入、提供劳务收入、转让财产收入、股息、红利等权益性投资收益、利息收入、租金收入、特许权使用费收入、接受捐赠收入、其他收入。

纳税人取得收入的货币形式包括现金、银行存款、应收账款、应收票据、准备持有至到期的债券投资以及债务的豁免等。

纳税人取得收入的非货币形式包括存货、固定资产、生物资产、无形资产、股权投资、劳务、不准备持有至到期的债券等资产以及其他权益等。这些以非货币形式取得的收入,应当按照公允价值(公允价值是指按照市场价格确定的价值)确定收入额。

收入的确定主要涉及收入实现的内容和确认的时间。具体根据取得收入的形式来确定。

1. 销售货物收入和提供劳务收入

销售货物收入是指企业销售商品、产品、原材料、包装物、低值易耗品以及其他存货取得的收入。提供劳务收入是指企业从事建筑安装、修理修配、交通运输、仓储租赁、金融保险、邮电通信、咨询经纪、文化体育、科学研究、技术服务、教育培训、餐饮住宿、中介代理、卫生保健、社区服务、旅游、娱乐、加工以及其他劳务服务活动取得的收入。通常以销售者商品所有权转移获取了货币资金或获得了索取款项的权利时为收入的实现。

2. 转让财产收入

是指企业转让固定资产、生物资产、无形资产、股权、债权等财产取得的收入。

3. 股息、红利等权益性投资收益

是指企业因权益性投资从被投资方取得的收入。按照被投资方作出利润分配决定的日期确认收入的实现。

4. 利息收入

包括存款利息、贷款利息、债券利息、欠款利息等收入。按照合同约定的债务人应付利息的日期确认收入的实现。

5. 租金收入

是指企业提供固定资产、包装物或者其他有形资产的使用权取得的收入。按照合同约定的承租人应付租金的日期确认收入的实现。

6. 特许权使用费收入,按照合同约定的特许权使用人应付特许权使用费的日期确认收入的实现。

7. 接受捐赠收入

包括接受的来自其他企业、组织或者个人无偿给予的货币性资产、非货币性资产。按照实际收到捐赠资产的日期确认收入的实现。

8. 其他收入

包括企业资产溢余收入、逾期未退包装物押金收入、确实无法偿付的应付款项、已作坏账损失处理后又收回的应收款项、债务重组收入、补贴收入、违约金收入、汇兑收益等。

9. 特殊收入的确认

(1)以分期收款方式销售货物的,应当按照合同约定的收款日期确认收入的实现。

(2)受托加工制造大型机械设备、船舶、飞机等,以及从事建筑、安装、装配工程业务或者提供劳务等,持续时间超过 12 个月的,按照纳税年度内完工进度或者完成的工作量确认收入的实现。

(3)采取产品分成方式取得收入的,以企业分得产品的时间确认收入的实现,其收入额按照产品的公允价值确定。

（4）企业发生非货币性资产交换,以及将货物、财产、劳务用于捐赠、赞助、集资、广告、样品、职工福利和利润分配,应当视同销售货物、转让财产和提供劳务。但国务院财政、税务主管部门另有规定的除外。

（二）不征税收入

不征税收入主要包括财政拨款,依法收取并纳入财政管理的行政事业性收费、政府性基金,国务院规定的其他不征税收入。

1. 财政拨款

是指各级政府对纳入预算管理的事业单位、社会团体等组织拨付的财政资金,但国务院以及国务院财政、税务主管部门另有规定的除外。

2. 行政事业性收费

按照国务院规定程序批准,在实施社会公共管理,以及在向公民、法人或者其他组织提供特定公共服务过程中,向特定对象收取并纳入财政管理的费用。

3. 政府性基金

是指企业根据法律、行政法规等有关规定,代政府收取的具有专项用途的财政资金。

4. 国务院规定的其他不征税收入

是指企业取得的,经国务院批准的国务院财政、税务主管部门规定专项用途的财政性资金。

（三）免税收入

1. 国债利息收入

纳税人购买国债、支援国家建设,因购买国债取得的利息收入,免征企业所得税。

2. 符合条件的居民企业之间的股息、红利等权益性投资收益

指居民企业直接投资于其他非居民企业取得的投资收益。

3. 在中国境内设立机构、场所的非居民企业从居民企业取得与该机构、场所有实际联系的股息、红利等权益性投资收益。

不包括连续持有居民企业公开发行并上市流通的股票不足 12 个月取得的投资收益。

4. 符合条件的非营利组织的收入。

（四）所得税前扣除项目

企业申报的扣除项目和金额要真实、合法。真实是指能提供证明有关支出确属已经发生;合法是指符合国家税法的规定,若其他法规规定与税收法规规定不一致,应以税收法规的规定为标准。税法规定:企业实际发生的与取得收入有关的、合理的支出,包括成本、费用、税金、损失和其他支出,准予在计算应纳税所

得额时扣除。一般情况下,在计算扣除项目时还应遵循以下原则:

1. 权责发生制原则

是指企业费用应在发生的所属期扣除,而不是在实际支付时确认扣除。

2. 配比原则

是指企业发生的费用应当与收入配比扣除。除特殊规定外,企业发生的费用不得提前或滞后申报扣除。

3. 相关性支出

是指与取得收入直接相关的支出。

4. 合理性支出

是指符合生产经营活动常规,应当计入当期损益或者有关资产成本的必要与正常的支出。

5. 区分收益性支出和资本性支出

收益性支出可以在发生当期直接扣除;

资本性支出应当按照税收法律、行政法规的规定分期扣除或者计入有关资产成本,不得在发生当期直接扣除。

6. 不重复扣除

除企业所得税法和条例另有规定外,企业实际发生的成本、费用、税金、损失和其他支出,不得重复扣除。

此外必须注意,企业的不征税收入用于支出所形成的费用或者财产,不得扣除或者计算对应的折旧、摊销扣除。

在计算扣除项目时,属于收益性支出应该一次性税前扣除,属于资本性支出应该采取分期折旧或摊销。但对于这些扣除,税法均规定了标准。

1. 收益性支出

收益性支出项目均按照实际发生额或规定的标准扣除。

(1) 工资、薪金支出

企业实际发生的合理的职工工资薪金,准予在税前扣除。

职工工资薪金,是指企业每一纳税年度支付给在本企业任职或与其有雇佣关系的员工的所有现金或非现金形式的劳动报酬,包括基本工资、奖金、津贴、补贴、年终加薪、加班工资,以及与任职或者受雇有关的其他支出。

特别规定:企业发放给在本企业任职的主要投资者个人及其他有关联关系的人员的工资薪金,应在合理的范围内扣除。

(2)"三项费用"扣除

企业发生的职工福利费支出,不超过工资薪金总额 14% 的部分,准予扣除。

企业拨缴的职工工会经费支出,不超过工资薪金总额 2% 的部分,准予扣除。

除国务院财政、税务主管部门另有规定外,企业发生的职工教育经费支出,不超过工资薪金总额 2.5% 的部分,准予扣除;超过部分,准予在以后纳税年度结转扣除。

（3）捐赠的扣除

企业发生的公益性捐赠支出,在年度利润总额 12% 以内的部分,准予在计算应纳税所得额时扣除。年度利润总额,是指企业按照国家统一会计制度的规定计算的年度会计利润。

公益性社会团体,是指同时符合下列条件的基金会、慈善组织等社会团体：

①依法登记,具有法人资格；

②以发展公益事业为宗旨,且不以营利为目的；

③全部资产及其增值为该法人所有；

④收益和营运结余主要用于符合该法人设立目的的事业；

⑤终止后的剩余财产不归属任何个人或者营利组织；

⑥不经营与其设立目的无关的业务；

⑦有健全的财务会计制度；

⑧捐赠者不以任何形式参与社会团体财产的分配；

⑨国务院财政、税务主管部门会同国务院民政部门等登记管理部门规定的其他条件。

（4）社会保障性支出扣除

按照国务院有关主管部门或省级政府规定的范围和标准为职工缴纳的基本养老保险费、基本医疗保险费、失业保险费、工伤保险费、生育保险费等基本社会保险费和住房公积金,准予扣除。

企业缴纳的补充养老保险费、补充医疗保险费,在国务院财政、税务主管部门规定的标准和范围内,准予扣除。

企业为其投资者或者职工个人向商业保险机构投保的人身保险、财产保险等商业保险费,不得扣除。但根据国家有关规定为特殊工种职工支付的人身安全保险费,以及国务院财政、税务主管部门规定可以扣除的其他商业保险费,准予扣除。

（5）企业在生产经营活动中发生的合理的不需要资本化的借款费用,准予扣除。

企业为购置、建造和生产固定资产、无形资产和经过 12 个月以上的建造才能达到预定可销售状态的存货发生借款的,在有关资产购建期间发生的合理的借款费用,应当作为资本性支出计入有关资产的成本,并根据本条例有关规定扣除。

企业在生产经营活动中发生的下列利息支出,准予扣除：

①非金融企业向金融企业借款的利息支出、金融企业的各项存款利息支出和同业拆借利息支出、企业经批准发行债券的利息支出。

②非金融企业向非金融企业借款的利息支出,不超过按照金融企业同期同类贷款利率计算的数额的部分。

③企业在货币交易中,以及纳税年度终了将人民币以外的货币性资产、负债按照期末即期人民币汇率中间价折算为人民币时产生的汇兑损失,除已经计入资产成本以及与向所有者进行利润分配相关的部分外,准予扣除。

(6)业务招待费扣除

企业发生的与生产经营活动有关的业务招待费,按照发生额的60%扣除。但最高不得超过当年销售(营业)收入的5‰。

(7)广告费扣除

企业每一纳税年度发生的符合条件的广告费和业务宣传费,除国务院财政、税务主管部门另有规定外,不超过当年销售(营业)收入15%的部分,准予扣除;超过部分,准予在以后纳税年度结转扣除。

(8)其他扣除

按照国家法律、行政法规有关规定提取的用于环境、生态恢复等的专项资金,准予扣除;提取资金改变用途的,不得扣除。

企业参加财产保险,按照规定实际缴纳的保险费用,准予扣除。

企业实际发生的合理的劳动保护支出,准予扣除。

(9)总机构分摊的费用

非居民企业在中国境内设立的机构、场所,就其中国境外总机构发生的与该机构、场所生产经营有关的费用,能够提供总机构出具的费用汇集范围、定额、分配依据和方法等证明文件,并合理分摊的,准予扣除。

(10)资产损失

是指企业在生产经营活动中发生的固定资产和存货的盘亏、毁损、报废损失,转让财产损失,呆账损失,坏账损失,自然灾害等不可抗力因素造成的损失以及其他损失。

企业发生的损失,减除责任人赔偿和保险赔款后的余额,依照国务院财政、税务主管部门的规定扣除。

企业已经作为损失处理的资产,在以后纳税年度又全部收回或者部分收回时,应当计入当期收入。

2. 资本性支出

资本性支出往往形成资产,只能采取分次计提折旧或分次摊销的方式予以扣除,即纳税人经营活动中使用的固定资产的折旧费用、无形资产和长期待摊费用可以扣除。企业资本性支出进行的资产分期摊销或计提折旧形成的税前扣

除,税法规定必须执行下列原则:

其一,纳入税务处理范围的资产形式主要有固定资产、生物资产、无形资产、长期待摊费用、投资资产、存货等,均以历史成本为计税基础。

历史成本,是指企业取得该项资产时实际发生的支出。

其二,企业持有各项资产期间产生资产增值或损失,除税收规定可以确认损益的外,不得调整有关资产的计税基础。

其三,企业不能提供财产取得或持有时的支出以及税前扣除情况有效凭证的,税务机关有权采用合理方法估定其财产净值。

此外,各项资产还必须执行具体的税务处理。

(1)固定资产

是指企业为生产产品、提供劳务、出租或经营管理而持有的、使用时间超过12个月的非货币性长期资产,包括房屋、建筑物、机器、机械、运输工具以及其他与生产经营有关的设备、器具、工具等。

固定资产的计税基础按历史成本为计价基础。但固定资产取得的方式不同,其具体计价的项目也不同:

外购的固定资产,按购买价款和相关税费作为计税基础;自行建造的固定资产,按竣工结算前实际发生的支出作为计税基础;融资租入的固定资产,以租赁付款额和承租人在签订合同过程中发生的相关费用为计税基础;租赁合同未约定付款总额的,以该资产的公允价值和承租人在签订租赁合同过程中发生的相关费用为计税基础;盘盈的固定资产,按同类固定资产的重置完全价值作为计税基础;通过捐赠、投资、非货币性资产交换、债务重组取得的固定资产,按该资产的公允价值和应支付的相关税费作为计税基础;改建的固定资产,除企业所得税法第十三条第(一)项、第(二)项(即已足额提取折旧的房屋和建筑物及租入房屋和建筑物的改建支出)规定外,以改建过程中发生的改建支出增加计税基础。

固定资产计算折旧:企业应当自固定资产投入使用月份的次月起计算折旧;停止使用的固定资产,应当自停止使用月份的次月起停止计算折旧。具体采用直线法计算。原值按上述固定资产的计税基础确定,企业固定资产的预计净残值则应当根据固定资产的性质和使用情况合理确定,但固定资产的预计净残值一经确定,不得变更。固定资产计算折旧的预计使用年限税法规定了最低年限:房屋、建筑物,为20年;飞机、火车、轮船、机器、机械和其他生产设备,为10年;与生产经营活动有关的器具、工具、家具等,为5年;飞机、火车、轮船以外的运输工具,为4年;电子设备,为3年。

改建的固定资产延长使用年限的,除企业所得税法第十三条第(一)项和第(二)项(即已足额提取折旧的房屋和建筑物及租入房屋和建筑物的改建支出)规定外,应当适当延长折旧年限,并相应调整计算折旧。

需要注意的是,从事开采石油、天然气等矿产资源的企业,在开始商业性生产前发生的费用和有关固定资产的折耗、折旧方法,由国务院财政、税务主管部门另行规定。

按照税法规定,在计算应纳税所得额时,企业按照规定计算的固定资产折旧,准予扣除。

但对于房屋、建筑物以外未投入使用的固定资产,以经营租赁方式租入的固定资产,以融资租赁方式租出的固定资产,已足额提取折旧仍继续使用的固定资产,与经营活动无关的固定资产,单独估价作为固定资产入账的土地及其他不得计算折旧扣除的固定资产不得计算折旧扣除。

（2）生产性生物资产

是指为生产农林产品、提供劳务或者出租等目的持有的生物资产,包括经济林、薪炭林、产畜和役畜等。

生产性生物资产的取得方式主要通过外购和捐赠、投资、非货币性资产交换、债务重组等方式取得。外购生产性生物资产,按照购买价款和支付的相关税费作为计税基础;通过捐赠、投资、非货币性资产交换、债务重组取得的生产性生物资产,按该资产的公允价值和应支付的相关税费作为计税基础。

生产性生物资产按照直线法计算折旧。企业应当自生产性生物资产投入使用月份的次月起计算折旧;停止使用的生产性生物资产,应当自停止使用月份的次月起停止计算折旧。

具体采用直线法计提折旧时,原值按上述的计价基础确定,预计的净残值应当根据生产性生物资产的性质和使用情况合理确定。但生产性生物资产的预计净残值一经确定,不得变更。其计算折旧的预计使用年限税法规定了最低年限:林木类生产性生物资产为 10 年,畜类生产性生物资产为 3 年。

（3）无形资产

包括专利权、商标权、著作权、土地使用权、非专利技术、商誉等。

无形资产的计税基础通常根据取得方式不同确定。具体为:外购的无形资产,按购买价款、相关税费以及其他支出;自行开发的无形资产,按开发过程中符合资本化条件后至达到预定用途前发生的实际支出;通过捐赠、投资、非货币性资产交换、债务重组取得的无形资产,按公允价值和应支付的相关税费。

无形资产按直线法摊销。税法规定摊销年限不得少于 10 年。但若是投资或者受让的无形资产,在有关法律或协议、合同中规定了使用年限的,依规定使用年限摊销。但须注意下列无形资产不得计算摊销费用扣除:

①自行开发的支出已在计算应纳税所得额时扣除的无形资产;

②自创商誉;

③与经营活动无关的无形资产;

④其他不得计算摊销费用扣除的无形资产；

⑤外购商誉的支出，在企业整体转让或清算时，准予扣除。

（4）投资资产

是指企业对外进行权益性投资和债权性投资形成的资产。

投资资产按照以下方法确定成本：

①通过支付现金方式取得的投资资产，以购买价款为成本；

②通过支付现金以外的方式取得的投资资产，以该资产的公允价值和支付的相关税费为成本。

企业对外投资期间，投资资产的成本在计算应纳税所得额时不得扣除，企业在转让或者处置投资资产时，投资资产的成本，准予扣除。

（5）存货

是指企业持有以备出售的产品或者商品、处在生产过程中的在产品、在生产或者提供劳务过程中耗用的材料和物料等。

存货成本的税前扣除主要取决于存货取得和发出的成本。

存货取得成本按照取得的方式不同具体确定成本的项目：通过支付现金方式取得的存货，以购买价款和支付的相关税费为成本；通过支付现金以外的方式取得的存货，以该存货的公允价值和支付的相关税费为成本；生产性生物资产收获的农产品，以产出或者采收过程中发生的材料费、人工费和应当分摊的间接费用等必要支出为成本。

对于存货的发出成本，税法规定从先进先出法、加权平均法、个别计价法选定一种来确定。计价方法一经选用，不得随意变更。

（6）长期待摊费用

是指企业发生的应在一个年度以上或几个年度进行摊销的费用。

长期待摊费用的内容包括已足额提取折旧的固定资产和租入固定资产的改建支出（即改变房屋或者建筑物结构、延长使用年限等发生的支出）；固定资产的大修理支出（即同时符合以下条件的支出：修理支出达到取得固定资产时的计税基础 50% 以上，修理后固定资产的使用寿命延长 2 年以上）及其他应当作为长期待摊费用的支出。

长期待摊费用摊销时间按其内容不同，摊销时间也各自不同。具体为：

①已足额提取折旧的固定资产的改建支出：按照固定资产预计尚可使用年限摊销；

②租入固定资产的改建支出：按照合同约定的剩余租赁期摊销；

③固定资产的大修理支出：按照固定资产尚可使用年限分期摊销；

④其他应当作为长期待摊费用的支出：自支出发生月份的次月起，分期摊销，摊销年限不得低于 3 年。

企业转让以上资产,在计算企业应纳税所得额时,资产的净值允许扣除。其中,资产的净值是指有关资产、财产的计税基础减除已经按照规定扣除的折旧、折耗、摊销、准备金等后的余额。

除国务院财政、税务主管部门另有规定外,企业在重组过程中,应当在交易发生时确认有关资产的转让所得或损失,相关资产应当按照交易价格重新确定计税基础。

此外,必须注意有些项目不得在所得税前扣除,具体包括:向投资者支付的股息、红利等权益性投资收益款项;企业所得税税款;税收滞纳金和罚金、罚款和被没收财物的损失;企业之间支付的管理费、企业内营业机构之间支付的租金和特许权使用费,以及非银行企业内营业机构之间支付的利息,不得扣除;融资租赁发生的租赁费不得直接扣除,按规定构成融资租入固定资产价值的部分应当提取折旧费用,分期扣除;赞助支出,是指企业发生的与生产经营活动无关的各种非广告性质支出;未经核定的准备金支出,是指不符合本条例和国务院财政、税务主管部门规定的各项资产减值准备、风险准备等准备金支出。

二、税收优惠

我国企业所得税法的税收优惠主要是以产业为主,鼓励发展中国高新技术、农业、环保、节能产业,用来调整经济结构的。优惠方式:减免税额,加计扣除、加速折旧、减计收入调减纳税所得额,税额抵免及其他执行新旧企业所得税法衔接过渡政策的优惠措施。

(一)减免税优惠

1. 居民企业从事下列所得可以免征、减征企业所得税:

(1)从事农、林、牧、渔业项目的所得,分为免征、减征企业所得税。

企业从事下列项目的所得,免征企业所得税:

①蔬菜、谷物、薯类、油料、豆类、棉花、麻类、糖料、水果、坚果的种植;

②中药材的种植;

③林木的培育和种植;

④牲畜、家禽的饲养;

⑤林产品的采集;

⑥灌溉、农产品初加工、兽医等农、林、牧、渔服务业项目;

⑦远洋捕捞。

企业从事下列项目的所得,减半征收企业所得税:

①花卉、饮料和香料作物的种植;

②海水养殖、内陆养殖。

国家禁止和限制发展的项目,不得享受本条规定的税收优惠。

　（2）从事国家重点扶持的公共基础设施项目投资经营的所得，实行"三免三减半"优惠政策。

　　企业从事的国家重点扶持的公共基础设施项目的投资经营所得，从项目取得第一笔生产经营收入所属纳税年度起，第一年至第三年免征企业所得税，第四年至第六年减半征收企业所得税。但执行该减免税优惠政策时必须注意两点：其一，国家重点扶持的公共基础设施项目，是指《公共基础设施项目企业所得税优惠目录》内的港口码头、机场、铁路、公路、电力、水利等项目；其二，企业承包经营、承包建设和内部自建自用以上项目，不得享受企业所得税优惠。

　　（3）从事符合条件的环境保护、节能节水项目的所得，实行"三免三减半"优惠政策。

　　企业从事符合条件的环境保护、节能节水项目的所得，从项目取得第一笔生产经营收入所属纳税年度起，第一年至第三年免征企业所得税，第四年至第六年减半征收企业所得税。但执行该减免税优惠政策时必须注意：符合条件的环境保护、节能节水项目，包括公共污水处理、公共垃圾处理、沼气综合开发利用、节能技术改造和节能服务、海水淡化等，具体条件和范围由国务院财政、税务主管部门会同有关部门共同制订报国务院批准后公布施行。

　　上述两项享受减免税的，在减免税期未满时转让的，受让方自受让之日起，可以在剩余期限内享受规定的企业所得税优惠；减免税期满后转让的，受让方不得就该项目重复享受减免税。

　　（4）符合条件的技术转让所得，实行免征、减征税额。

　　符合条件的技术转让所得免征、减征企业所得税，是指一个纳税年度内居民企业技术所有权转让所得不超过 500 万元的部分免征企业所得税，超过 500 万元的部分减半征收企业所得税。

　　（5）小型微利企业所得税率为 20％。

　　小型微利企业是指从事国家非限制行业并同时符合以下条件的企业：

　　①制造业，年度应纳税所得额不超过 30 万元，从业人数不超过 100 人，资产总额不超过 3000 万元；

　　②非制造业，年度应纳税所得额不超过 30 万元，从业人数不超过 80 人，资产总额不超过 1000 万元。

　　（6）高新技术企业所得税税率为 15％。

　　高新技术企业是指在《国家重点支持的高新技术领域》内，持续进行研究开发与技术成果转化，形成企业核心自主知识产权（指的是近 3 年内通过自主研发、受让、受赠、并购等方式，或通过 5 年以上的独占许可方式，对其主要产品（服务）的核心技术拥有自主知识产权），并以此为基础开展经营活动，在中国境内（不包括港、澳、台地区）注册一年以上的居民企业，并同时符合下列条件的企业：

①产品(服务)属于《国家重点支持的高新技术领域》规定的范围。

②研究开发费用占销售收入不低于规定比例;指企业为获得科学技术(不包括人文、社会科学)新知识,创造性运用科学技术新知识,或实质性改进技术、产品(服务)而持续进行了研究开发活动,且近三个会计年度的研究开发费用总额占销售收入总额的比例符合如下要求:

最近一年销售收入小于 5000 万元的企业,比例不低于 6%;

最近一年销售收入在 5000 万元至 20000 万元的企业,比例不低于 4%;

最近一年销售收入在 20000 万元以上的企业,比例不低于 3%。

其中,企业在中国境内发生的研究开发费用总额占全部研究开发费用总额的比例不低于 60%。企业注册成立时间不足 3 年的,按实际经营年限计算。

③高新技术产品(服务)收入占企业总收入不低于规定比例;即高新技术产品(服务)收入占企业当年总收入的 60% 以上。

④科技人员占企业职工总数不低于规定比例,即具有大学专科以上学历的科技人员占企业当年职工总数的 30% 以上,其中研发人员占企业当年职工总数的 10% 以上。

⑤高新技术企业认定管理办法规定的其他条件:企业研究开发组织管理水平、科技成果转化能力、自主知识产权数量、销售与总资产成长性等指标符合《高新技术企业认定管理工作指引》的要求等。

2. 非居民企业所得税减免,主要包括减税和免税。

在中国未设立机构和场所,但来源于中国所得或者虽设立机构、场所但取得的所得与其所设机构、场所没有实际联系的,应当就其来源于中国境内所得的非居民企业所得税率减按 10% 的税率征收。下列所得可以免征企业所得税:

(1) 国际金融组织贷款给中国政府和居民企业取得的利息所得;

(2) 在中国境内未设立机构、场所的非居民企业,从其直接投资的国家需要重点扶持的高新技术企业取得的股息、红利等权益性投资所得。

此外,民族自治地方的自治机关对本民族自治地方的企业应缴纳的企业所得税中属于地方分享的部分,可以决定减征或者免征。对于民族自治地方内国家限制和禁止行业的企业,不得减征或者免征企业所得税。

(二)调整纳税所得额优惠

企业所得税的优惠除了免税、减税,还有通过加计扣除税前费用、加速折旧、减计征税收入、投资额一定比例冲减纳税所得额,使得纳税所得额的税基缩小,从而降低企业所得税。

1. 加计扣除税前费用

(1) 企业为开发新技术、新产品、新工艺发生的研究开发费用,未形成无形资产计入当期损益的,在按照规定实行100%扣除基础上,按照研究开发费用的50%加计扣除;形成无形资产的,按照无形资产成本的150%摊销。

（2）企业安置残疾人员的,在按照支付给残疾职工工资的100%扣除基础上,按照支付给上述人员工资的100%加计扣除;安置国务院规定鼓励安置并享受税收优惠的其他就业人员的,自安置就业所属纳税年度起3年内,在按照支付给上述人员工资的100%扣除基础上,按照支付给上述人员工资的50%加计扣除。

2.加速折旧

符合采用加速折旧方法的企业,经税务部门批准可采用加速折旧方法计提折旧。

采取缩短折旧年限或者采取加速折旧方法的固定资产,包括:

（1）由于科技进步,产品更新换代较快的固定资产;

（2）常年处于强震动、高腐蚀状态的固定资产。

采取缩短折旧年限方法的,最低折旧年限不得低于税法规定折旧年限的60%;采取加速折旧方法的,为双倍余额递减法或者年数总和法。

3.资源综合利用减计收入

是指企业以《资源综合利用企业所得税优惠目录》规定的资源作为主要原材料,生产非国家限制和禁止并符合国家和行业相关标准的产品取得的收入,减按90%计入收入总额。

企业以《资源综合利用企业所得税优惠目录》规定的资源作为主要原材料占生产产品材料的比例不得低于《资源综合利用企业所得税优惠目录》规定的标准。

4.创业投资企业减免纳税所得额

创业投资企业采取股权投资方式投资于未上市的中小高新技术企业2年以上的,可以按照其投资额的70%在股权持有满2年的当年抵扣该创业投资企业的应纳税所得额,当年不足抵扣的,可以在以后纳税年度逐年延续抵扣。

（三）所得税额抵免项目

企业购置并实际使用《环境保护专用设备企业所得税优惠目录》、《节能节水专用设备企业所得税优惠目录》和《安全生产专用设备企业所得税优惠目录》规定的环境保护专用设备、节能节水专用设备、安全生产专用设备,其设备投资额的10%可以从企业当年的应纳税额中抵免;当年不足抵免的,可以在以后5个纳税年度结转抵免。

享受优惠的专用设备,应当是企业实际购置并自身实际投入使用的设备,企业购置上述设备在5年内转让、出租的,应当停止执行相应企业所得税优惠政策并补缴已抵免的企业所得税税款。

（四）其他优惠

为了使企业顺利地从旧企业所得税法过渡到新企业所得税法，税法规定了过渡政策：即企业所得税法公布前（2007 年 3 月 16 日）已经批准设立的企业，依照当时的税收法律、行政法规规定，享受低税率优惠的，按照国务院规定，可以在企业所得税法施行后 5 年内，逐步过渡到本法规定的税率；享受定期减免税优惠的，按照国务院规定，可以在本法施行后继续享受到期满为止，但因未获利而尚未享受优惠的，优惠期限从本法施行年度起计算。

1. 根据《国务院关于实施企业所得税过渡优惠政策的通知》（国发〔2007〕39 号）文件：自 2008 年 1 月 1 日起，原享受企业所得税"两免三减半"、"五免五减半"等定期减免税优惠的企业，新税法施行后继续按原税收法律、行政法规及相关文件规定的优惠办法及年限享受至期满为止，但因未获利而尚未享受税收优惠的，其优惠期限从 2008 年度起计算。

其过渡政策为：

（1）适用 15％企业所得税率并享受企业所得税定期减半优惠过渡的企业：应一律按照国发〔2007〕39 号文件第一条第二款规定的过渡税率计算的应纳税额实行减半征税，即 2008 年按 18％税率计算的应纳税额，实行减半征税；2009 年按 20％税率计算的应纳税额，实行减半征税；2010 年按 22％税率计算的应纳税额，实行减半征税；2011 年按 24％税率计算的应纳税额，实行减半征税；2012 年及以后年度按 25％税率计算的应纳税额，实行减半征税。

（2）对原适用 24％或 33％企业所得税率，并享受国发〔2007〕39 号文件规定企业所得税定期减半优惠过渡的企业，2008 年及以后年度一律按 25％税率计算的应纳税额，实行减半征税。

（3）实施企业税收过渡优惠政策的其他规定：

享受企业所得税过渡优惠政策的企业，应按照新税法和实施条例中有关收入和扣除的规定计算应纳税所得额，并按优惠税率规定计算享受税收优惠。

企业所得税过渡优惠政策与新税法及实施条例规定的优惠政策存在交叉的，由企业选择最优惠的政策执行，不得叠加享受，且一经选择，不得改变。

2. 外资企业再投资退税政策的过渡

外国投资者从外商投资企业取得的税后利润直接再投资本企业增加注册资本，或者作为资本投资开办其他外商投资企业，凡在 2007 年底以前完成再投资事项，并在国家工商管理部门完成变更或注册登记的，可以按照《中华人民共和国外商投资企业和外国企业所得税法》及其有关规定，给予办理再投资退税。

对在 2007 年底以前用 2007 年度预分配利润进行再投资的，不给予退税。

2008 年 1 月 1 日之前外商投资企业形成的累积未分配利润，在 2008 年以后分配给外国投资者的，免征企业所得税；

2008 年及以后年度外商投资企业新增利润分配给外国投资者的,依法缴纳企业所得税。

3. 经济特区和高新技术企业的过渡优惠政策

《国务院关于经济特区和上海浦东新区新设立高新技术企业实行过渡性税收优惠的通知》(国发〔2007〕40 号)规定:

(1)国务院决定对法律设置的发展对外经济合作和技术交流的特定地区内(指深圳、珠海、汕头、厦门和海南经济特区)以及国务院已规定执行上述地区特殊政策的地区内(指上海浦东新区)新设立的国家需要重点扶持的高新技术企业,实行过渡性税收优惠。

(2)对经济特区和上海浦东新区内在 2008 年 1 月 1 日(含)之后完成登记注册的国家需要重点扶持的高新技术企业(以下简称新设高新技术企业),在经济特区和上海浦东新区内取得的所得,自取得第一笔生产经营收入所属纳税年度起,第一年至第二年免征企业所得税,第三年至第五年按照 25% 的法定税率减半征收企业所得税。

(3)既在经济特区和上海浦东新区内新设高新技术企业同时又在经济特区和上海浦东新区以外的地区从事生产经营的,应当单独计算其在经济特区和上海浦东新区内取得的所得,并合理分摊企业的期间费用;没有单独计算的,不得享受企业所得税优惠。

(4)经济特区和上海浦东新区内新设高新技术企业在按照本通知的规定享受过渡性税收优惠期间,由于复审或抽查不合格而不再具有高新技术企业资格的,从其不再具有高新技术企业资格年度起,停止享受过渡性税收优惠;以后再次被认定为高新技术企业的,不得继续享受或者重新享受过渡性税收优惠。

4. 鼓励软件产业和集成电路产业发展的优惠政策

税法对软件产业和集成电路产业的优惠主要实行免税、减税和加大扣除等优惠政策。

(1)软件生产企业免税、减税政策

①软件生产企业实行增值税即征即退政策所退还的税款,由企业用于研究开发软件产品和扩大再生产,不作为企业所得税应税收入,不予征收企业所得税。

我国境内新办软件生产企业经认定后,自获利年度起,第一年和第二年免征企业所得税,第三年至第五年减半征收企业所得税。

③国家规划布局内的重点软件生产企业,如当年未享受免税优惠的,减按10% 的税率征收企业所得税。

④软件生产企业的职工培训费用,可按实际发生额在计算纳税所得额税前扣除。

另外,企事业单位购进软件,凡符合固定资产或无形资产确认条件的,可以按照固定资产或无形资产进行核算,经主管税务机关核准,其折旧或摊销年限可以适当缩短,最短可为 2 年。

(2) 集成电路设计企业视同软件企业,除享受上述软件企业免税、减税和扩大扣除等企业所得税优惠外,还有更大幅度优惠:

①集成电路生产企业的生产性设备,经主管税务机关核准,其折旧年限可以适当缩短,最短可为 3 年。

②投资额超过 80 亿元人民币或集成电路线宽小于 0.25um 的集成电路生产企业,可以减按 15% 的税率缴纳企业所得税,其中,经营期在 15 年以上的,从开始获利的年度起,第一年至第五年免征企业所得税,第六年至第十年减半征收企业所得税。

③对生产线宽小于 $0.8\mu m$(含)集成电路产品的生产企业,经认定后,自获利年度起,第一年和第二年免征企业所得税,第三年至第五年减半征收企业所得税。但已经享受自获利年度起企业所得税"两免三减半"政策的企业,不再重复执行本条规定。

(3) 集成电路生产企业、封装企业税后利润再投资退税

①自 2008 年 1 月 1 日起至 2010 年底,对集成电路生产企业、封装企业的投资者,以其取得的缴纳企业所得税后的利润,直接投资于本企业增加注册资本,或作为资本投资开办其他集成电路生产企业、封装企业,经营期不少于 5 年的,按 40% 的比例退还其再投资部分已缴纳的企业所得税税款;再投资不满 5 年撤出该项投资的,追缴已退的企业所得税税款。

②自 2008 年 1 月 1 日起至 2010 年底,对国内外经济组织作为投资者,以其在境内取得的缴纳企业所得税后的利润,作为资本投资于西部地区开办集成电路生产企业、封装企业或软件产品生产企业,经营期不少于 5 年的,按 80% 的比例退还其再投资部分已缴纳的企业所得税税款;再投资不满 5 年撤出该项投资的,追缴已退的企业所得税税款。

5. 鼓励证券投资基金发展的优惠政策

(1) 对证券投资基金从证券市场中取得的收入,包括买卖股票、债券的差价收入,股权的股息、红利收入,债券的利息收入及其他收入,暂不征收企业所得税。

(2) 对投资者从证券投资基金分配中取得的收入,暂不征收企业所得税。

(3) 对证券投资基金管理人运用基金买卖股票、债券的差价收入,暂不征收企业所得税。

6. 执行优惠政策时的注意事项

企业同时从事适用不同行业或区域所得税待遇项目的,其优惠项目应单独

计算所得,并合理分摊企业的期间费用,计算享受所得税优惠的所得额;没有单独计算所得的,不得享受税收优惠。

凡生产经营项目适用不同税率和不同税收待遇的,按企业经营收入、职工人数或工资总额、资产总额等因素在各生产经营项目之间合理分配应纳税所得额。

三、特别纳税调整

特别纳税调整是指企业与其关联方之间的业务往来,不符合独立交易原则而减少企业或者其关联方应纳税收入或者所得额的,税务机关有权按照合理方法调整。企业与其关联方共同开发、受让无形资产,或者共同提供、接受劳务发生的成本,在计算应纳税所得额时应当按照独立交易原则(指没有关联关系的交易各方,按照公平成交价格和营业常规进行业务往来所遵循的原则)进行分摊。

因此,对于关联企业之间业务必须做到:

(一)关联企业之间发生共同开发、受让无形资产,或者共同提供、接受劳务发生的成本,在计算应纳税所得额时应当按照独立交易原则进行分摊;企业与其关联方分摊成本时,应当按照成本与预期收益相配比的原则进行分摊,并在税务机关规定的期限内,按照税务机关的要求报送有关资料。倘若企业与其关联方分摊成本时违反售价、成本分摊规定的,其自行分摊的成本不得在计算应纳税所得额时扣除。

(二)企业可以向税务机关提出与其关联方之间业务往来的定价原则和计算方法,税务机关与企业协商、确认后,达成预约定价安排。

(三)企业向税务机关报送年度企业所得税纳税申报表时,应当就其与关联方之间的业务往来,附送年度关联业务往来报告表。具体附送年度关联业务往来报告表和有关资料如下:

1. 与关联业务往来有关的价格、费用的制定标准、计算方法和说明等同期资料;

2. 关联业务往来所涉及的财产、财产使用权、劳务等的再销售(转让)价格或者最终销售(转让)价格的相关资料;

3. 与关联业务调查有关的其他企业应当提供的与被调查企业可比的产品价格、定价方式以及利润水平等资料;

4. 其他与关联业务往来有关的资料。企业应当在税务机关规定的期限内提供与关联业务往来有关的价格、费用的制定标准、计算方法和说明等资料。关联方以及与关联业务调查有关的其他企业(指与被调查企业在生产经营内容和方式上相类似的企业)应当在税务机关与其约定的期限内提供相关资料。

若企业不提供与其关联方之间业务往来资料,或者提供虚假、不完整资料,未能真实反映其关联业务往来情况的,税务机关有权依法核定其应纳税所得额。

税务机关采用核定的方法为：参照同类或者类似企业的利润率水平核定，按照企业成本加合理的费用和利润的方法核定，按照关联企业集团整体利润的合理比例核定，按照其他合理方法核定。

企业对税务机关按照前款规定的方法核定的应纳税所得额有异议的，应当提供相关证据，经税务机关认定后，调整核定的应纳税所得额。

企业与其关联方之间的业务往来，不符合独立交易原则，或者企业实施其他不具有合理商业目的的安排的，税务机关有权在该业务发生的纳税年度起 10 年内，进行纳税调整。

第三节　企业所得税应纳税额的计算与纳税申报

一、企业所得税应纳税额的计算

（一）查账征收企业所得税应纳税额的计算公式

企业所得税应纳税额等于企业应纳税所得额乘以企业所得税率。其公式为：

企业所得税应纳税额＝居民企业应纳税所得额×企业所得税率－减免税额－抵免税额

可见，计算应纳税额时，若企业享受减免税额、减少纳税所得额、抵免所得税额等优惠政策的，还要从应纳税额中减去。

对于大多数普通企业来说，应纳税额的多少主要取决于应纳税所得额和适用税率。在实务中主要采取间接计算法和直接计算法计算应纳税所得额和企业所得税。

间接计算法采用的公式为：

应纳税所得额＝会计利润总额＋（或－）纳税调整项目

企业所得税应纳税额＝居民企业应纳税所得额×企业所得税率－减免税额－抵免税额

直接计算法采用的公式为：

居民企业应纳税所得额＝纳税年度的收入总额－减除不征税收入－免税收入－各项扣除－允许弥补的以前年度亏损后的余额

非居民企业应纳税所得额＝收入总额（或转让财产所得）

企业所得税应纳税额＝居民（非居民）企业应纳税所得额×企业所得税率－减免税额－抵免税额

【案例 5-1】　某机械厂某年度取得主营业务收入 4000 万元，主营业务成本

3220 万元,销售费用 130 万元(其中广告费 90 万元),营业税金及附加 80 万元,
管理费用 200 万元(其中业务招待费 20 万元),营业外收支净额 1 万元(其中列
支税收滞纳金 2.5 万元、通过非盈利机构的救济性捐赠 8 万元)。企业所得税率
25％。试计算该企业该年度应纳企业所得税。

企业应纳税所得额＝(4000－3220－130－80－200＋1)＋8(业务招待费 20
万元的 60％及当年收入的 5‰孰低原则,业务招待费超标 8 万)＋2.5(税收滞纳
金 2.5 万元不准税前列支)＋8(非盈利机构的救济性捐赠 8 万元不准税前列支)
＝389.5(万元)

企业应纳所得税额＝389.5×25％＝97.375(万元)

【案例 5-2】 某境外驻沪分支机构属于非居民企业,当年获取特许使用费收
入 3000 万元,企业所得税率 20％。试计算该企业所得税。

企业应纳税所得额＝3000(万元)

企业应纳所得税额＝3000×20％＝600(万元)

(二)核定征收企业所得税应纳税额的计算公式

1. 核定征收的范围

纳税人具有下列情形之一的,核定征收企业所得税:

(1)依照法律、行政法规的规定可以不设置账簿的;

(2)依照法律、行政法规的规定应当设置但未设置账簿的;

(3)擅自销毁账簿或者拒不提供纳税资料的;

(4)虽设置账簿,但账目混乱或者成本资料、收入凭证、费用凭证残缺不全,
难以查账的;

(5)发生纳税义务,未按照规定的期限办理纳税申报,经税务机关责令限期
申报,逾期仍不申报的;

(6)申报的计税依据明显偏低,又无正当理由的。

2. 核定应税所得率

(1)核定的范围

纳税人具有下列情形之一的,核定其应税所得率:

①能正确核算(查实)收入总额,但不能正确核算(查实)成本费用总额的;

②能正确核算(查实)成本费用总额,但不能正确核算(查实)收入总额的;

③通过合理方法,能计算和推定纳税人收入总额或成本费用总额的。

(2)应纳税所得额的计算

采用应税所得率方式核定征收企业所得税的,应纳所得税额计算公式如下:

应纳所得税额＝应纳税所得额×适用税率

应纳税所得额＝应税收入额×应税所得率

或:应纳税所得额＝成本(费用)支出额÷(1－应税所得率)×应税所得率

2. 核定应纳所得税额

纳税人不属于核定应税所得率情形的,核定其应纳所得税额。

税务机关采用下列方法核定征收企业所得税:

(1) 参照当地同类行业或者类似行业中经营规模和收入水平相近的纳税人的税负水平核定;

(2) 按照应税收入额或成本费用支出额定率核定;

(3) 按照耗用的原材料、燃料、动力等推算或测算核定;

(4) 按照其他合理方法核定。

采用前款所列一种方法不足以正确核定应纳税所得额或应纳税额的,可以同时采用两种以上的方法核定。采用两种以上方法测算的应纳税额不一致时,可按测算的应纳税额从高核定。

(三) 境外所得抵扣税额的计算

上述应纳税额的计算公式中的抵免税额通常有限额的规定:即企业取得的下列所得已在境外缴纳的所得税额,可以从其当期应纳税额中抵免。

1. 居民企业来源于中国境外的应税所得

居民企业从其直接控制(居民企业直接持有外国企业 20% 以上股份)或者间接控制(居民企业以间接持股方式持有外国企业 20% 以上股份,具体认定办法由国务院财政、税务主管部门另行规定)的外国企业分得的来源于中国境外的股息、红利等权益性投资收益,外国企业在境外实际缴纳的所得税税额中属于该项所得负担的部分,可以作为该居民企业的可抵免境外所得税税额,在企业所得税税法规定的抵免限额内抵免。

2. 非居民企业在中国境内设立机构、场所,取得发生在中国境外但与该机构、场所有实际联系的应税所得

已在境外缴纳的所得税税额,是指企业来源于中国境外的所得依照中国境外税收法律以及相关规定应当缴纳并已经实际缴纳的企业所得税性质的税款。

若要抵免税额,还必须提供中国境外税务机关出具的税款所属年度的有关纳税凭证。但必须注意的是,已在境外缴纳的所得税税额,可以从企业当期应纳税额中抵免,但抵免规定了计算限额,超过抵免限额的部分,可以在以后连续 5 个年度内,用每年度抵免限额抵免当年应抵税额后的余额进行抵补;其次,抵免限额应当分国(地区)不分项计算。企业境外业务之间的盈亏可以互相弥补,但企业境内外之间的盈亏不得相互弥补。

其计算公式为:

境外所得税税额的抵免限额＝中国境内、境外所得按税法计算的应纳税总额×来源于某国(地区)的应纳税所得额÷境内、境外应纳税所得总额

【案例 5-3】 某企业在我国境内 2008 年实现纳税所得额 400 万元,适用所

得税率 25％。在当年该企业设在甲国分支机构实现纳税所得额 100 万元,适用所得税率 15％;设在乙国分支机构实现纳税所得额 100 万元,适用所得税率 30％。假设我国与甲乙两国均已经缔结了避免双重征税协定,在当年甲乙两国分支机构计算的应纳税所得额恰好与按我国税法计算的结果一致,两个分支机构分别在甲乙两国各缴纳了企业所得税为 15 万元,30 万元。试计算两个分支机构在境外已缴纳的税款在我国境内可抵免的税额。

当年该企业按我国税法计算的境内、外所得的应纳税额＝(400＋100＋100)×25％＝150(万元)

甲国分支机构抵免限额＝150×100÷(400＋100＋100)＝25(万元),超过甲国分支机构已在甲国缴纳了企业所得税为 15 万元,故可以在我国全部抵免。

乙国分支机构抵免限额＝150×100÷(400＋100＋100)＝25(万元),未超过乙国分支机构已在乙国缴纳了企业所得税为 30 万元,故可以在我国境内抵免 25 万元,还有已在乙国缴纳了的税款 5 万元不得抵免。

当年该企业汇总后在我国境内应缴纳的所得税＝150－15－25＝110(万元)

二、征收管理与纳税申报

（一）纳税期限

企业所得税按年计征,分月或者分季预缴,年终汇算清缴,多退少补。

企业所得税的纳税年度,自公历 1 月 1 日起至 12 月 31 日止。企业在一个纳税年度的中间开业,或者由于合并、关闭等原因终止经营活动,使该纳税年度的实际经营期不足 12 个月的,应当以其实际经营期为一个纳税年度。企业清算时,应当以清算期间作为一个纳税年度。企业应当自月份或者季度终了之日起 15 日内,向税务机关报送预缴企业所得税纳税申报表,预缴税款。

企业应当自年度终了之日起 5 个月内,向税务机关报送年度企业所得税纳税申报表,并汇算清缴,结清应缴应退税款。

企业在报送企业所得税纳税申报表时,应当按照规定附送财务报告和其他有关资料。

此外,纳税申报应注意两点:其一,企业在纳税年度内无论盈利或者亏损,都应当依照企业所得税法第五十四条规定的期限,向税务机关报送预缴企业所得税纳税申报表、年度企业所得税纳税申报表、财务会计报告和税务机关规定应当报送的其他有关资料。其二,企业在年度中间终止经营活动的,应当自实际经营终止之日起 60 日内,向税务机关办理当期企业所得税汇算清缴。

（二）纳税地点

税法对居民企业和非居民企业的纳税地点分别进行了规定。

1. 居民企业的纳税地点

居民企业以企业登记注册地为纳税地点;但登记注册地在境外的,以实际管理机构所在地为纳税地点。居民企业在中国境内设立不具有法人资格的营业机构的,应当汇总计算并缴纳企业所得税。

2.非居民企业的纳税地点

非居民企业取得的所得,以机构、场所所在地为纳税地点。

非居民企业在中国境内设立两个或者两个以上机构、场所的,经税务机关审核批准,可以选择由其主要机构、场所汇总缴纳企业所得税。非居民企业经批准汇总缴纳企业所得税后,需要增设、合并、迁移、关闭机构、场所或者停止机构、场所业务的,应当事先由负责汇总申报缴纳企业所得税的主要机构、场所向其所在地税务机关报告;需要变更汇总缴纳企业所得税的主要机构、场所的依照前款规定办理。

非居民企业在中国境内未设立机构、场所的,或者虽设立机构、场所但取得所得与其所设机构、场所没有实际联系的所得,以扣缴义务人所在地为纳税地点。

除国务院另有规定外,企业之间不得合并缴纳企业所得税。

(三)纳税申报资料

1.企业年度所得税申报表及其附表,包括:

(1)企业所得税年度纳税申报表;

(2)附表1:销售(营业)收入明细表;

(3)附表2:投资所得(损失)明细表;

(4)附表3:销售(营业)成本明细表;

(5)附表4:工资薪金和职工福利等三项经费明细表;

(6)附表5:资产折旧、摊销明细表;

(7)附表6:坏账损失明细表;

(8)附表7:广告支出明细表;

(9)附表8:公益救济性捐赠明细表;

(10)附表9:税前弥补亏损明细表。

2.年度会计决算报表,包括:

(1)资产负债表;

(2)损益表;

(3)现金流量表;

(4)存货表;

(5)固定资产及累计折旧表;

(6)无形资产及其他资产表;

(7)外币资金表;

（8）应缴增值税明细表；

（9）利润分配表；

（10）产品销售成本表；

（11）主要产品生产成本、销售收入及销售成本表；

（12）制造费用明细表；

（13）销售费用、管理费用、财务费用及营业外收支明细表；

（14）预提费用明细表；

（15）其他有关财务资料。

企业所用会计决算报表格式与上述报表格式不同的，应报送本行业会计报表及附表。

3. 中国注册会计师查账报告。

4. 主管税务机关要求报送的其他资料，包括：

（1）享受税收优惠的有关批准文件复印件；

（2）企业发生下列成本费用项目的，须报送有关批准文件复印件：坏账准备、坏账损失，本企业有关会计核算方法的改变，其他项目。

第四节　企业所得税的纳税筹划

企业所得税的筹划一般通过纳税人身份的选择、计税基础的确定、税收优惠政策的利用等方式进行筹划。

一、纳税人身份的确定

税法规定，企业所得税是对我国境内的企业和其他取得收入的组织的生产经营所得和其他所得所征收的一种税收。即企业所得税的纳税义务人是指在中华人民共和国境内的企业和其他取得收入的组织。即指依照中国法律、行政法规在中国境内成立的，除个人独资企业和合伙企业以外的公司、企业、事业单位、社会团体、民办非企业单位、基金会、外国商会、农民专业合作社以及取得收入的其他组织，均为企业所得税的纳税人。个人独资企业和合伙企业不缴纳企业所得税，而是执行个人所得税法，按个体工商户缴纳个人所得税。因此，当企业规模不大，正处于小规模企业，设立独资、合伙企业与一人公司对经营无差异时，应选择纳税人身份进行纳税筹划。

【案例 5-4】　王某与其两位朋友打算合开一家书店，预计 20×× 年盈利 360000 元，书店是采取合伙制还是有限责任公司形式？哪种形式使得 20×× 年度所得税负担较轻呢？

分析：

方案一：采取合伙制

假如王某及其两位合伙人各占 1/3 的股份成立合伙，企业利润平分，三位合伙人的工资为每人每月 3000 元。则合伙企业不交企业所得税，合伙企业的合伙人必须按个体工商户税目交纳个人所得税。

每人应税所得额为 132000 元，即：

$(360000+3000×12×3-2000×12×3)/3=132000$（元）

（投资者的费用扣除标准为每人每月 2000 元，其工资不得在税前扣除。）

适用 35% 的所得税税率，应纳个人所得税税额为：

$132000×35\%-6750=39450$（元）

三位合伙人共计应纳税额为：$39450×3=118350$（元）

方案二：成立有限责任公司，税后利润平分

根据税法规定，有限责任公司性质的私营企业是企业所得税的纳税义务人，适用 25% 的企业所得税税率；企业发生的合理的工资薪金支出，准予扣除。

应纳企业所得税税额$=360000×25\%=90000$（元）

税后净利润$=360000-90000=270000$（元）

若企业税后利润分配给投资者，则还要按"股息、利息、红利"所得税目计算缴纳个人所得税，适用税率为 20%。

三位投资者税后利润分配所得应纳个人所得税为：$270000×20\%=54000$（元）

三位投资者工资薪金所得应纳个人所得税为：

$[(3000-2000)×10\%-25]×12×3=2700$（元）

（工资薪金所得费用减除标准为每月 2000 元）

共计负担所得税税款为：

$90000+54000+2700=146700$（元）

由上例计算得知，采取有限责任公司形式比采用合伙制形式多负担税款为：

$146700-118350=28350$（元）

所以，成立书店在年利润预计在 360000 元时，企业成立合伙企业比成立有限责任公司更合算。

点评：

（1）公司制企业和合伙企业在税收待遇上是不同的，由此会造成投资者的税后利润也不同。

（2）在纳税人身份选择时，除了要考虑税收负担水平之外，还要考虑不同组织形式的企业，其在对外交往中的利弊。

【案例 5-5】 长江公司是一家拥有 A、B 两家分公司的集团公司，2008 年公司本部实现利润 3000 万元,其分公司 A 实现利润 500 万元,分公司 B 亏损 300 万元,该企业所得税税率为 25%,则该集团公司在 2008 年度应纳所得税额 800 万元[(3000+500-300)×25%]。

如果上述 A、B 两家公司换成子公司,总体税收就发生了变化。假设 A、B 两家子公司的所得税税率仍为 25%,则:

公司本部应纳企业所得税=3000×25%=750(万元)

A 公司应纳企业所得税=500×25%=125(万元)

B 公司由于发生年度亏损,则该年度不应缴纳企业所得税。

那么,该集团公司 2008 年度汇总:

应纳企业所得税=750+125=875(万元)

在母子公司体制下,该集团应纳企业所得税比总分公司体制多缴纳 75 万元(875 万元-800 万元)。

点评:

当总公司要在异地设立分公司或子公司时,要看总公司的税率与盈利情况,当总公司盈利,税率低于将要在异地设立分公司或子公司时的税率,这时企业应尽可能设立分公司,可以利用税法规定:居民企业在中国境内设立不具有法人资格的营业机构的,应当汇总计算并缴纳企业所得税。这样就可将分公司的纳税所得额并入总公司以低税率缴纳,比设立子公司按一般税率缴纳节约税收。另一方面,对于企业来说,在外地刚设立分公司往往费用大、易亏损,因此,设立分公司较为合算。但倘若为了融资或享受其他经营目的,则应该设立子公司。

二、计税基础的纳税筹划

计税基础主要包括应税收入和扣除项目的筹划来达到减少计税基础。

对收入进行筹划,主要是利用税收优惠政策,比如投资于企业以《资源综合利用企业所得税优惠目录》规定的资源作为主要原材料,生产非国家限制和禁止并符合国家和行业相关标准的产品取得的收入,减按 90% 计入收入总额。

对扣除费用项目进行筹划,主要是利用会计处理方法的选择(加速折旧,存货计价方法),大修理费用与日常维护费用标准的选择(大修理费用作为长期待摊费用处理资本化,日常维护费用直接税前扣除),增加税前费用(研发费用的加计扣除、安置残疾人员和国家鼓励安置人员的工薪加计扣除等)来达到扣除费用增大的目的。

(一)投资项目的选择

【案例 5-6】　某机械设备制造生产企业,近几年企业的生产和经营形势比较好,于是,董事会决定扩大生产规模。现有甲、乙两个投资项目可供投资者选择,经测算,其投资情况和几年投资收益(包括利润和折旧额)情况见下表。

单位:万元

时间	项目 A	项目 B
第一年初	投资 1500	投资 1500
第二年初	投资 1000	投资 1000
第三年初	建成投产	建成投产
第三年末	投资收益 1600	投资收益 1300
第四年末	投资收益 1500	投资收益 1200
第五年末	投资收益 1200	投资收益 1000
第六年末	投资收益 800	投资收益 650

假设各项目的报废残值、年折旧额、投资回收期大体一致。银行利率为5%,甲项目的企业所得税税率为25%。乙项目的企业所得税税率为15%。现对甲、乙两个项目作出决策。

由于其他情况基本一致,只要比较税后收益净现值即可。

项目甲投资现值为第一年投资的1500万元,加上第二年投资的1000万元换算成现值:

$1000 \div (1+5\%) = 952$(万元),即 2 452 万元。

项目甲投资收益现值:

$[1600 \div (1+5\%)^3 + 1400 \div (1+5\%)^4 + 1200 \div (1+5\%)^5 + 800 \div (1+5\%)^6] \times (1-25\%) = 3054$(万元)

因此,项目甲投资净现值为 602 万元(3054−2452)。

同理,项目乙投资现值也为 2 452 万元,而投资收益值为:

$[1300 \div (1+5\%)^3 + 1200 \div (1+5\%)^4 + 1000 \div (1+5\%)^5 + 650 \div (1+5\%)^6] \times (1-15\%) = 2872$(万元)

因此,项目乙投资净现值为 420 万元(2872−2452)。

通过计算比较,可以看出:项目甲投资收益要高于项目乙,尽管项目乙所得税率比项目甲低,但是由于二者企业所得税税率差异未抵过投资收益,因此,应该选择项目甲。

注意:若项目甲置于 2007 年所得税率为 33%,项目乙所得税率为 15% 或乙项目可获得免税优惠,则计算出结果应该选择项目乙。

分析:

项目甲投资现值为第一年投资的1500万元,加上第二年投资的1000万元换算成现值:

$1000 \div (1+5\%) = 952$(万元),即2452万元。

项目甲投资收益现值：

$[1600÷(1+5\%)^3+1400÷(1+5\%)^4+1200÷(1+5\%)^5+800÷(1+5\%)^6]×(1-33\%)=2728.24（万元）$

因此，项目甲投资净现值为 276.24 万元（2728.24－2452）。

同理，项目乙投资现值也为 2 452 万元，而投资收益值为

$[1300÷(1+5\%)^3+1200÷(1+5\%)^4+1000÷(1+5\%)^5+650÷(1+5\%)^6]×(1-15\%)=2872（万元）$

因此，项目乙投资净现值为 420 万元（2872－2452）。

可见，项目甲企业所得税率为 33%，项目乙企业所得税率为 15%，尽管项目甲投资收益比项目乙多，但由于两企业所得税率差异未抵过投资收益，因此，应该选择项目乙。

点评：

（1）若项目甲置于 2007 年所得税率为 33%，项目乙所得税率为 15% 或乙项目可获得免税优惠，则计算出结果应该选择项目乙。

（2）企业进行项目投资，初步印象很容易用税率高低判断。当税率低带来的税收收益高过投资回报时就可以选择税率低的项目。但是，当企业所得税率差异未抵过投资收益时，就不能单凭税率高低决策，还要根据未来的投资回报，以及宏观形势等多方因素决策。

【案例 5-7】　某跨国公司在我国深圳和浙江某县分别投资设立了外资企业和普通企业——长江公司和南翔公司，两公司都生产同种电子产品。长江公司既负责新型电子产品的研究、开发，也负责生产、销售；南翔公司只负责生产，并在本地区进行销售。2006 年，长江公司因为其研制的电子产品技术先进，生产效率高，销售情况良好，研发费用等各项指标均达标。被深圳科技部门认定为高新技术企业。2006 年，长江公司实现销售收入 6000 万元，税后利润 1200 万元。南翔公司实现销售收入 3000 万元，税后利润 200 万元。两公司在管理模式、材料成本方面并无实质性差别；而长江公司由于是外资企业，职工薪金比南翔公司高。为此，该跨国公司就委托税务顾问进行分析。

税务顾问接受委托后对长江公司、南翔公司的情况进行了比较，发现如下情形：

其一，长江公司已于 2006 年开始获利，经申请被认定为高新技术企业，同时外商制造业企业享受"两免三减半"政策，所得税率 15%。按该政策，长江公司从 2008－2010 年执行 18%、20%、22% 的所得税税率减半征收。

其二，长江公司的生产资料除免税进口外，其国内材料供应商基本相同、采购价格相同；两公司的同种电子产品材料消耗量大致相等。

其三，南翔公司 2006 年成立为普通企业，2008 年按 25% 税率交税。

税务顾问提出三种方案,以2008年情况为例:

分析:

方案一:真实按各自收入反映入账。

长江公司的销售收入＝2×3000＝6000(万元)

成本＝1×3000＝3000(万元)

利润＝6000－3000＝3000(万元)

应纳所得税＝3000×18％×1÷2＝270(万元)

南翔公司的销售收入＝2×1500＝3000(万元)

成本＝1×1500＝1500(万元)

利润＝3000－1500＝1500(万元)

应纳所得税＝1500×25％＝375(万元)

两公司合计应纳企业所得税＝270＋375＝645(万元)

方案二:原南翔公司生产的产品改由长江公司生产。长江公司可将某些生产工序交由南翔公司完成,原材料的采购统一由长江公司完成。南翔公司相当于长江公司的加工厂,不负责最终产品的销售(在财务上反映为接受委托加工业务),由长江公司负责销售全部自产产品。

长江公司的销售收入＝2×4500＝9000(万元)

成本＝1×4500＝4500(万元)

利润＝9000－4500＝4500(万元)

应纳所得税＝4500×18％×1÷2＝405(万元)

南翔公司的加工费收入＝0.2×1500＝300(万元)

成本＝0.1×1500＝150(万元)

利润＝300－150＝150(万元)

应纳所得税＝150×25％＝37.5(万元)

两公司合计应纳企业所得税＝405＋37.5＝442.5(万元)

相比第一种方式节约税收202.5万元(645－442.5)。

方案三:长江公司在深圳新设立关联的高新技术企业泰丰公司(符合新税法的规定,并被高新技术企业管理办公室批准为高新技术企业,同时到税务局办理了减税申请);南翔公司以及长江公司的业务全部由新设的泰丰公司承接,南翔公司只是替泰丰公司加工业务。

泰丰公司的销售收入＝2×4500＝9000(万元)

成本＝1×4500＝4500(万元)

利润＝9000－4500＝4500(万元)

应纳所得税＝0(第一年免税)

南翔公司的加工费收入＝0.2×1500＝300(万元)

成本＝0.1×1500＝150(万元)

利润＝300－150＝150(万元)

应纳所得税＝150×25％＝37.5(万元)

两公司合计应纳企业所得税＝37.5(万元)

可见,第三种方式比第一种方式节约607.5万元(645－37.5),比第二种方式节约405(442.5－37.5)万元。

点评:

(1)虽然这一案例由于所得税法的变化已与现行税法不相符合,但其所体现的纳税筹划思想仍然适用于现行所得税法。

(2)企业投资项目的选择进行纳税筹划的基本思路尽可能选择低税率,尤其在税收收益产生的情况下,要通过加工方式或经营方式的转换,来将关联企业税率高的利润转移到税率低的关联企业中,这样来实现税率低的企业,利润多;税率高的企业,利润少,从而实现集团总税收的节约。

(3)企业在现行税法中,要充分利用国家对节能环保项目的税收优惠、高新技术企业的税收优惠来进行纳税筹划,如"对经济特区和上海浦东新区内在2008年1月1日(含)之后完成登记注册的国家需要重点扶持的高新技术企业,在经济特区和上海浦东新区内取得的所得,自取得第一笔生产经营收入所属纳税年度起,第一年至第二年免征企业所得税,第三年至第五年按照25％的法定税率减半征收企业所得税"。就是利用这个过渡政策,使得该企业通过筹划既可以为人类造福又可以给企业扬名创利,实现的是一个双赢的策略。

(二)筹资项目的筹划

企业进行筹资除了对外要求股东追加投资,向银行借贷或向社会发行有价证券外,有些企业若通过上述这些手段无法筹集到资金,可能会向职工集资,并且集资的利率高于银行利率,即将企业利益让利给职工。但在让利的过程中往往会发生税金的负担,那么,企业如何筹划才能使企业和职工税负降得最低?

【案例 5-8】 某实业有限公司现有职工 400 人,人均月工资 1500 元。当年度向职工集资,人均 30000 元,年利率 9％。假定同期同类银行贷款利率为 5％,当年度税前会计利润额为 300000 元,假定企业除利息要调整外无其他事项的调整。

因为同期同类银行贷款利率超过可扣除标准,根据税法规定,对于超支利息应调增应纳税所得额为:

30000×400×(9％－5％)＝480000(元)

该企业应纳企业所得税为:

(300000＋480000)×25％＝195000(元)

应代扣代缴个人所得税为:

$$30000×400×9\%×20\%＝216000(元)$$

如果该公司采取将职工的名义集资利率降为5%,把降低的利息通过提高职工奖金或工资的方式来解决的方案。那么,虽然职工的名义集资利率降了下来,但是个人毛收入不但没有减少,反而因集资利息的应纳税所得额的降低,使得个人的税后收益增加。对企业来说,集资利息未超过同期同类银行贷款利息,可以获得全额扣除。

因此,该公司可以将集资利率降为5%,而将减少的利息部分480000元[30000×400×(9%－5%)]按人按月分摊,每人每月增加工资或奖金100元(480000÷400×1÷12),增加后人均月工资达到1600元,仍未超过个人所得税工资费用扣除标准。

将利息费用转移为工资费用后,企业职工集资利息可全额扣除:

(1) 企业应纳企业所得税额减少了120000元(480000×25%);

(2) 应代扣代缴个人所得税减少了96000元(480000×20%),职工人均月应纳税减少额为25元[96000÷(400×12)]。

显而易见,调整了集资利率,使企业税后收益增加了120000元,达到了节税的目的,而每一个企业职工的月税后收益也增加了25元,得到了一定的实惠。

点评:

(1) 企业集资要特别注意的是,企业之间资金拆借或个人资金拆借不能违背国家金融纪律和税法规定。税法规定:"非金融企业向非金融企业借款的利息支出,不超过按照金融企业同期同类贷款利率计算的数额的部分"。

(2) 关联企业之间资金拆借,企业实际支付给关联方的利息支出可以税前扣除。除符合上述规定外,其接受关联方债权性投资与其权益性投资比例必须为:金融企业为5∶1;其他企业为2∶1。

(3) 企业如果能够按照税法及其实施条例的有关规定提供相关资料,并证明相关交易活动符合独立交易原则的;或者该企业的实际税负不高于境内关联方的,其实际支付给境内关联方的利息支出,在计算应纳税所得额时准予扣除。

(4) 企业同时从事金融业务和非金融业务,其实际支付给关联方的利息支出,应按照合理方法分开计算;没有按照合理方法分开计算的,一律按本通知第一条有关其他企业的比例计算准予税前扣除的利息支出。

(5) 对于企业自关联方取得的不符合规定的利息收入应按照有关规定缴纳企业所得税。

【案例5-9】 某集团公司生产一种产品,每件市场最终接受价格为100元,有关单件产品情况如下:生产成本40元,销售费用30元,企业所得税率25%,暂不考虑管理费用、财务费用等。

筹划之前,集团公司应缴所得税额为:

$(100-40-30)\times25\%=7.5(元)$

该集团公司经过市场调查发现,其产品主要销往沿海一带,因此经董事会讨论同意,在广东深圳设立一家具有独立法人资格的销售公司,一切产品均由该销售公司负责销售,集团公司只重生产。该公司属于微利企业,所得税率20%。

分析:

方案一:该集团公司领导层听取纳税筹划师的建议,经过研究,决定定价如下:

集团公司销售给销售公司的价格为单件60元,则集团公司应缴所得税为:

$(60-40)\times25\%=20\times25\%=5(元)$

销售公司应缴所得税为:

$(100-60-30)\times20\%=10\times20\%=2(元)$

共计纳税为:5+2=7元,比未设销售公司前单件产品少交税0.5元,即7.5-7=0.5(元)

方案二:该集团财务总监认为,只要在税法准许的情况下,能够达到同行业一般生产型企业的平均利润水平,就还可以将部分利润转让给深圳销售公司,故此将销售给深圳销售公司每件售价压到50元。则:

集团公司缴所得税为:

$(50-40)\times25\%=10\times25\%=2.5(元)$

销售公司应缴所得税为:

$(100-50-30)\times20\%=20\times20\%=4(元)$

共计纳税6.5元,即2.5+4=6.5(元)。

由此可见,方案二比筹划方案一单价产品价格转让后比价格转让前少纳税$(7.5-7)=0.5(元)$,比筹划前未设立销售公司少纳税$(7.5-6.5)=1(元)$。

点评:

(1) 价格转让避税法的基本前提是:①两个企业存在两个不同的税率,例如15%、20%、25%或免税;②两个企业必须同属于一个利益集团,否则肥水流到外人田。

(2) 关联企业之间进行购销的转移价格不能违背独立交易原则,应当按照独立交易原则定价;否则,税务部门发现企业与其关联方之间的业务往来,不符合独立交易原则而减少企业或者其关联方应纳税收入或者所得额的,税务机关有权按照合理方法调整。

(三)利用税收优惠政策筹划

所得税的优惠政策包括:

1. 加计扣除税前费用,即:(1)企业为开发新技术、新产品、新工艺发生的研究开发费用,未形成无形资产计入当期损益的,在按照规定实行150%税前加计扣除；(2)企业安置残疾人员的，在按照支付给残疾职工工资的100%扣除基础上，按照支付给上述人员工资的100%加计扣除；安置国务院规定鼓励安置并享受税收优惠的其他就业人员的，自安置就业所属纳税年度起3年内，在按照支付给上述人员工资的100%扣除基础上，按照支付给上述人员工资的50%加计扣除。

2. 加速折旧。

3. 资源综合利用减计收入。

4. 创业投资企业减免纳税所得额以及所得税额抵免项目等。

企业应该利用这些政策进行纳税筹划。

【案例5-10】 长江实业公司是2000年初开办的民营企业，主要生产环保节能设备，经过几年的运行，公司的主打产品为企业的盈利作出了突出的贡献。但是近年来企业的销售增长率趋缓，盈利水平也越来越低。经过市场调查，发现本企业的产品在市场的地位逐渐下降，市场上出现了更先进的产品。

针对这种情况，2003年末，公司董事会经过反复研究，决定从2004年开始，利用三年的时间投资2100万元，计划每年投资700万元对企业的产品进行技术改造和技术开发。

企业筹划：

2004年初，公司就开始着手落实公司董事会的技术开发方案。

2004年4月，注册税务师王成接受委托，到该公司帮助企业进行所得税汇算清缴。在进行具体的税务评估时，王成看到了公司的技术开发方案。在征得公司负责人的同意后，他对技术开发方案的有关情况进行了调查和测算。

公司2003年度技术开发费为0，当地企业所得税的适用税率为33%，如果公司2004—2006年每年安排技术开发费700万元，预计每年加计扣除技术开发费前的应纳税所得额为4000万元。

如果按照董事会的方案，2004—2006年长江实业公司各应缴的企业所得税为：

2004年，长江实业公司技术开发费比上年增长100%（超过10%），允许再按技术开发费实际发生额的50%抵扣当年度的应纳税所得额，其应缴企业所得税1204.5万元[(4000－700×50%)×33%]。

由于2005年和2006年技术开发费支出金额相同，即增长率为0，长江实业公司不得加计扣除，其应缴企业所得税1320万元（4000×33%）。

三年合计应缴企业所得税3844.5万元（1204.5＋1320×2）。

注册税务师王成认为：公司将技术开发费用的列支在三年中平均分摊，未必是最佳的投资方案。于是他对公司技术开发的具体情况作了调查，同时请有关技术专家对该企业的设备运行情况进行了一次完整的技术分析。他发现公司的技术开发部门的力量相对年轻，技术上有一个提高过程的要求；该企业的技改项目也可以适当调整。

于是,他向公司董事会提出如下建议:2004—2006年分别安排技术开发费600万元、700万元、800万元。根据测算和技术论证,采用这个方案并不影响企业的生产进度。

方案调整之后,对公司的税收负担有什么影响呢?下面不妨再作一个测算:

公司在此之前由于未进行任何技术开发,没有发生技术开发费,所以:

2004年长江实业公司技术开发费比上年增长100%;

2005年增长16.67%[(700-600)÷600×100%];

2006年增长14.29%[(800-700)÷700×100%]。

三年中的每一年技术开发费均比上年超过10%,每年都允许再按技术开发费实际发生额的50%抵扣当年度的应纳税所得额。这样,2004—2006年,长江实业公司各年应缴的企业所得税为:

2004年应缴企业所得税=(4000-600×50%)×33%=1221(万元)

2005年应缴企业所得税=(4000-700×50%)×33%=1204.5(万元)

2006年应缴企业所得税=(4000-800×50%)×33%=1188(万元)

三年合计应缴企业所得税=1221+1204.5+1188=3613.5(万元)

通过技术方案的调整,使公司少缴企业所得税231万元(3844.5-3613.5)。

在2007年下半年初预计该企业实现税前利润4000万元,发生研发费400万元,2008年上半年末该企业预计2008年将实现税前利润5000万元,2008年收入25000万元,2006至2008年三年的收入45000万元,该企业本来在2008年没有研发费用计划和项目,但财务总监却要求企业进行科技立项,将企业的骨干以及业务技术人员的工薪,相关的设备购买及出差费用等以调研名义列入科研预算计划中,达到150万元。董事会问理由何在?财务总监作答:

第一,本企业属于生产环保设备,产品属于高新企业技术服务领域,企业的科技人员比例,高新技术产品和服务收入占总收入的比例均达标;

第二,现在就差研发费用的比例。

由于统计出来,本企业近三年收入,即2006年至2008年三年的收入45000万元;按照高新企业申请条件:最近一年销售收入在20000万元以上的企业,比例不低于3%,按照2006年至2008年三年的收入45000万元的3%即为1350万元,即2006至2008年三年本企业的科研开发费用必须达到1350万元,而2006年至2007年科研开发费用为800+400=1200万元,所以2008年必须达到150万元,才符合高新技术企业的申请条件。

第三,申请到高新技术企业及增加研发费用带来的税收收益为:

由于研发费用带来的税收收益为:150×50%×15%=11.25(万元)

由于高新技术企业税率降低带来的税收收益为:5000×(25%-15%)=500

（万元）

共计税收收益为：11.25＋500＝511.25（万元）

点评：

（1）长江公司首先是利用"企业为开发新技术、新产品、新工艺发生的研究开发费用，未形成无形资产计入当期损益的，在按照规定实行100％扣除基础上，按照研究开发费用的50％加计扣除；形成无形资产的，按照无形资产成本的150％摊销"的规定进行了研究开发费用调整的纳税筹划（2006年以前税收政策规定，当年研究开发费用在税前按150％扣除的条件，其一，必须是盈利的制造业企业；其二，当年的研究开发费用必须比上年增长10％），从而使企业节约了231万元。

（2）长江公司在2008年又充分利用高新技术企业申请条件，在2008年追加150万元的研究开发费用，从而使企业满足高新技术申请条件，实现的纳税所得额一方面可享受按15％税率计算，另一方面税前可增大扣除研究开发费用75万元（150×50％），从而带来税收收益511.25万元。

（3）企业在日常核算时应注意开发新技术、新产品、新工艺发生的研究开发费用的认定条件，单独归集核算，并归档保存相关证明材料，以便能充分享受加计扣除的优惠政策。

【案例5-11】 A公司于2008年2月20日以银行存款900万元投资于B公司，占B公司股本总额的70％，B公司当年获得税后利润500万元。A公司所得税率为25％，B公司的所得税率为15％。公司可以用两个方案来处理这笔利润。

方案一：2009年3月，B公司董事会决定将税后利润的30％用于分配，A公司分得利润105万元。2009年9月，A公司将其拥有的B公司70％的股权全部转让给C公司，转让价为1000万元，转让过程中发生税费0.5万元。

方案二：B公司保留盈余不分配。2009年9月，A公司将其拥有B公司70％的股权全部转让给C公司，转让价为1105万元，转让过程中发生税费0.5万元。

试问：A公司选择哪种方案筹划？

分析：

方案一：

假设A公司2009年度内部生产、经营所得100万元。

（1）A公司经营所得应交纳的所得税＝100×25％＝25（万元）

（2）A公司分得股息收益105万元，免缴所得税。

（3）转让所得＝1000－900－0.5＝99.5（万元）

应纳税额＝99.5×25％＝24.875（万元）

因此，A公司2009年合计应纳所得税额为49.875万元（25＋24.875）。

A 公司税后的收益：

$(100-25)+105+(99.5-24.875)=254.625(万元)$

方案二：

(1) 生产、经营所得应纳税额 25 万元。

由于 B 公司保留盈余不分配，从而导致股息和资本利得发生转化，即当被投资企业有税后盈余而发生股权转让时，被投资企业的股价就会发生增值，如果此时发生股权转让，这个增值实质上就是投资人在被投资企业的股息转化为资本利得。因此，企业保留利润不分配，才会导致股权转让价格升高。这种收益应全额并入企业的应纳税所得额，依法缴纳所得税。

(2) A 公司资本转让所得 204.5 万元(1105－900－0.5)，应纳税所得额 51.125 万元(204.5×25%)。

A 公司 2009 年合计应纳所得税额 76.125 万元(25＋51.125)。

A 公司税后的收益：$(100-25)+(204.5-51.125)=228.375(万元)$

故应选择方案一，即先进行利润分配再转让。

点评：

(1) 方案二相比方案一来说，由于前者股息没分配，导致企业进行股权转让的价格抬高，抬高的部分多交了企业所得税。

(2)方案一得益于新税法投资人 A 公司从被投资企业 B 公司分得的股息是免税的(旧税法中投资人 A 公司从被投资企业 B 公司分得的股息就必须补税)，因此，可以使用这种方案筹划。

第五节　企业所得税的会计处理

一、所得税的计算

应纳所得税的计税依据是应纳税所得额，其计算公式如下：

应纳所得税额＝应纳税所得额×所得税税率

其中，应纳税所得额＝会计利润±永久性差异±暂时性差异

二、税前会计利润与应纳税所得额之间的差异

在经济领域中，会计与税收是两个不同的分支，分别遵循不同的原则，规范不同的对象。因此，在企业会计准则和税收法规中，均体现了会计和税收各自相对的独立性和适当分离的原则。

企业的税前会计利润是指根据企业会计准则核算的、在一定时期内扣除当

期所得税费用前的利润总额。它反映了企业一定时期内产生的经营成果,体现了企业收入与费用的配比。应纳税所得额是指企业根据税法的规定确认的、在一定时期内应缴纳所得税的收益额。它是企业计算应纳所得税额的依据。

由于会计与税法在确认收益实现和费用扣减的时间,以及收入和费用确认的范围不同,因此,按照会计准则计算的税前会计利润与按照税法规定计算的应纳税所得额必然不同,从而产生税前会计利润与应纳税所得额之间的差异。这种差异分为永久性差异和暂时性差异两类。

（一）永久性差异

永久性差异是指某一会计期间,由于会计准则和税法在计算收益、费用或损失时的口径不同、标准不同,所产生的税前会计利润与应税所得之间的差异。这种差异不会影响其他会计报告期,也不会在其他期间得到补偿。永久性差异在本期发生,随着本期净收益确定而结转,并不在以后各经营期间转回。永久性差异会计处理的原则是:该差异一经发生,即在本期调整。

永久性差异有以下四种基本类型。

1. 会计收益非应税收益

会计收益非应税收益是指会计准则、制度上作为收益计入利润表,但按税法在计算应税所得额时不作为应税收益。主要有:

（1）企业购买国债的利息收入,会计上作为投资收益,包括在税前会计利润（即利润总额）中,但按照税法规定,国债利息收入免税,不计入应税所得;

（2）企业从国内其他单位分回的税后利润,会计上作为投资收益纳入利润总额。因为被投资单位已按 25% 的税率计算缴纳过所得税,则分回的利润按税法规定不再缴纳所得税。

2. 应税收益非会计收益

应税收益非会计收益是指按税法规定应计入应税所得,但按照会计准则不确认收入,不计入利润表。主要有:

（1）企业与关联企业以不合理的手段减少纳税所得额,税法规定税务机关有权合理调整增加企业应纳税所得额;

（2）企业收到的价外费用、视同销售等,会计上可能不作为收入,但在税法上要求作应税收入。

3. 会计费用非应税费用

会计费用非应税费用是指按会计准则规定核算时确认为费用或损失项目计入利润表,但税法在计算应税所得时则不允许扣减。具体有两种情况,一是范围不同,即会计上作为费用或损失的项目,税法规定不作为扣除项目处理;二是标准不同,即有些在会计上作为费用或损失的项目,税法允许作扣除项目,但规定了应税费用的标准限额,超限额部分会计上仍列为费用或损失,但税法不允许抵扣应税所得。

（1）范围不同的项目主要有：

①贿赂等非法支出，会计上一般列入"管理费用"或"营业外支出"，但税法不允许扣除应税所得。

②违法经营的罚款和被没收财物的损失。企业的生产、经营因违反国家法律、法规和规章，被有关部门处以的罚款，以及被没收财物的损失，会计上作为"营业外支出"处理，但税法不允许扣减应税所得。

③各项税收的滞纳金、罚金，会计上列作"营业外支出"，但税法规定不得扣减应税所得。

④各种非公益性、救济性捐赠和赞助支出。会计上据实列入"营业外支出"，但税法规定不得抵扣应税所得。

⑤资产减值准备的计提，会计上列作"资产减值损失"，但税法要求企业只有按照税法标准认定该项资产实际发生损失时（如实体发生毁损等），其损失金额才可在税前扣除，未经核定的准备金不得在税前扣除。

（2）标准不同的项目主要有：

①利息支出，会计上在"财务费用"中据实列支，但税法规定向非金融机构借款的利息支出，高于按照金融机构同类、同期贷款利率计算的部分，不准扣减应纳税所得额。

②公益性、救济性捐赠，会计上列为"营业外支出"；但税法规定，公益性、救济性捐赠未超过年度会计利润总额12%的部分准予扣除，超额部分不得扣除。

③业务招待费，会计上列作"管理费用"；但税法规定按实际发生额的60%扣除，并且最高不得超过企业全年营业收入的5‰，超过限额部分应计入应纳税所得额。

④广告和业务宣传费，会计上列作"销售费用"，但税法规定企业每一年度发生的符合条件的广告费和业务宣传费，除国务院财政、税务主管部门另有规定外，不超过当年销售（营业）收入15%的部分，准予扣除；超过部分，准予在以后纳税年度结转扣除。

⑤工会经费，会计上列入相关的成本、费用；但税法规定建立工会组织的企业按每月全部职工工资总额的2%向工会拨缴的经费，凭工会组织开具的《工会经费拨缴款专用收据》在税前扣除，凡不能出具《工会经费拨缴款专用收据》的，其提取的职工工会经费不得在企业所得税前扣除。

⑥职工教育经费，会计上列入相关的成本、费用。但税法规定职工教育经费每月按不超过工资总额的2.5%的部分，准予扣除；超过部分，准予在以后纳税年度结转扣除。

⑦职工福利类支出。这里指的职工福利类支出，是指企业为职工缴纳的医

疗保险费、养老保险费、失业保险费、工伤保险费、生育保险费等社会保险费和住房公积金。会计上列入相关的成本、费用,但税法规定列入成本、费用的金额不得超过工资总额的一定比例,超过部分超应计入应纳税所得额。

4. 应税费用非会计费用

应税费用非会计费用,是指按照会计准则规定核算时不确认为费用或损失,但在计算应税所得时则允许扣减。主要有:

①研究与开发费。企业为开发新技术、新产品、新工艺发生的研究开发费用,未形成无形资产计入当期损益的,按照规定在据实扣除的基础上,按照研究开发费用的 50% 加计扣除;形成无形资产的,按照无形资产成本的 150% 摊销。

②安置残疾人员就业的工资。企业安置残疾人员的,在按照支付给残疾职工工资据实扣除的基础上,按照支付给残疾职工工资的 100% 加计扣除。

③创投企业投资抵免。创业投资企业采用股权投资方式投资于未上市的中小高新技术企业两年以上的,可以按照其投资额的 70% 在股权持有满两年的当年抵扣该创业投资企业的应纳税所得额;当年不足抵扣的,可以在以后年度结转抵扣。

(二)暂时性差异

暂时性差异,是指资产或负债的账面价值与其计税基础之间的差额。资产、负债的账面价值,是指企业按照相关会计准则的规定进行核算后在资产负债表中列示的金额。对于计提了减值准备的各项资产,是指其账面余额减去已计提的减值准备后的金额。

1. 资产的计税基础

资产的计税基础,是指企业收回资产账面价值过程中,计算应纳税所得额时按照税法规定可以自应税经济利益中抵扣的金额。即:

资产的计税基础=资产在未来期间计税时准予税前列支的金额

资产在初始确认时,其计税基础通常为其取得成本,因此,资产初始计量时的账面价值与其计税基础是一致的。在资产持续持有过程中,其计税基础是指资产的取得成本减去以前期间按照税法规定已经税前扣除的金额后的余额。如,固定资产、无形资产等长期资产在某一资产负债表日的计税基础,是指其成本扣除按照税法规定已在以前期间扣除的累计折旧额或累计摊销额后的金额。

现对资产负债表中部分资产项目计税基础的确定介绍如下。

(1)固定资产

固定资产在取得时按照会计准则规定确定的入账价值基本上是被税法认可的,即取得时其账面价值一般等于计税基础。

固定资产在持有期间进行后续计量时,由于会计与税法规定就折旧方法、折旧年限以及固定资产减值准备的提取等处理的不同,可能造成固定资产的账面价值与计税基础的差异。会计准则与税法的差异主要集中在：

①折旧年限的不同形成的差异。企业会计准则并未规定固定资产的具体折旧年限，企业应根据固定资产为企业带来经济利益的期限自行估计确定其折旧年限；而税法通常会规定每一类别固定资产的折旧年限，会计折旧年限与计税折旧年限的不同会直接导致固定资产账面价值与其计税基础之间的差异。

②折旧方法的不同形成的差异。企业会计准则规定，企业可以采用平均年限法、工作量法等方法计提折旧，也可以采用双倍余额递减法、年数总和法等加速折旧法计提折旧；而税法规定，除某些特殊固定资产可以采用加速折旧法外，一般是按照直线法计提折旧。

③因计提固定资产减值准备形成的差异。会计准则规定，如果固定资产的期末可收回金额小于其原账面价值，应通过计提减值准备将其账面价值减记至未来应收金额。但是，税法并不认可因计提减值准备而形成的损失，资产的计税基础不会随资产减值准备的提取而发生变化，从而形成固定资产账面价值与其计税基础之间的差异。

【案例 5-12】 A 企业于 20×1 年 12 月 10 日，以 450 万元购入一台生产设备，该台设备的预计使用寿命为 10 年，按照直线法计提折旧，预计净残值为 0。假定税法规定的折旧年限、折旧方法及净残值与会计规定相同。20×3 年 12 月 31 日，A 企业估计该项固定资产的可收回金额为 320 万元。

分析：

该项固定资产在 20×3 年 12 月 31 日的账面价值＝450－450÷10×2－40 ＝320（万元）

该项固定资产在 20×3 年 12 月 31 日的计税基础＝450－450÷10×2＝360 （万元）

该项固定资产的账面价值 320 万元与其计税基础 360 万元之间产生的 40 万元差额，在未来期间会减少企业的应纳税所得额和应交所得税。

（2）无形资产

除内部研究开发形成的无形资产以外，以其他方式取得的无形资产，初始确认时按照会计准则规定确定的入账价值与按照税法规定确定的成本之间一般不存在差异。无形资产的账面价值与计税基础之间的差异主要产生于内部研究开发形成的无形资产以及使用寿命不确定的无形资产。

①对于内部研究开发形成的无形资产，会计准则规定，内部研究开发活动区分为研究与开发两个阶段。研究阶段的支出应当费用化计入当期损益，开发阶段符合资本化条件以后至达到预定用途前发生的支出应当资本化作为无形资产的成本。对于研究开发费用的税前扣除，税法中规定企业为开发新技术、新产品、新工艺发生的研究开发费用，未形成无形资产计入当期损益的，在按照规定

据实扣除的基础上,按照研究开发费用的50%加计扣除;形成无形资产的,按照无形资产成本的150%摊销。如该无形资产的确认不是产生于合并交易、同时在确认时既不影响会计利润也不影响应纳税所得额,则按照所得税会计准则的规定,不确认有关暂时性差异的所得税影响。

②无形资产在后续计量时,会计与税收的差异主要产生于对无形资产是否需要摊销及无形资产减值准备的提取。

会计准则规定,应根据无形资产使用寿命情况区分为使用寿命有限的无形资产与使用寿命不确定的无形资产。对于使用寿命不确定的无形资产,不要求摊销,但持有期间每年应进行减值测试。税法规定,企业取得的无形资产成本应在一定期限内摊销。即税法中没有界定使用寿命不确定的无形资产,除外购商誉外所有的无形资产成本均应在一定期间内摊销。

对于使用寿命不确定的无形资产,会计处理时不予摊销,但计税时其按照税法规定确定的摊销额允许税前扣除,造成该类无形资产的账面价值与计税基础的差异。

在对无形资产计提减值准备的情况下,因税法对按照会计准则规定计提的无形资产减值准备在形成实质性损失前不允许税前扣除,即无形资产的计税基础不会随减值准备的提取发生变化,但其账面价值会因资产减值准备的提取而下降,从而造成无形资产的账面价值与计税基础的差异。

【案例 5-13】 甲企业当期为开发新技术发生研究开发支出共计2000万元,其中研究阶段支出400万元,开发阶段符合资本化条件前发生的支出为400万元,符合资本化条件后至达到预定用途前发生的支出为1200万元。假定开发形成的无形资产在当期期末已达到预定用途,但尚未开始摊销。

分析:

甲企业当期发生的研究开发支出中,按照会计准则规定应予费用化的金额为800万元,形成无形资产的成本为1200万元,即期末所形成无形资产的账面价值为1200万元。

甲企业于当期发生的2000万元研究开发支出,按照税法规定可在当期税前扣除的金额为1200万元。对于按照会计准则规定形成无形资产的部分,税法规定按照无形资产成本的150%作为计算未来期间摊销额的基础,即该无形资产在初始确认时的计税基础为1800万元(1200×150%)。

该项无形资产的账面价值1200万元与其计税基础1800万元之间的差额600万元将于未来期间税前扣除,产生可抵扣暂时性差异。

【案例 5-14】 甲企业于20×9年初购置了某项无形资产,取得成本为160万元。企业根据各方面情况判断,无法合理预计其为企业带来经济利益的期限,将其视为使用寿命不确定的无形资产,不予摊销。20×9年12月31日,对该项无形资产进行减值测试表明为发生减值。企业计税时,对该项无形资产按照 10 年的期限摊销,有关摊销额允许税前扣除。

分析:

会计上将该项无形资产作为使用寿命不确定的无形资产,20×9 年 12 月 31 日,在未发生减值的情况下,该项无形资产的账面价值为取得成本 160 万元。

该项无形资产在 20×9 年 12 月 31 日的计税基础为 144 万元(160－16)。

该项无形资产账面价值 160 万元与计税基础 144 万元之间的差额 16 万元将计入未来期间的应纳税所得额,产生未来期间企业所得税税款流出的增加,为应纳税的暂时性差异。

(3) 以公允价值计量且其变动计入当期损益的金融资产

按照《企业会计准则第 22 号——金融工具确认和计量》的规定,对于以公允价值计量且其变动计入当期损益的金融资产,其于某一会计期末的账面价值为该时点的公允价值。税法规定,企业以公允价值计量的金融资产、金融负债以及投资性房地产等,持有期间公允价值的变动不计入应纳税所得额,在实际处置或结算时,处置取得的价款扣除其历史成本后的差额应计入处置或结算期间的应纳税所得额。按照该规定,以公允价值计量的金融资产在持有期间市价的波动在计税时不予考虑,有关金融资产在某一会计期末的计税基础为其取得成本,从而造成在公允价值变动的情况下,对以公允价值计量的金融资产账面价值与计税基础之间的差异。

【案例 5-15】 甲公司 20×7 年 10 月 20 日,甲公司以 104 万元取得乙公司股票 10 万股作为交易性金融资产核算,20×7 年 12 月 31 日,甲公司尚未出售所持有乙公司股票,乙公司股票公允价值为每股 12.4 元。税法规定,对于交易性金融资产,持有期间公允价值的变动不计入当期应纳税所得额,待出售时一并计算应计入应纳税所得额的金额。

分析:

该项交易性金融资产的期末市价为 124 万元,其按照会计准则规定进行核算在 20×7 年 12 月 31 日资产负债表日的账面价值为 124 万元。

税法规定交易性金融资产在持有期间的公允价值变动不计入应纳税所得额,其在 20×7 年资产负债表日的计税基础应维持原取得成本不变,即为 104 万元。

该交易性金融资产的账面价值 124 万元与其计税基础 104 万元之间产生了 20 万元的暂时性差异,该暂时性差异在未来期间转回时会增加应纳税所得额,导致企业应交所得税增加,属应纳税暂时性差异。

(4) 可供出售金融资产

按照企业会计准则的规定,可供出售金融资产应当按照公允价值计量,公允价值与账面价值的差额计入所有者权益。税法规定,企业以公允价值计量的金融资产,持有期间公允价值的变动不计入应纳税所得额,在实际处置时,处置取得的价款扣除其历史成本后的差额计入处置期间的应纳税所得额。按照该规定,可供出售金融资产在持有期间公允价值的变动在计税时不予考虑,其在某一资产负债表日的计税基础为其取得成本。因此,在公允价值变动的情况下,以公允价值计量的可供出售金融资产账面价值与计税基础之间会产生暂时性差异。

【案例 5-16】 甲公司 20×7 年 10 月 20 日,从公开市场上取得一项权益性投资,作为可供出售的金融资产核算。该项投资的取得成本为 300 万元。20×7 年 12 月 31 日,该项权益性投资的公允价值 350 万元。

分析:

该项可供出售金融资产的期末公允价值为 350 万元,其按照会计准则规定进行核算在 20×7 年 12 月 31 日资产负债表日的账面价值为 350 万元。

税法规定可供出售金融资产在持有期间的公允价值变动不计入应纳税所得额,其在 20×7 年资产负债表日的计税基础应维持原取得成本不变,即为 300 万元。

该可供出售金融资产的账面价值 300 万元与其计税基础 350 万元之间产生了 50 万元的暂时性差异,该暂时性差异在未来期间转回时会增加应纳税所得额,导致企业应交所得税增加,属应纳税暂时性差异。

(5)长期股权投资

企业持有的长期股权投资,按照会计准则规定,应区分对被投资单位的影响程度分别采用成本法及权益法进行核算。

企业所得税法中对于投资资产的处理,要求按规定确定其成本后,在转让或处置投资资产时,其成本准予扣除。因此,税法中对于长期股权投资并没有权益法的概念。长期股权投资取得后,如果按照会计准则规定采用权益法核算,则一般情况下在持有过程中随着应享有被投资单位净资产份额的变化,其账面价值与计税基础会产生差异。该差异主要源于以下三种情况:

①初始投资成本的调整。采用权益法核算的长期股权投资,取得时应比较其初始投资成本与按比例计算应享有被投资单位可辨认净资产公允价值的份额,在初始投资成本小于按比例计算应享有被投资单位可辨认净资产公允价值份额的情况下,应当调整长期股权投资的账面价值,同时确认为当期收益。因该种情况下在确定了长期股权投资的初始投资成本以后,按照税法规定并不要求对其成本进行调整,计税基础维持原取得成本不变,其账面价值与计税基础会产生差异。

②投资损益的确认。对于采用权益法核算的长期股权投资,持有投资期间

在被投资单位实现净利润或发生净损失时,投资企业按照持股比例计算应享有的部分,一方面应调整长期股权投资的账面价值,同时确认为当期损益。在长期股权投资的账面价值因确认投资损益变化的同时,其计税基础维持原取得成本不变,从而使长期股权投资账面价值与计税基础产生差异。

③应享有被投资单位其他权益的变化。采用权益法核算的长期股权投资,除确认应享有被投资单位的净损益外,对于应享有被投资单位的其他权益变化,也应调整长期股权投资的账面价值,但其计税基础不会发生变化,从而使长期股权投资账面价值与计税基础产生差异。

【案例5-17】　甲公司于20×7年1月1日以6000万元取得B公司30％的有表决权股份,拟长期持有并能够对乙公司施加重大影响,该项长期股权投资采用权益法核算。投资时乙公司可辨认净资产公允价值总额为18000万元,甲公司取得该项投资时,乙公司各项可辨认资产、负债的公允价值与账面价值相同。乙公司20×7年实现净利润2300万元,未发生影响权益变动的其他交易或事项。

分析:

①甲公司取得投资时

借:长期股权投资——B公司(成本)　　　　　　　　　60000000

　　贷:银行存款　　　　　　　　　　　　　　　　　　60000000

因该项长期股权投资的初始投资成本(6000万元)大于按照持股比例计算应享有B公司可辨认净资产公允价值的份额(5400万元),其初始投资成本无须调整。

②确认投资损益时

借:长期股权投资——B公司(损益调整)　　　　　　　6900000

　　贷:投资收益　　　　　　　　　　　　　　　　　　6900000

20×7年12月31日,该长期股权投资的账面价值为6690万元。

20×7年12月31日,该长期股权投资的计税基础为6000万元。因为,按照税法的规定,在确定长期股权投资初始投资成本后,其计税基础维持原取得成本不变。因此,计税基础仍为6000万元。

该长期股权投资的账面价值6690万元与其计税基础6000万元之间产生了690万元的暂时性差异,该暂时性差异在未来期间转回时会增加应纳税所得额,导致企业应交所得税增加,属应纳税暂时性差异。

(6)投资性房地产

按照企业会计准则规定,当投资性房地产所在地有活跃的房地产交易市场,而且企业能够从房地产交易市场上取得同类或类似房地产的市场价格及其他相关信息,从而对投资性房地产的公允价值作出合理的估计时,可以对投资性房地产按照公允价值进行后续计量。对于采用公允价值模式进行后续计量的投资性房地产,其期末账面价值为公允价值,而税法并不认可该类资产在持有期间因公允价值变动产生的利得或损失,投资性房地产的计税基础应以取得时支付的历史成本为基础计算确定,从而造成账面价值与计税基础之间的差异。

【案例 5-18】 甲公司于 20×1 年初购入一项土地使用权,取得时实际支付的土地出让金为 1500 万元,使用年限 50 年,取得后作为投资性房地产核算。因能够持续可靠取得该投资性房地产的公允价值,企业选择公允价值对该投资性房地产进行后续计量。假定 20×1 年 12 月 31 日该投资性房地产的公允价值为 2000 万元。

分析:

20×1 年 12 月 31 日,该投资性房地产的账面价值等于其公允价值 2000 万元。

20×1 年 12 月 31 日,该投资性房地产的计税基础为成本 1500 万元扣除摊销额 30 万元后的余额 1470 万元。

该投资性房地产的账面价值 2000 万元与计税基础 1470 万元之间产生了 530 万元的暂时性差异,该暂时性差异在未来期间转回时会增加应纳税所得额,导致企业应交所得税增加,属应纳税暂时性差异。

(7) 其他计提了减值准备的资产

除固定资产、无形资产和以成本模式进行后续计量的投资性房地产外,其他资产在期末也可能计提了减值准备,如坏账准备、存货跌价准备、长期股权投资减值准备、持有至到期投资减值准备等。对于计提了减值准备的各项资产,其账面价值会随之下降;而按照税法规定,资产减值损失在转化为实质性损失之前,不允许税前扣除,即其计税基础不会因减值准备的提取而发生变化,仍然是取得时的历史成本,从而造成资产的账面价值与其计税基础之间的差异。

值得注意的是,资产的计税基础是可以自应税经济利益中抵扣的金额。如果收回资产账面价值时,相关经济利益本身无需纳税,则该资产的计税基础即为其账面价值。例如,应收国债利息的账面价值为 100 万元,由于国债利息免征企业所得税,因此,该应收项目的计税基础为 100 万元。

【案例 5-19】 甲公司于 20×7 年 10 月 15 日购入原材料一批,成本为 400 万元。因部分生产线停工,该批原材料一直未被领用。20×7 年 12 月 31 日,该公司对该批材料计提了 40 万元的存货跌价准备。

分析:

该批原材料在 20×7 年 12 月 31 日的账面价值为 360 万元。

该批原材料的计税基础不会因存货跌价准备的提取而发生变化,20×7 年 12 月 31 日的计税基础仍为原取得成本 400 万元。

该存货的账面价值 360 万元与其计税基础 400 万元之间产生了 40 万元的暂时性差异,该差异会减少企业在未来期间的应纳税所得额和应交所得税,属可抵扣暂时性差异。

【**案例 5-20**】　甲公司 20×7 年 12 月 31 日应收账款余额为 1000 万元,该公司期末对应收账款计提了 100 万元的坏账准备。税法规定,不符合国务院财政、税务主管部门规定的各项资产减值准备,在计算应纳税所得额时不允许税前扣除。假定该公司期初应收账款及坏账准备的余额均为 0。

分析:

该项应收账款在 20×7 年资产负债表日的账面价值为 900 万元(1000－100)。

该项应收账款的计税基础不会因坏账准备的提取而发生变化,其在 20×7 年资产负债表日计税基础仍为 1000 万元。

该计税基础与其账面价值之间产生 100 万元暂时性差异,该暂时性差异在未来期间应收账款发生实质性损失时,会减少应纳税所得额,导致企业应交所得税减少,属可抵扣的暂时性差异。

2. 负债的计税基础

负债的计税基础,是指负债的账面价值减去未来期间计算应纳税所得额时按照税法规定可予抵扣的金额。即:

负债的计税基础＝负债的账面价值－未来期间计税时准予税前列支的金额

通常情况下,负债的确认和偿还不会对当期损益和应纳税所得额产生影响,未来期间计算应纳税所得额时按照税法规定可予抵扣的金额为 0,其计税基础即为账面价值。但是,在某些情况下,负债的确认可能会影响损益,并影响不同期间的应纳税所得额,使其计税基础与账面价值之间产生差额。

下面举例说明部分负债项目计税基础的确定。

(1)应付职工薪酬

会计准则规定,企业为获得职工提供的服务给予的各种形式的报酬以及其他相关支出均应作为企业的成本费用,在未支付之前确认为负债。税法中对于合理的职工薪酬基本允许税前扣除,但税法中明确规定了税前扣除标准的,按照会计准则规定计入成本费用支出的金额超过规定标准部分,应进行纳税调整。因超过部分在发生当期不允许税前扣除,在以后期间也不允许税前扣除,即该部分差额对未来期间计税不产生影响,应付职工薪酬的账面价值等于计税基础。

【**案例 5-21**】　甲企业 20×1 年 12 月计入成本费用的职工工资总额为 200 万元,至 20×1 年 12 月 31 日尚未支付。按照税法规定,当期计入成本费用的 200 万元工资支出在计算应纳税所得额时可予全额扣除。

分析：

20×1 年 12 月 31 日,该项应付职工薪酬的账面价值为 500 万元,其计税基础等于账面价值 500 万元减去可从未来经济利益中扣除的金额 0 之间的差额,即 500 万元。计税基础与其账面价值一致,不形成暂时性差异。

(2) 预计负债

按照或有事项准则规定,企业对于预计提供售后服务将发生的支出在满足有关确认条件时,销售当期即应确认为费用,同时确认预计负债。如果税法规定,与销售产品相关的支出应于发生时税前扣除。因该类事项产生的预计负债在期末的计税基础为其账面价值与未来期间可税前扣除的金额之间的差额,如有关的支出实际发生时可全部税前扣除,其计税基础为 0;如果税法规定对于费用支出按照权责发生制原则确定税前扣除时点,所形成负债的计税基础等于账面价值。

因其他事项确认的预计负债,应按照税法规定的计税原则确定其计税基础。某些情况下,因有些事项确认的预计负债,税法规定其支出无论是否实际发生均不允许税前扣除,即未来期间按照税法规定可予抵扣的金额为 0,账面价值等于计税基础。

【案例 5-22】　某企业 20×1 年因销售产品承诺提供 3 年的保修服务,在当年的利润表中确认了 300 万元的销售费用,同时确认为预计负债,当年度未发生任何保修支出。假定按照税法规定,与产品售后服务相关的费用在实际发生时允许税前扣除。

分析：

该项预计负债在 20×1 年 12 月 31 日的账面价值为 300 万元。

税法规定与销售产品相关的支出应于发生时税前扣除,该项预计负债的计税基础为账面价值 300 万元减去可从未来经济利益中扣除的金额 300 万元之后的余额为 0,即计税基础等于 0。

账面价值与计税基础之间存在暂时性差额 300 万元。该差异会减少企业在未来期间的应纳税所得额和应交所得税,属可抵扣暂时性差异。

(3) 预收账款

企业在收到客户预付的款项时,因不符合收入确认条件,会计上将其确认为负债。税法中对于收入的确认原则一般与会计规定相同,即会计上未确认收入时,计税时一般亦不计入应纳税所得额,该部分经济利益在未来期间计税时可予税前扣除的金额为 0,计税基础等于账面价值。

某些情况下,因不符合会计准则规定的收入确认条件未确认为收入的预收款项,按照税法规定应计入当期应纳税所得额时,有关预收账款的计税基础为 0,即因其产生时已经计算交纳所得税,未来期间可全额税前扣除。

【案例 5-23】 甲公司于 20×1 年 12 月 15 日自客户收到一笔合同预付款，金额为 2000 万元，作为预收账款核算。假定税法规定，该款项应计入取得当期应纳税所得额计算交纳所得税。

分析：

该预收账款在 20×1 年 12 月 31 日资产负债表中的账面价值为 2000 万元。

按照税法规定，该项预收账款应计入取得当期的应纳税所得额计算交纳所得税，与该项负债相关的经济利益已在取得当期计算交纳所得税，未来期间按照会计准则规定应确认收入时，不再计入应纳税所得额，即其于未来期间计算应纳税所得额时可予税前扣除的金额为 2000 万元，计税基础＝账面价值 2000 万元－未来期间计算应纳税所得额时按照税法规定可予抵扣的金额 2000 万元＝0。

该项负债的账面价值 2000 万元与其计税基础 0 之间产生了 2000 万元暂时性差异，该差异会减少企业在未来期间的应纳税所得额和应交所得税，属可抵扣暂时性差异。

（4）其他负债

企业的其他负债项目，如应交的罚款和滞纳金等，在尚未支付之前按照会计规定确认为费用，同时作为负债反映。税法规定，罚款和滞纳金不能税前扣除，即该部分费用无论是在发生当期还是在以后期间均不允许税前扣除，其计税基础为账面价值减去未来期间计税时可予税前扣除的金额之间的差额，即计税基础等于账面价值。其他交易或事项产生的负债，其计税基础应当按照适用税法的相关规定确定。

【案例 5-24】 甲公司 20×7 年 12 月因违反当地有关环保法规的规定，接到环保部门的处罚通知，要求其支付罚款 100 万元。税法规定，企业因违反国家有关法律法规规定支付的罚款和滞纳金，计算应纳税所得额时不允许税前扣除。至 20×7 年 12 月 31 日，该项罚款尚未支付。

分析：

按照会计准则的规定，企业应交的罚款，在尚未支付之前确认损失，同时确认为负债。因此，该项应支付的罚款在 20×7 年 12 月 31 日的账面价值为 100 万元。

按照税法规定，企业违反国家有关法律法规规定支付的罚款和滞纳金不允许税前扣除，与该项负债相关的支出在未来期间计税时按照税法规定准予税前扣除的金额为 0，其计税基础＝账面价值 100 万元－未来期间计算应纳税所得额时按照税法规定可予抵扣的金额 0＝100 万元。

该项负债的账面价值 100 万元与其计税基础 100 万元相同，不形成暂时性差异。

3. 暂时性差异

暂时性差异,是指资产或负债的账面价值与其计税基础之间的差额。按照暂时性差异对未来期间应税金额的影响,可分为两类:应纳税暂时性差异和可抵扣暂时性差异。当资产的账面价值大于其计税基础或者负债的账面价值小于其计税基础的,将产生应纳税暂时性差异;当资产的账面价值小于其计税基础或者负债的账面价值大于其计税基础的,将产生可抵扣暂时性差异。

(1) 应纳税暂时性差异

应纳税暂时性差异,是指在确定未来收回资产或清偿负债期间的应纳税所得额时,将导致产生应税金额的暂时性差异。该差异在未来期间转回时,会增加转回期间的应纳税所得额,即在未来收回资产或清偿负债的期间,由于该暂时性差异的转回,会进一步增加转回期间的应纳税所得额和应交所得税金额。在该差异产生的当期,应当确认相关的递延所得税负债。

应纳税暂时性差异通常产生于以下两种情况:

①资产的账面价值大于其计税基础。

一项资产的账面价值代表的是企业在持续使用或最终出售该项资产时将取得的经济利益的总额,而计税基础代表的是一项资产在未来期间可予税前扣除的金额。资产的账面价值大于其计税基础,该项资产未来期间产生的经济利益不能全部税前抵扣,两者之间的差额需要交税,产生应纳税暂时性差异。例如,一项资产账面价值为 200 万元,计税基础如果为 150 万元,两者之间的差额会造成未来期间应纳税所得额和应交所得税的增加。在应纳税暂时性差异产生当期,符合确认条件的情况下,应确认相关的递延所得税负债。

②负债的账面价值小于其计税基础。

一项负债的账面价值为企业预计在未来期间清偿该项负债时的经济利益流出,而其计税基础代表的是账面价值在扣除税法规定未来期间允许税前扣除的金额之后的差额。因负债的账面价值与其计税基础不同产生的暂时性差异,本质上是税法规定就该项负债在未来期间可以税前扣除的金额(即与该项负债相关的费用支出在未来期间可予税前扣除的金额)。负债的账面价值小于其计税基础,则意味着就该项负债在未来期间可以税前抵扣的金额为负数,即应在未来期间应纳税所得额的基础上调增,增加未来期间的应纳税所得额和应交所得税金额,产生应纳税暂时性差异,应确认相关的递延所得税负债。

(2) 可抵扣暂时性差异

可抵扣暂时性差异,是指在确定未来收回资产或清偿负债期间的应纳税所得额时,将导致产生可抵扣金额的暂时性差异。该差异在未来期间转回时,会减少转回期间的应纳税所得额。在未来收回资产或清偿负债的期间,由于该差异的转回,会减少转回期间的应纳税所得额和应交所得税金额。在该差异的产生当期,应当确认相关的递延所得税资产。

可抵扣暂时性差异通常产生于以下两种情况：

①资产的账面价值小于其计税基础。

资产最终将转化为费用，当资产的账面价值小于其计税基础时，未来的会计费用将小于未来的应税费用，其差额应调减未来期间的应纳税所得额，因此属于可抵扣暂时性差异。

②负债的账面价值大于其计税基础。

当负债的账面价值大于其计税基础时，表明该项负债在未来期间可税前列支的金额大于零，这意味着未来期间在计算应纳税所得额时应在会计利润的基础上予以调减，因此属于可抵扣暂时性差异。

上述分析的暂时性差异及确认递延所得税的情况列表如下：

	资产	负债
账面价值＞计税基础	应纳税暂时性差异 （确认递延所得税负债）	可抵扣时间性差异 （确认递延所得税资产）
账面价值＜计税基础	可抵扣暂时性差异 （确认递延所得税资产）	应纳税暂时性差异 （确认递延所得税负债）

（3）特殊项目的暂时性差异

①未作为资产、负债确认的项目产生的暂时性差异。

某些交易或事项发生以后，因为不符合资产、负债的确认条件而未体现为资产负债表中的资产或负债，但按照税法规定能够确定其计税基础的，其账面价值0与计税基础之间的差异也构成暂时性差异。如税法规定，企业发生的符合条件的广告费和业务宣传费支出，除另有规定外，不超过销售收入15％的部分准予扣除；超过部分准予向以后纳税年度结转扣除。该类费用在发生时按照会计准则规定即计入当期损益，不形成资产负债表中的资产。但按照税法规定可以确定其计税基础，两者之间的差异也形成暂时性差异。

【案例5-25】　甲公司20×7年发生了2000万元广告支出，发生时已作为销售费用计入当期损益，税法规定，该类支出不超过当年销售收入15％的部分允许当期税前扣除，超过部分允许向以后纳税年度结转税前扣除。甲公司20×7年实现销售收入10000万元。

分析：

按照会计准则规定，该广告费用支出在发生时已计入当期损益，不体现为资产负债表中的资产；如果将其视为资产，20×7年12月31日的账面价值为0。

按照税法规定，该类支出税前列支有一定标准限制，根据当期甲公司销售收入15％计算，当期可予税前扣除1500万元（10000×15％），当期未予税前扣除的500万元（2000－1500）可以向以后纳税年度结转扣除，其计税基础为500

万元。

该项资产的账面价值0与其计税基础500万元之间产生了500万元的暂时性差异,该暂时性差异在未来期间可减少企业的应纳税所得额,为可抵扣暂时性差异,符合确认条件时,应确认相关的递延所得税资产。

②可抵扣亏损及税款抵减产生的暂时性差异

对于按照税法规定可以结转以后年度的未弥补亏损及税款抵减,虽不是因资产、负债的账面价值与计税基础不同产生的,但本质上可抵扣亏损和税款抵减与可抵扣暂时性差异具有同样的作用,均能减少未来期间的应纳税所得额和应交所得税,视同可抵扣暂时性差异,在符合确认条件的情况下,应确认与其相关的递延所得税资产。

【案例5-26】 甲公司于20×7年因政策性原因发生经营亏损4000万元,按照税法规定,该亏损可用于抵减以后5个年度的应纳税所得额。该公司预计其于未来5年期间能够产生足够的应纳税所得额利用该经营亏损。

分析:

虽然该经营亏损不是因为资产、负债的账面价值与其计税基础不同产生的,但从其性质上来看,可以减少未来期间企业的应纳税所得额和应交所得税,视同可抵扣暂时性差异。在企业预计未来期间能够产生足够的应纳税所得额利用该可抵扣亏损时,应确认相关的递延所得税资产。

三、所得税会计的核算

对于所得税会计的核算方法,主要有应付税款法和资产负债表债务法两种。这两种方法分别为我国企业会计制度和企业会计准则所采用。

(一) 应付税款法

应付税款法是指将本期的账面会计利润与纳税所得之间的差异,直接计入当期损益,而不递延到以后各期的方法。

1. 应付税款法的特点

本期所得税费用等于当期应交的所得税。

本期所得税费用=本期应交所得税=应纳税所得额×所得税税率

2. 应付税款法的核算程序

(1) 确定会计利润,即按照会计准则、制度计算出本期会计利润;

(2) 根据税法的规定,确定出各类需要调整的差异额,包括永久性差异和暂时性差异;

(3) 按照会计利润加、减各类纳税调整额,计算出本期应纳税所得额;

(4) 按照应纳税所得额乘以适用所得税税率,计算出本期应纳的所得税额;

(5) 按照计算出的应纳所得税额进行会计处理。

3. 应付税款法下的账户设置

在应付税款法下,企业需要设置"所得税费用"和"应交税费——应交所得税"账户进行核算。"所得税费用"账户用以核算企业按规定从本期损益中扣减的所得税。该账户的借方反映企业计入当期损益的所得税费用,贷方反映转入"本年利润"账户的所得税费用,期末结转本年利润后,"所得税费用"账户无余额。

4. 应付税款法的会计处理

应付税款法核算的特点是本期所得税费用等于当期应交的所得税,不确认递延所得税。

【案例 5-27】　甲企业 20×1 年实现产品销售收入 8000000 元,利润总额 1200000 元;该公司发生业务招待费 30000 元,取得国库券利息收入 18000 元;当年计提坏账准备 15000 元,预计产品"三包"费用 120000 元。甲企业所得税的核算采用应付税款法,所得税税率为 25%。甲企业有关会计处理如下:

本期的应纳税所得额＝1200000＋30000×40%－18000＋15000＋120000＝1329000(元)

本期应交的所得税＝1329000×25%＝332250(元)

(1) 确认所得税费用时

借:所得税费用　　　　　　　　　　　　　　　　　　　332250

　　贷:应交税费——应交所得税　　　　　　　　　　　　　　332250

(2) 实际交纳所得税时

借:应交税费——应交所得税　　　　　　　　　　　　　　332250

　　贷:银行存款　　　　　　　　　　　　　　　　　　　　3332250

(3) 结转本年所得税费用时

借:本年利润　　　　　　　　　　　　　　　　　　　　332250

　　贷:所得税费用　　　　　　　　　　　　　　　　　　　332250

应付税款法将所得税视为收益分配,根据税法计算出来的所得税列示在利润表上,作为利润总额的抵减项目,同时也作为应交所得税。应付税款法的优点是简便,不必确认递延所得税;其缺点是违背了权责发生制原则。因此,《企业会计准则第 18 号——所得税》并未采用这种方法,而是采用资产负债表债务法。

(二) 资产负债表债务法

1. 资产负债表债务法的特点

资产负债表债务法是指从资产负债表出发,通过比较资产负债表上列示的资产、负债按照企业会计准则确定的账面价值与按照税法确定的计税基础,对于两者之间的差异分别应纳税暂时性差异与可抵扣暂时性差异,确认相关的递延所得税资产与递延所得税负债,并在此基础上确定每一会计期间利润表中的所得税费用。资产负债表债务法是从暂时性差异产生的本质出发,分析暂时性差异产生的原因以及对期末资产负债的影响。

2. 资产负债法的核算程序

(1)确定资产和负债的账面价值。企业应当按照会计准则规定,确定资产负债表中除递延所得税资产、递延所得税负债以外的其他资产、负债项目的账面价值。

(2)确定资产和负债的计税基础。企业应当按照税法的规定,确定资产负债表中有关资产和负债项目的计税基础。

(3)确定暂时性差异。企业在确定了资产负债表中有关资产、负债项目的账面价值和计税基础后,应对两者进行比较。两者之间若存在差异,为暂时性差异。对暂时性差异,应分析其性质,分别确认为应纳税暂时性差异与可抵扣暂时性差异。

(4)确定当期应予确认的或者应予转销的递延所得税负债和递延所得税资产金额。除会计准则中规定的特殊情况外,企业应当分别应纳税暂时性差异与可抵扣暂时性差异,确定资产负债表日递延所得税负债和递延所得税资产的应有余额,并与期初递延所得税负债和递延所得税资产的现有余额比较,确定当期应予进一步确认的递延所得税负债和递延所得税资产金额或应予转销的金额,作为利润表中应予确认的所得税费用的一个组成部分——递延所得税。

(5)确定当期所得税。对于当期发生的交易或事项,企业按照税法的规定计算确定当期应纳税所得额,将应纳税所得额与适用的所得税税率计算的结果确认为当期应交所得税,作为利润表中应予确认的所得税费用的另一个组成部分——当期所得税。

(6)确定利润表中的所得税费用。利润表中的所得税费用包括当期所得税费用和递延所得税费用两个组成部分,企业在计算确定了当期所得税费用和递延所得税后,两者之和(或之差)即为利润表中的所得税费用。

3. 资产负债表债务法的账户设置

在资产负债表债务法下,除了设置"所得税费用"、"应交税费——应交所得税"账户之外,还要设置"递延所得税资产"和"递延所得税负债"账户进行核算。

"递延所得税资产"是资产类账户,用以核算企业确认的可抵扣暂时性差异产生所得税资产。确认递延所得税资产时,记入借方;转销递延所得税资产时,记入贷方;余额在借方,表示企业已确认的递延所得税资产。

"递延所得税负债"是负债类账户,用以核算企业确认的应纳税暂时性差异产生所得税负债。确认递延所得税负债时,记入贷方;转销递延所得税负债时,记入借方;余额在贷方,表示企业已确认的递延所得税负债。

4. 资产负债表债务法下的会计处理

（1）计入所得税费用的递延所得税会计处理

资产负债表债务法下利润表中的所得税费用由两部分组成，即当期所得税和递延所得税，递延所得税又分为递延所得税资产和递延所得税负债。计算公式如下：

所得税费用＝当期所得税＋递延所得税

【案例 5-28】　某企业 20×7 年按照会计准则计算确定的利润总额为 3000万元。20×7 年度发生的有关交易和事项中，会计处理与税收处理存在差异的有以下各项：

①20×7 年 1 月 1 日开始投入使用的一项设备，会计上采用双倍余额递减法计提折旧，税法规定允许采用直线法计提折旧。该设备取得成本为 1500 万元，使用年限为 10 年，净残值为 0，计税时按直线法计列折旧，使用年限及净残值税法规定与会计相同。

②向关联方捐赠现金 500 万元。

③营业外支出中有 250 万元为违反税法支付的罚款。

④当期取得作为交易性金融资产核算的股票投资成本为 800 万元，20×7年 12 月 31 日的公允价值为 1200 万元。税法规定，以公允价值计量的金融资产持有期间市价变动不计入应纳税所得额。

⑤期末对持有的存货计提了 75 万元的存货跌价准备。

⑥该企业本年度已经实际预缴了所得税 720 万元。

除上述项目外，该企业其他资产、负债的账面价值与其计税基础不存在差异，且递延所得税资产和递延所得税负债不存在期初余额，适用的所得税税率为 25％。该公司预计在未来期间能够产生足够的应纳税所得额用来抵扣可抵扣暂时性差异。

该公司 20×7 年度所得税的会计处理如下：

①本期应纳税所得额＝3000＋150＋500－400＋250＋75＝3575（万元）

②当期应交所得税＝3575×25％＝893.75（万元）

③计算递延所得税。

递延所得税负债期末应有余额＝400×25％＝100（万元）

递延所得税负债期初余额＝0

递延所得税负债的本期发生额＝100－0＝100（万元）

递延所得税资产期末应有余额＝225×25％＝56.25（万元）

递延所得税资产期初余额＝0

递延所得税资产的本期发生额＝56.25－0＝56.25（万元）

递延所得税＝100－56.25＝43.75（万元）

④计算利润表中应确认的所得税费用。

所得税费用＝当期所得税费用＋递延所得税费用＝893.75＋43.75＝937.50(万元)

借:所得税费用 9375000

　　递延所得税资产 562500

贷:应交税费——应交所得税 8937500

　　递延所得税负债 1000000

假定该企业20×7年初"递延所得税资产"账户余额为58.25万元、"递延所得税负债"账户余额为25万元,其他条件不变。则该企业20×7年有关所得税的会计处理如下:

①当期应交所得税＝893.75(万元)

②计算递延所得税。

递延所得税负债期末应有余额＝100(万元)

递延所得税负债期初余额＝25(万元)

递延所得税负债本期发生额＝100－25＝75(万元)

递延所得税资产期末应有余额＝56.25(万元)

递延所得税资产期初余额＝58.25(万元)

递延所得税资产本期发生额＝56.25－58.25＝－2(万元)

递延所得税＝(100－25)－(56.25－58.25)＝77(万元)

③计算利润表中应确认的所得税费用。

所得税费用＝当期所得税费用＋递延所得税费用＝893.75＋77＝970.75(万元)

借:所得税费用 9707500

贷:应交税费——应交所得税 8937500

　　递延所得税负债 750000

　　递延所得税资产 20000

(2)计入所有者权益的递延所得税会计处理

所得税会计准则规定,某项交易或事项按照企业会计准则规定应计入所有者权益,由该交易或事项产生的递延所得税资产或递延所得税负债及其变动也应计入所有者权益,不构成利润表中的所得税费用。

【案例5-29】 丙企业持有的某项可供出售金融资产,取得时的成本为1000000元,会计期末,其公允价值为1400000元,该企业适用的所得税税率为25%。除该事项外,该企业不存在其他会计与税收之间的差异,且递延所得税资产和递延所得税负债不存在期初余额。丙企业有关会计处理如下:

①会计期末在确认40万元的公允价值变动时

借:可供出售金融资产 400000

　　贷:资本公积——其他资本公积　　　　　　　　　　　　　400000

　　②确认应纳税暂时性差异的所得税影响时

　　借:资本公积——其他资本公积　　　　　　　　　　　　　100000

　　　　贷:递延所得税负债　　　　　　　　　　　　　　　　100000

　　(3)亏损弥补的所得税会计处理

　　《企业会计准则第18号——所得税》规定,企业对于能够结转以后年度的可抵扣亏损和税款抵减,应当以很可能获得用来抵扣亏损和税款抵减的未来应纳税所得额为限,确认相应的递延所得税资产。使用该方法,企业应当对5年内可抵扣暂时性差异是否能在以后年度的应税利润充分转回作出合理判断,如果不能够充分转回,则不能将其确认为递延所得税资产。

　　【案例5-30】　甲公司20×1～20×4年间每年应税收益分别为-1000000元、400000元、200000元、500000元,适用的所得税税率25%,该公司无其他暂时性差异。假定甲公司在将来的5年内能产生足够的应税所得。甲公司会计处理如下:

　　①20×1年,对于当年的亏损确认为递延所得税资产

　　借:递延所得税资产　　　　　　　　　　　　　　　　　　250000

　　　　贷:所得税费用　　　　　　　　　　　　　　　　　　250000

　　②20×2年,已实现的抵减所得税的利益,作为递延所得税资产的转回

　　借:所得税费用　　　　　　　　　　　　　　　　　　　　100000

　　　　贷:递延所得税资产　　　　　　　　　　　　　　　　100000

　　③20×3年,已实现的抵减所得税的利益,作为递延所得税资产的转回

　　借:所得税费用　　　　　　　　　　　　　　　　　　　　　50000

　　　　贷:递延所得税资产　　　　　　　　　　　　　　　　　50000

　　④20×4年,既要对已实现的抵减所得税的利益冲减递延所得税资产,又要确认当年应纳所得税额

　　借:所得税费用　　　　　　　　　　　　　　　　　　　　125000

　　　　贷:递延所得税资产　　　　　　　　　　　　　　　　100000

　　　　　应交税费——应交所得税　　　　　　　　　　　　　25000

　　(4)所得税减免的会计处理

　　纳税人符合减免优惠政策时,应向主管税务机关提供减免所得税申请报告、企业财务报表、工商营业执照和税务登记的复印件及税务机关要求提供的其他资料。减免所得税申请报告的内容主要包括减免所得税的依据、范围、年限、金额及企业基本情况等。

　　减免所得税主要有法定直接减免和先缴后退两种形式,现分别予以阐述。

　　①法定直接减免所得税的核算。法定直接减免所得税方式是指企业直接按

享受优惠税率缴纳所得税。这种方式除了计算应缴所得税额时的税率不同外，其他核算方法与一般企业相同，在此不再重复。

②减免所得税先缴后退的核算。先缴后退所得税方式是指企业在缴纳所得税时先按 25% 的税率缴纳，然后，税务机关再将应优惠的税额予以退还。采用先缴后退所得税的企业在缴纳所得税时也与一般企业的核算方法相同，在收到税务机关退还的所得税时，借记"银行存款"账户，贷记"所得税费用"账户。

【案例 5-31】 甲企业系高新技术企业，按税法规定减按 15% 的所得税税率缴纳企业所得税，采用先缴后退的方式。20×1 年的应纳税所得额为 1000000 元，所得税税率 25%，已预交所得税 250000 元。20×2 年 4 月 20 日，收到税务机关退还的所得税额 100000 元，甲企业作如下会计处理：

借：银行存款　　　　　　　　　　　　　　　　　　　100000

　　贷：所得税费用　　　　　　　　　　　　　　　　　　100000

（5）预缴和汇算清缴所得税的会计处理

所得税费用虽然以企业全年的所得额为纳税依据，然而为了保证国家财政收入的及时和均衡，并使企业能够有计划合理地安排经营资金，国家对所得税额采取按月或按季预征，年终清缴，多退少补的办法。企业应缴的所得税费用，一般应根据当地税务部门的规定，在月末或季末确认，次月初或次季初缴纳。

为了简化核算手续，企业平时可以按利润总额作为计算应缴所得税额的依据，在年终清算时，再将利润总额与应纳税所得额之间的永久性差异和暂时性差异进行调整。

【案例 5-32】 乙公司 20×6 年实现利润 480 万元。20×7 年经当地税务分局同意，每月按 20×6 年应纳税所得额的 1/12 预缴企业所得税。20×7 年乙公司全年实现利润经调整后的应纳税所得额为 600 万元。乙公司适用的所得税税率 25%。该公司 20×7 年所得税的预缴和汇算清缴的会计处理如下：

①20×7 年每月预缴时

a. 每月预缴所得税税额＝480÷12×25%＝10（万元）

借：所得税费用　　　　　　　　　　　　　　　　　　100000

　　贷：应交税费——应交所得税　　　　　　　　　　　　100000

b. 月末，结转所得税费用时

借：本年利润　　　　　　　　　　　　　　　　　　　100000

　　贷：所得税费用　　　　　　　　　　　　　　　　　　100000

c. 下月初，缴纳税款时

借：应交税费——应交所得税　　　　　　　　　　　　100000

　　贷：银行存款　　　　　　　　　　　　　　　　　　100000

②乙公司年终进行汇算清缴时

计算全年应纳所得税额＝600×25％＝150(万元)

计算全年已预缴所得税额＝10×12＝120(万元)

12 月份汇算清缴应补缴所得税额＝150－120＝30(万元)

a. 汇算清缴时

借:所得税费用　　　　　　　　　　　　　　　　　　　　300000

　　贷:应交税费——应交所得税　　　　　　　　　　　　　　300000

b.结转所得税费用时

借:本年利润　　　　　　　　　　　　　　　　　　　　　300000

　　贷:所得税费用　　　　　　　　　　　　　　　　　　　　300000

c. 实际补缴税款时

借:应交税费——应交所得税　　　　　　　　　　　　　　300000

　　贷:银行存款　　　　　　　　　　　　　　　　　　　　　300000

【本章小结】

1. 企业所得税的基本要素包括征税范围、纳税人、税率等。

2. 对居民和非居民纳税人的应纳税所得额和应纳税额的计算方式和方法有一些差异。

3. 税收优惠和特别纳税调整是企业所得税的两项重要内容。

4. 所得税会计以《企业会计准则第 18 号——所得税》和 2008 年实行的《中华人民共和国企业所得税法》及其实施条例以及企业所得税相关政策为基础,比较完整、系统地阐述了企业所得税会计的理论和所得税会计的处理方法。

【思考题】

1. 甲和乙准备于 2009 年年初合办一企业,合同约定盈利按甲 60％、乙 40％的比例分配。每人每月可领取工资 3000 元,预计 2009 年盈利 400000 元。从所得税角度分析采取有限责任公司和合伙企业情况下,甲、乙各自的所得税负担水平。

2. 丙公司于 2009 年 2 月 20 日以银行存款 1000 万元投资于丁公司,占 B 公司股本总额的 60％,B 公司当年获得税后利润 500 万元。丙公司所得税率为 25％,丁公司的所得税率为 15％。公司可以用两个方案来处理这笔利润。

方案一:2010 年 3 月,丁公司董事会决定将税后利润的 30％用于分配,丙公司分得利润 90 万元。2010 年 9 月,丙公司将其拥有的丁公司 60％的股权全部转让给 C 公司,转让价为人民币 1000 万元,转让过程中发生税费 0.5 万元。

方案二:丁公司保留盈余不分配。2010 年 9 月,丙公司将其拥有丁公司 60％的股权全部转让给 C 公司,转让价为人民币 1 090 万元,转让过程中发生税费 0.5 万元。

试问：丙公司该选择哪种筹划方案？

3. 什么是应纳税所得额？它与会计利润的区别和联系有哪些？

4. 举例说明资产、负债计税基础的确定及其含义。

5. 什么是暂时性差异？暂时性差异有哪两种类型？各自的特点是什么？

6. 资产负债表债务法下企业所得税的会计处理程序是怎样的？

7. 甲公司适用的企业所得税税率为 25%。甲公司申报 20×9 年度企业所得税时，涉及以下事项：

(1) 20×9 年，甲公司应收账款年初余额为 3000 万元，坏账准备年初余额为 0；应收账款年末余额为 24000 万元，坏账准备年末余额为 2000 万元。税法规定，企业计提的各项资产减值损失在未发生实质性损失前不允许税前扣除。

(2) 20×9 年 9 月 5 日，甲公司以 2400 万元购入某公司股票，作为可供出售金融资产处理。至 12 月 31 日，该股票尚未出售，公允价值为 2600 万元。税法规定，资产在持有期间公允价值的变动不计税，在处置时一并计算应计入应纳税所得额的金额。

(3) 甲公司于 20×8 年 1 月购入的对乙公司股权投资的初始投资成本为 2800 万元，采用成本法核算。

20×9 年 10 月 3 日，甲公司从乙公司分得现金股利 200 万元，计入投资收益。至 12 月 31 日，该项投资未发生减值。甲公司、乙公司均为设在我国境内的居民企业。税法规定，我国境内居民企业之间取得的股息、红利免税。

(4) 20×9 年，甲公司将业务宣传活动外包给其他单位，当年发生业务宣传费 4800 万元，至年末尚未支付。甲公司当年实现销售收入 30000 万元。税法规定，企业发生的业务宣传费支出，不超过当年销售收入 15% 的部分，准予税前扣除；超过部分，准予结转以后年度税前扣除。

(5) 其他相关资料：

① 20×8 年 12 月 31 日，甲公司存在可于 3 年内税前弥补的亏损 2600 万元，甲公司对这部分弥补亏损已确认递延所得税资产 650 万元。

② 甲公司 20×9 年实现利润总额 3000 万元。

③ 除上述各项外，甲公司会计处理与税务处理不存在其他差异。

④ 甲公司预计未来期间能够产生足够的应纳税所得额用于抵扣可抵扣暂时性差异，预计未来期间适用所得税税率不会发生变化。

⑤ 甲公司对上述交易或事项已按企业会计准则规定进行处理。

要求：(1) 确定甲公司 20×9 年 12 月 31 日有关资产、负债的账面价值及其计税基础，并计算相应的暂时性差异，将相关数据填列在"甲公司 20×9 年暂时性差异计算表"内。

甲公司 20×9 年暂时性差异计算表

项 目	账面价值	计税基础	暂时性差异	
			应纳税暂时性差异	可抵扣暂时性差异
应收账款				
可供出售金融资产				
长期股权投资				
应收股利				
其他应付款				
合计				

(2) 计算甲公司 20×9 年应确认的递延所得税费用(或收益)。

(3) 编制甲公司 20×9 年与所得税相关的会计分录。

9. 华立公司 20×7 年按照会计准则计算确定的利润总额为 3000 万元。20×7年度发生的有关交易和事项中,会计处理与税收处理存在差异的有以下各项:

(1) 计提存货跌价准备 75 万元;

(2) 20×7 年 1 月 1 日开始投入使用的一项设备,会计上采用双倍余额递减法计提折旧,税法规定直线法计提折旧,其取得成本为 1500 万元,使用年限为 10 年,净残值为零。假定税法规定使用年限及净残值与会计相同。

(3) 向关联方企业捐赠现金 500 万元。

(4) 当期取得作为交易性金融资产核算的股票投资成本为 800 万元,2007 年 12 月 31 日的公允价值为 1200 万元。税法规定,以公允价值计量的金融资产持有期间市价变动不计入应纳税所得额。

(5) 违反环保法规所支付的罚款 250 万元。

除上述项目外,该企业其他资产、负债的账面价值与其计税基础不存在差异,且递延所得税资产和递延所得税负债不存在期初余额,适用的所得税税率为 25%。该公司预计在未来期间能够产生足够的应纳税所得额用来抵扣可抵扣暂时性差异。

要求:(1)计算甲公司 20×7 年应纳税所得额、应纳税暂时性差异、可抵扣暂时性差异以及应交所得税额;(2)编制甲公司 20×7 年与所得税相关的会计分录。

第六章 个人所得税的纳税筹划与会计核算

学习目标

● 熟悉个人所得税的基本要素和法律规定
● 掌握个人所得税筹划的基本方法和常用方法
● 掌握个人所得税的会计核算方法

第一节 个人所得税的基本规定

一、个人所得税的纳税人

（一）纳税人

个人所得税的纳税人，包括中国公民、个体工商业户、个人独资企业、合伙企业以及在中国有所得的外籍人员（包括无国籍人员，下同）和香港、澳门、台湾同胞。上述纳税人依据住所和居住时间两个标准，区分为居民和非居民，分别承担不同的纳税义务。

1. 居民纳税人

居民纳税人负有无限纳税义务，要就其来源于中国境内外的全部所得缴纳个人所得税。

根据我国税法规定，居民纳税人是指在中国境内有住所，或者无住所而在中国境内居住满 1 年的个人。

所谓在中国境内有住所的个人，是指因户籍、家庭、经济利益关系，而在中国境内习惯性居住的个人。所谓习惯性居住，是判定纳税义务人是居民或非居民的一个法律意义上的标准，不是指实际居住或在某一个特定时期内的居住地。如因学习、工作、探亲、旅游等而在中国境外居住的，在其原因消除之后，必须回到中国境内居住的个人，则中国即为该纳税人习惯性居住地。

所谓在境内居住满 1 年，是指在一个纳税年度（即公历 1 月 1 日起至 12 月 31 日止，下同）内，在中国境内居住满 365 日。在计算居住天数时，对临时离境应视同在华居住,不扣减其在华居住的天数。这里所说的临时离境,是指在一个纳税年度内,一次不超过 30 日或者多次累计不超过 90 日的离境。

2. 非居民纳税人

非居民纳税人负有限纳税义务,即仅就其来源于中国境内的所得,向中国缴纳个人所得税。非居民纳税人,是指在中国境内无住所又不居住的,或无住所且居住不满一年的个人。

二、个人所得税所得来源地的判定

所得来源地是确定某项所得是否应该征收个人所得税的重要依据。我国个人所得税对纳税人所得来源地规定如下:

1. 工资、薪金所得,以纳税人任职、受雇的公司、企业、事业单位、机关、团体、部队、学校等单位的所在地,作为所得来源地;

2. 生产、经营所得,以生产、经营活动实现地,作为所得来源地;

3. 劳务报酬所得,以纳税人实际提供劳务的地点,作为所得来源地;

4. 不动产转让所得,以不动产坐落地为所得来源地;动产转让所得,以实现转让的地点为所得来源地;

5. 财产租赁所得,以被租赁财产的使用地,作为所得来源地;

6. 利息、股息、红利所得,以支付利息、股息、红利的企业、机构、组织的所在地,作为所得来源地;

7. 特许权使用费所得,以特许权的使用地,作为所得来源地;

所得的来源地与所得的支付地并不是同一概念,有时两者是一致的,有时却是不相同的。根据上述原则和方法,来源于中国境内的所得有:

1. 在中国境内的公司、企业、事业单位、机关、社会团体、部队、学校等单位或经济组织中任职、受雇而取得的工资、薪金所得;

2. 在中国境内提供各种劳务而取得的劳务报酬所得;

3. 在中国境内从事生产、经营活动而取得的所得;

4. 个人出租的财产,被承租人在中国境内使用而取得的财产租赁所得;

5. 转让中国境内的房屋、建筑物、土地使用权,以及在中国境内转让其他财产而取得的财产转让所得;

6. 提供在中国境内使用的专利权、专有技术、商标权、著作权,以及其他各种特许权利而取得的特许权使用费所得;

7. 因持有中国的各种债券、股票、股权而从中国境内的公司、企业或其他经济组织以及个人取得的利息、股息、红利所得;

8. 在中国境内参加各种竞赛活动取得名次的奖金所得,参加中国境内有关部门和单位组织的有奖活动而取得的中奖所得,购买中国境内有关部门和单位发行的彩票取得的中彩所得；

9. 在中国境内以图书、报刊方式出版、发表作品，取得的稿酬所得。

三、个人所得税的应税所得项目

个人所得税法规定的应税所得项目为：

（一）工资、薪金所得

工资、薪金所得，是指个人因任职或者受雇而取得的工资、薪金、奖金、年终加薪、劳动分红、津贴、补贴以及与任职或者受雇有关的其他所得。

（二）个体工商户的生产、经营所得

个体工商户的生产、经营所得，是指：

1. 个体工商户从事工业、手工业、建筑业、交通运输业、商业、饮食业、服务业、修理业及其他行业取得的所得；

2. 个人经政府有关部门批准，取得执照，从事办学、医疗、咨询以及其他有偿活动取得的所得；

3. 其他个人从事个体工商业生产、经营取得的所得；

4. 个人因从事彩票代销业务取得的所得；

5. 其他个人从事个体工商户取得的生产、经营所得。

个人独资企业和合伙企业的生产经营所得，比照"个体工商户的生产经营所得"应税项目，征收个人所得税。

（三）对企事业单位的承包经营、承租经营的所得

对企事业单位的承包经营、承租经营所得，是指个人承包经营或承租经营以及转包、转租取得的所得。承包项目可分多种，如生产经营、采购、销售、建筑安装等各种承包。转包包括全部转包或部分转包。

（四）劳务报酬所得

劳务报酬所得，指个人独立从事非雇佣的各种劳务所取得的所得。具体应税劳务项目包括设计、装潢、安装、制图、化验、测试、医疗、法律、会计、咨询、讲学、新闻、广播、翻译、审稿、书画、雕刻、影视、录音、录像、广告、展览、技术服务、介绍、经纪、代办和其他服务。

（五）稿酬所得

稿酬所得，是指个人因其作品以图书、报刊形式出版、发表而取得的所得。将稿酬所得独立划归为一个征税项目，主要目的是对依靠较高智力从事创作精神产品的劳务活动给予适当优惠。

（六）特许权使用费所得

特许权使用费所得，是指个人提供或转让专利权、商标权、著作权、非专利技术以及其他特许权使用权取得的所得。其中提供著作权的使用权取得的所得，

不包括稿酬所得。

（七）利息、股息、红利所得

利息、股息、红利所得，是指个人拥有债权、股权而取得的利息、股息、红利所得。利息，指个人拥有债权而取得的利息，包括存款利息、贷款利息和各种债券利息。股息、红利，指个人拥有股权取得的股息、红利。按照一定的比率对每股发给的息金，叫股息；公司、企业应分配的利润，按股份分配的叫红利。股息、红利所得，除另有规定外，都应当缴纳个人所得税。

（八）财产租赁所得

财产租赁所得，是指个人出租建筑物、土地使用权、机器设备、车船以及其他财产取得的所得。

个人取得的财产转租收入，属于"财产租赁所得"的征税范围，由财产转租人缴纳个人所得税。在确认纳税义务人时，应以产权凭证为依据；对无产权凭证的，由主管税务机关根据实际情况确定。产权所有人死亡，在未办理产权继承手续期间，该财产出租而有租金收入的，以领取租金的个人为纳税人。

（九）财产转让所得

财产转让所得，是指个人转让有价证券、股权、建筑物、土地使用权、机器设备、车船以及其他财产取得的所得。考虑到我国股市的实际情况和股票转让收益的特殊性，国家决定在近年内，对股票转让所得暂不征收个人所得税。除此之外，转让其他财产的所得，应当依法缴纳个人所得税。

（十）偶然所得

偶然所得，是指个人得奖、中奖、中彩以及其他偶然性质的所得。得奖是指参加各种有奖竞赛活动，取得名次得到的奖金；中奖、中彩是指参加各种有奖活动，如有奖销售、有奖储蓄，或者购买彩票，经过规定程序，抽中、摇中号码而取得的奖金。偶然所得应缴纳的个人所得税税款，一律由发奖单位或机构代扣代缴。

（十一）经国务院财政部门确定征税的其他所得

除上述列举的各项个人应税所得外，其他确有必要征税的个人所得，由国务院财政部门确定。个人取得的所得，难以界定应纳税所得项目的，由主管税务机关确定。

四、应纳税所得额的确定

不同的应税项目，其应纳税所得额的计算标准和方法是不同的，其所适用的税率也是不同的。确定个人所得税应纳税所得额，需按上述不同应税项目分项进行，以某项应税项目的收入额减去税法规定的可扣除费用的余额为应纳税所得额。

（一）费用扣除标准

1. 工资、薪金所得

以每月收入额扣除费用 3500 元后的余额，为应纳税所得额。

考虑到外籍人员和在境外工作的中国公民的生活水平比国内公民要高，而且我国汇率的变化情况对他们的工资、薪金所得也有一定的影响。为了不因征收个人所得税而加重他们的负担，对在中国工作或任职的外籍人员和在境外工作的中国公民的工资、薪金所得，除了每月扣除 3500 元的费用外，还允许额外扣除 1300 元，合计扣除 4800 元。

2. 个体工商户生产、经营所得

以每一纳税年度的收入总额，扣除成本、费用以及损失后的余额，为应纳税所得额。

个体工商户取得与生产、经营活动无关的各项应税所得，分别按各应税项目的规定计算征收个人所得税，不与生产、经营所得合并计算。

个体工商户的成本、费用，是指纳税人从事生产、经营所发生的各项直接支出和分配计入成本的间接费用以及销售费用、管理费用、财务费用；损失，是指纳税人在生产、经营过程中发生的各项营业外支出。

从事生产、经营的纳税人未提供完整、准确的纳税资料，不能正确计算应纳税所得额的，由主管税务机关核定其应纳税所得额。

个人独资企业和合伙企业应纳税所得额的计算，参照个体工商户的生产、经营所得来计算。

个人独资企业的投资者以全部生产经营所得为应纳税所得额；合伙企业的投资者按照合伙企业的全部生产经营所得和合伙协议约定的分配比例确定应纳税所得额，合伙协议没有约定分配比例的，以全部生产经营所得和合伙人数量平均计算每个投资者的应纳税所得额。

3. 对企事业单位的承包经营、承租经营所得

以每一纳税年度的收入总额，减除必要费用后的余额，为应纳税所得额。每一纳税年度的收入总额，是指纳税义务人按照承包经营、承租经营合同规定分给的经营利润和工资、薪金性质的所得；所谓减除必要费用，是指按月扣除 3500 元。

4. 劳务报酬所得、稿酬所得、特许权使用费所得、财产租赁所得

每次收入不超过 4000 元的，扣除费用 800 元；4000 元以上的，扣除 20% 的费用，其余额为应纳税所得额。

5. 财产转让所得

以转让财产的收入减除财产原值和合理费用后的余额，为应纳税所得额。

财产原值是指：

（1）有价证券，为买入价以及买入时按照规定交纳的有关费用；

（2）建筑物，为建造费用或者购进价格以及其他有关费用；

（3）土地使用权，为取得土地使用权所支付的金额，开发土地的费用以及其他有关费用；

（4）机器设备、车船，为购进价格、运输费、安装费以及其他有关费用；

（5）其他财产，参照以上方法确定。

纳税义务人未提供完整、准确的财产原值凭证，不能正确计算财产原值的，由主管税务机关核定其财产原值。合理费用，是指卖出财产时按照规定支付的有关费用。

6. 利息、股息、红利所得，偶然所得和其他所得，以每次收入额为应纳税所得额。

（二）每次收入的确定

个人所得税法规定：对纳税人取得的劳务报酬所得，稿酬所得，特许权使用费所得，利息、股息、红利所得，财产租赁所得，偶然所得和其他所得等七项所得，按次计算征税。每次所得的具体确定规则如下。

1. 劳务报酬所得

根据不同劳务项目的特点，分别规定为：

（1）只有一次性收入的，以取得该项收入为一次。

（2）属于同一事项连续取得收入的，以一个月取得的收入为一次。

2. 稿酬所得

以每次出版、发表取得的收入为一次。具体为：

（1）同一作品再版取得的所得，应视作另一次稿酬所得计征个人所得税。

（2）同一作品先在报刊上连载，然后再出版，或先出版，再在报刊上连载的，就视为两次稿酬所得征税。即连载作为一次，出版作为另一次。

（3）同一作品在报刊上连载取得收入的，以连载完成后取得的所有收入合并为一次，计征个人所得税。

（4）同一作品在出版和发表时，以预付稿酬或分次支付稿酬等形式取得的稿酬收入，应合并计算为一次。

（5）同一作品出版、发表后，因添加印数而追加稿酬的，应与以前出版、发表时取得的稿酬合并计算为一次，计征个人所得税。

3. 特许权使用费所得

以每一项使用权的每一次提供或转让所取得的收入为一次。如果收入是分期支付的，则应将各期收入相加为一次的收入，计征个人所得税。

4. 财产租赁所得

以一个月取得的收入为一次。

5. 利息、股息、红利所得

以支付利息、股息、红利时取得的收入为一次。

6. 偶然所得

以每次收入为一次。

7. 其他所得

以每次收入为一次。

（三）应纳税所得额的特殊规定

1. 个人将其所得通过中国境内的社会团体、国家机关向教育和其他社会公益事业以及遭受严重自然灾害地区、贫困地区捐赠，捐赠额未超过纳税义务人申报的应纳税所得额的 30％的部分，可以从其应纳税所得额中扣除。

2. 个人的所得（不含偶然所得，经国务院财政部门确定征税的其他所得）用于资助非关联的科研机构和高等学校研究开发新产品、新技术、新工艺所发生的研究开发经费的资助的，可以全额在下月（工资、薪金所得）或下次（按次计征的所得）或当年（按年计征的所得）计征个人所得税时，从应纳税所得额中扣除，不足抵扣的，不得结转抵扣。

3. 个人通过非营利的社会团体和国家机关向农村义务教育的捐赠，准予在缴纳个人所得税前的所得额中全额扣除。

4. 个人取得的应纳税所得包括现金、实物和有价证券。所得为实物的，应当按照取得的凭证上所注明的价格计算应纳税所得额；无凭证的实物或者凭证上所注明的价格明显偏低的，由主管税务机关参照当地的市场价格核定应纳税所得额。所得为有价证券的，由主管税务机关根据票面价格和市场价格核定应纳税所得额。

5. 个人取得公务交通、通讯补贴收入。个人因公务用车和通讯制度改革而取得的公务用车、通讯补贴收入，扣除一定标准的公务费用后，按照"工资、薪金"所得项目计征个人所得税。按月发放的，并入当月"工资、薪金"所得计征个人所得税；不按月发放的，分解到所属月份并与该月份"工资、薪金"所得合并后计征个人所得税。

五、个人所得税的税率

个人所得税的税率按所得项目不同分别确定。

（一）工资、薪金所得

适用税率为 3％—45％的七级超额累进税率。

级数	全月应纳税所得额	税率(%)	速算扣除数
1	不超过 1 500 元的	3	0
2	超过 1 500 元—4 500 元的部分	10	105
3	超过 4 500 元—9 000 元的部分	20	555
4	超过 9 000 元—35 000 元的部分	25	1005
5	超过 35 000 元—55 000 元的部分	30	2755
6	超过 55 000 元—80 000 元的部分	35	5505
7	超过 80 000 元	45	13505

（二）个体工商户的生产、经营所得；对企事业单位的承包、承租经营所得；个人独资企业；合伙企业

适用 5%—35% 的五级超额累进税率。

级数	全年应纳税所得税	税率(%)	速算扣除数
1	不超过 15000	5	0
2	超过 15000 元—30000 元的部分	10	750
3	超过 30000 元—60000 元的部分	20	3750
4	超过 60000 元—100000 元的部分	30	9750
5	超过 50000 元的部分	35	14750

（三）稿酬所得

适用比例税率，税率为 20%，并按应纳税额减征 30%。故其实际税率为 14%。

（四）劳务报酬所得

适用比例税率，税率为 20%。对劳务报酬所得一次收入畸高的，可以实行加成征收，具体办法由国务院规定。

根据《个人所得税法实施条例》规定，"劳务报酬所得一次收入畸高"，是指个人一次取得劳务报酬，其应纳税所得额超过 20000 元。对应纳税所得额超过 20000 元至 50000 元的部分，依照税法规定计算应纳税额后再按照应纳税额加征 5 成；超过 50000 元的部分，加征 10 成。因此，劳务报酬所得实际上适用 20%、30%、40% 的三级超额累进税率。

级数	每次应纳税所得额	税率(%)	速算扣除数
1	不超过 20000 元的部分	20	0
2	超过 20000 元－50000 元的部分	30	2000
3	超过 50000 元的部分	40	7000

（五）特许权使用费所得,利息、股息、红利所得,财产租赁所得,财产转让所得,偶然所得和其他所得

适用比例税率,税率为 20%。

六、境外所得已纳个人所得税的抵免

纳税义务人从中国境外取得的所得,准予其在应纳税额中扣除已在境外缴纳的个人所得税税额。但扣除额不得超过该纳税义务人境外所得依照中国个人所得税法规定计算的应纳税额。

所谓已在境外缴纳的个人所得税税额,是指纳税义务人从中国境外取得的所得,依照该所得来源国家或者地区的法律应当缴纳并且实际已经缴纳的税额。所谓依照中国个人所得税法规定计算的应纳税额,是指纳税义务人从中国境外取得的所得,区别不同国家或者地区和不同应税项目,依照中国个人所得税法规定的费用减除标准和适用税率计算的应纳税额;同一国家或者地区不同应税项目,依照中国个人所得税法计算的应纳税额之和,为该国家或者地区的抵免限额。总之,中国实行的是分国不分项的抵免限额计算办法。

纳税人在中国境外一个国家或者地区实际已经缴纳的个人所得税税额,低于依照上述规定计算出的该国家或者地区抵免限额的,应当在中国缴纳差额部分的税款;超过该国家或者地区抵免限额的,其超过部分不得在本纳税年度的应纳税额中扣除,但是可以在以后纳税年度的该国家或者地区抵免限额的余额中补扣,补扣期限最长不得超过 5 年。

七、个人所得税的税收优惠:

（一）免征个人所得税

下列各项个人所得,免征个人所得税

1. 省级人民政府、国务院部委和中国人民解放军军以上单位,以及外国组织颁发的科学、考试、技术、文化、卫生、体育、环境保护等方面的奖金。

2. 国债和国家发行的金融债券利息。

这里所说的国债利息,是指个人持有中华人民共和国财政部发行的债券而取得的利息所得;所说的国家发行的金融债券利息,是指个人持有经国务院批准发行的金融债券而取得的利息所得。

3. 按照国家统一规定发给的补贴、津贴。

这里所说的按照国家统一规定发给的补贴、津贴，是指按照国务院规定发放的政府特殊津贴和国务院规定免纳个人所得税的补贴、津贴。发给中国科学院资深院士和中国工程院资深院士每人每年1万元的资深院士津贴免予征收个人所得税。

4. 福利费、抚恤金、救济金。

这里所说的福利费，是指根据国家有关规定，从企业、事业单位、国家机关、社会团体提留的福利费或者工会经费中支付给个人的生活补助费；所说的救济金，是指国家民政部门支付给个人的生活困难补助费。

5. 保险赔款。

6. 军人的转业费、复员费。

7. 按照国家统一规定发给干部、职工的安家费、退职费、退休工资、离休工资、离休生活补助费。

8. 依照我国有关法律规定应予免税的各国驻华使馆、领事馆的外交代表、领事官员和其他人员的所得。上述"所得"，是指依照《中华人民共和国外交特权与豁免条例》和《中华人民共和国领事特权与豁免条例》规定免税所得。

9. 中国政府参加的国际公约以及签订的协议中规定免税的所得。

10. 关于发给见义勇为者的奖金问题。对乡、镇（含乡、镇）以上人民政府或经县（含县）以上人民政府主管部门批准成立的有机构、有章程的见义勇为基金或者类似性质组织，奖励见义勇为者的奖金或奖品，经主管税务机关核准，免征个人所得税。

11. 企业和个人按照省级以上人民政府规定的比例提取并缴付的住房公积金、医疗保险金、基本养老保险金、失业保险金，不计入个人当期的工资、薪金收入，免予征收个人所得税。超过规定的比例缴付的部分计征个人所得税。

个人领取原提存的住房公积金、医疗保险金、基本养老保险金时，免予征收个人所得税。

《失业保险条例》规定条件的失业人员，领取的失业保险金，免予征收个人所得税。

12. 对个人取得的教育储蓄存款利息所得，以及国务院财政部门确定的其他专项储蓄存款或者储蓄性专项基金存款的利息所得，免征个人所得税。

13. 储蓄机构内从事代扣代缴工作的办税人员取得的扣缴利息税手续费所得，免征个人所得税。

14. 经国务院财政部门批准免税的所得。

（二）减征个人所得税

有下列情形之一的，经批准可以减征个人所得税：

1. 残疾、孤老人员和烈属的所得。

2. 因严重自然灾害造成重大损失的。

3. 其他经国务院财政部门批准减税的。

（三）暂免征收个人所得税

下列所得，暂免征收个人所得税：

1. 外籍个人以非现金形式或实报实销形式取得的住房补贴、伙食补贴、搬迁费、洗衣费。

2. 外籍个人按合理标准取得的境内、外出差补贴。

3. 外籍个人取得的探亲费、语言训练费、子女教育费等，经当地税务机关审核批准为合理的部分。

4. 个人举报、协查各种违法、犯罪行为而获得的奖金。

5. 个人办理代扣代缴税款手续，按规定取得的扣缴手续费。

6. 个人转让自用达5年以上、并且是唯一的家庭居住用房取得的所得。

7. 对按《国务院关于高级专家离休退休若干问题的暂行规定》和《国务院办公厅关于杰出高级专家暂缓离休审批问题的通知》精神，达到离休、退休年龄，但确因工作需要，适当延长离休退休年龄的高级专家（含享受国家发放的政府特殊津贴的专家、学者），其在延长离休退休期间的工资、薪金所得，视同退休工资、离休工资免征个人所得税。

8. 外籍个人从外商投资企业取得的股息、红利所得。

9. 凡符合下列条件之一的外籍专家取得的工资、薪金所得可免征个人所得税：

（1）根据世界银行专项贷款协议由世界银行直接派往我国工作的外国专家；

（2）联合国组织直接派往我国工作的专家；

（3）为联合国援助项目来华工作的专家；

（4）援助国派往我国专为该国无偿援助项目工作的专家；

（5）根据两国政府签订文化交流项目来华工作2年以内的文教专家，其工资、薪金所得由该国负担的；

（6）根据我国大专院校国际交流项目来华工作2年以内的文教专家，其工资、薪金所得由该国负担的；

（7）通过民间科研协定来华工作的专家，其工资、薪金所得由该国政府机构负担的。

第二节　个人所得税应纳税额的计算与纳税申报

一、应纳税额的计算

按税法的规定,不同的应税项目,按照各自的税率来计算,具体的计算方法见下。

(一)工资、薪金所得

1. 应纳税额计算的一般规定

应纳税额＝应纳税所得额×适用税率－速算扣除数

　　　　　＝(每月收入额－2000元或4800元)×适用税率－速算扣除数

2. 应纳税额计算的特殊规定

(1)个人取得全年一次性奖金的征税问题

全年一次性奖金是指行政机关、企事业单位等扣缴义务人根据其全年经济效益和对雇员全年工作业绩的综合考核情况,向雇员发放的一次性奖金。

上述一次性奖金也包括年终加薪、实行年薪制和绩效工资办法的单位根据考核情况兑现的年薪和绩效工资。

纳税人取得全年一次性奖金,单独作为一个月工资、薪金所得计算纳税,并按以下计税办法,由扣缴义务人发放时代扣代缴:

先将雇员当月内取得的全年一次性奖金,除以12个月,按其商数确定适用税率和速算扣除数。

①如果在发放年终一次性奖金的当月,雇员当月工资薪金所得低于税法规定的费用扣除额,应将全年一次性奖金减除"雇员当月工资薪金所得与费用扣除额的差额"后的余额,按上述办法确定全年一次性奖金的适用税率和速算扣除数。

将雇员个人当月内取得的全年一次性奖金,按①所确定的适用税率和速算扣除数计算征税。

②如果雇员当月工资薪金所得高于(或等于)税法规定的费用扣除额的,适用公式为:

应纳税额＝雇员当月取得全年一次性奖金×适用税率－速算扣除数

如果雇员当月工资薪金所得低于税法规定的费用扣除额的,适用公式为:

应纳税额＝(雇员当月取得全年一次性奖金－雇员当月工资薪金所得与费用扣除额的差额)×适用税率－速算扣除数

在一个纳税年度内,对每一个纳税人,该计税办法只允许采用一次。

实行年薪制和绩效工资的单位,个人取得年终兑现的年薪和绩效工资也按这一办法计算缴纳个人所得税。

雇员取得除全年一次性奖金以外的其他各种名目奖金,如半年奖、季度奖、加班奖、先进奖、考勤奖等,一律与当月工资、薪金收入合并,按税法规定缴纳个人所得税。

(2) 特定行业职工取得的工资、薪金所得的应纳税额的计算

为了照顾采掘业、远洋运输业、远洋捕捞业因季节、产量等因素的影响,职工的工资、薪金收入呈现较大幅度波动的实际情况,对这三个特定行业的职工取得的工资、薪金所得,可按月预缴,年度终了后 30 日内,合计其全年工资、薪金所得,再按 12 个月平均并计算实际应纳的税款,多退少补。其适用公式表示为:

应纳税所得额=[(全年工资、奖金收入/12－标准费用扣除额)×适用税率－速算扣除数]×12

(二) 个体工商户、个人独资企业和合伙企业的生产经营所得

个体工商户、个人独资企业和合伙企业的生产经营所得应纳税额的计算公式为:

应纳税额=应纳税所得额×适用税率－速算扣除数

=(全年收入总额－成本、费用以及损失)×适用税率－速算扣除数

这里需要指出的是:

1. 个体工商户业主的费用扣除标准,自 2011 年 9 月 1 日起,统一确定为每年 42000 元,即每月 3500 元。

2. 从业人员的工资扣除标准,由各省、自治区、直辖市地方税务机关确定。

3. 个体工商户在生产、经营期间借款的利息支出,凡有合法证明的,不高于按金融机构同类、同期贷款利率计算的数额的部分,准予扣除。

4. 个体工商户或个人专营种植业、养殖业、饲养业、捕捞业不计算征收个人所得税。兼营上述四业并且四业的所得单独核算的,比照上述原则办理。

对个体工商户、个人独资企业和合伙企业生产经营所得,其个人所得税应纳税额的计算和征收可采用以下两种办法。

1. 查账征税

(1) 费用扣除标准,自 2011 年 9 月 1 日起,统一确定为每年 42000 元,即每月 3500 元。投资者的工资不得在税前扣除。

(2) 企业从业人员的工资支出按标准在税前扣除,具体标准由各省、自治区、直辖市地方税务局参照企业所得税工资标准确定。

(3) 投资者及其家庭发生的生活费用不允许在税前扣除。投资者及其家庭发生的生活费用与企业生产经营费用混合在一起,并且难以划分的,全部视为投

资者个人及其家庭发生的生活费用,不允许在税前扣除。

（4）企业生产经营和投资者及其家庭生活共用的固定资产,难以划分的,由主管税务机关根据企业的生产经营类型、规模等具体情况,核定准予在税前扣除的折旧费用的数额或比例。

（5）拨缴的工会经费、发生的职工福利费、职工教育经费支出分别在工资薪金总额2％、14％、2.5％的标准内据实扣除。

（6）每一纳税年度发生的广告费和业务宣传费用不超过当年销售（营业）收入15％的部分,可据实扣除;超过部分,准予在以后纳税年度结转扣除。

（7）每一纳税年度发生的与其生产经营业务直接相关的业务招待费支出,按照发生额的60％扣除,但最高不得超过当年销售（营业）收入的5‰。

（8）企业计提的各种准备金不得扣除。

（9）投资者兴办两个或两个以上企业,并且企业性质全部是独资的,年度终了后,汇算清缴时,应纳税款的计算按以下方法进行:汇总其投资兴办的所有企业的经营所得作为应纳税所得额,以此确定适用税率,计算出全年经营所得的应纳税额,再根据每个企业的经营所得占所有企业经营所得的比例,分别计算出每个企业的应纳税额和应补缴税额。

2. 核定征收

核定征收方式,包括定额征收、核定应税所得率征收以及其他合理的征收方式。

实行核定应税所得率征收方式的,应纳所得税额的计算公式如下:

（1）应纳所得税额＝应纳税所得额×适用税率

（2）应纳税所得额＝收入总额×应税所得率

或＝成本费用支出额÷（1—应税所得率）×应税所得率

应税所得率表

行业	应税所得率（％）
工业、交通运输业、商业	5—20
建筑业、房地产开发业	7—20
饮食服务业	7—25
娱乐业	20—40
其他行业	10—30

企业经营多业的,无论其经营项目是否单独核算,均应根据其主营项目确定其适用的应税所得率。

实行核定征税的投资者,不能享受个人所得税的优惠政策。

实行查账征税方式的个人独资企业和合伙企业改为核定征税方式后,在查账征税方式下认定的年度经营亏损未弥补完的部分,不得再继续弥补。

（三）对企事业单位的承包经营、承租经营所得

对企事业单位的承包经营、承租经营所得,其个人所得税应纳税额的计算公式为:

应纳税额＝应纳税所得额×适用税率－速算扣除数

＝（纳税年度收入总额－必要费用）×适用税率－速算扣除数

在一个纳税年度,承包经营或者承租经营期限不足一年的,以其实际经营期为纳税年度。

（四）劳务报酬所得

对纳税人取得的劳务报酬所得,个人所得税应纳税额计算分为三种情况。

1.每次收入不足4000元的:

应纳税额＝应纳税所得额×适用税率

＝（每次收入额－800）×20％

2.每次收入在4000元以上的:

应纳税额＝应纳税所得额×适用税率

＝每次收入额×（1－20％）×20％

3.每次收入的应纳税所得额超过20000元的:

应纳税额＝应纳税所得额×适用税率－速算扣除数

＝每次收入额×（1－20％）×适用税率－速算扣除数

（五）稿酬所得

稿酬所得应纳税额的计算公式为:

1.每次收入不足4000元的:

应纳税额＝应纳税所得额×适用税率×（1－30％）

＝（每次收入额－800）×20％×（1－30％）

2.每次收入在4000元以上的:

应纳税额＝应纳税所得额×适用税率×（1－30％）

＝每次收入额×（1－20％）×20％×（1－30％）

（六）特许权使用费所得

特许权使用费所得应纳税额的计算公式为:

1.每次收入不足4000元的:

应纳税额＝应纳税所得额×适用税率

＝（每次收入额－800）×20％

2.每次收入在4000元以上的:

应纳税额＝应纳税所得额×适用税率

$$=每次收入额×(1-20\%)×20\%$$

（七）利息、股息、红利所得

利息、股息、红利所得应纳税额的计算公式为：

应纳税额＝应纳税所得额×适用税率＝每次收入额×20%

（八）财产租赁所得

1. 每次收入不足 4000 元的：

应纳税额＝应纳税所得额×适用税率

$$=(每次收入额-800)×20\%$$

2. 每次收入在 4000 元以上的：

应纳税额＝应纳税所得额×适用税率

$$=每次收入额×(1-20\%)×20\%$$

（九）财产转让所得

财产转让所得应纳税额的计算公式为：

应纳税额＝应纳税所得额×适用税率

$$=(收入总额-财产原值-合理费用)×20\%$$

（十）偶然所得和其他所得

偶然所得和其他所得的应纳税额的计算公式为：

应纳税额＝应纳税所得额×适用税率

$$=每次收入额×20\%$$

二、个人所得税的纳税申报

根据个人所得税法的相关规定，个人所得税的纳税办法有自行申报和代扣代缴两种。

（一）自行申报纳税

凡依据个人所得税法负有纳税义务的纳税人，有下列情形之一的，应当按照本办法的规定办理纳税申报：

1. 年所得 12 万元以上的；

2. 从中国境内两处或者两处以上取得工资、薪金所得的；

3. 从中国境外取得所得的；

4. 取得应税所得，没有扣缴义务人的；

5. 国务院规定的其他情形。

对于年所得 12 万元以上的纳税人，无论取得的各项所得是否已足额缴纳了个人所得税，均应当于纳税年度终了后向主管税务机关办理纳税申报。

对于第二项至第四项情形的纳税人，均应当按照本办法的规定，于取得所得后向主管税务机关办理纳税申报。

年所得 12 万元以上的纳税人,不包括在中国境内无住所,且在一个纳税年度中在中国境内居住不满 1 年的个人。

从中国境外取得所得的纳税人,是指在中国境内有住所,或者无住所而在一个纳税年度中在中国境内居住满 1 年的个人。

(二)申报内容

年所得 12 万元以上的纳税人,在纳税年度终了后,应当填写《个人所得税纳税申报表(适用于年所得 12 万元以上的纳税人申报)》,并在办理纳税申报时报送主管税务机关,同时报送个人有效身份证件复印件,以及主管税务机关要求报送的其他有关资料。

年所得 12 万元以上,是指纳税人在一个纳税年度取得以下各项所得的合计数额达到 12 万元:工资、薪金所得,个体工商户的生产、经营所得,对企事业单位的承包经营、承租经营所得,劳务报酬所得,稿酬所得,特许权使用费所得,利息、股息、红利所得,财产租赁所得,财产转让所得,偶然所得,经国务院财政部门确定征税的其他所得。

不含以下所得:免税所得,可以免税的来源于中国境外的所得,按照国家规定单位为个人缴付和个人缴付的基本养老保险费、基本医疗保险费、失业保险费、住房公积金。

各项所得的年所得按照下列方法计算:

1. 工资、薪金所得,按照未减除费用(每月 3500 元)及附加减除费用(每月 1300 元)的收入额计算。

2. 个体工商户的生产、经营所得,按照应纳税所得额计算。实行查账征收的,按照每一纳税年度的收入总额减除成本、费用以及损失后的余额计算;实行定期定额征收的,按照纳税人自行申报的年度应纳税所得额计算,或者按照其自行申报的年度应纳税经营额乘以应税所得率计算。

3. 对企事业单位的承包经营、承租经营所得,按照每一纳税年度的收入总额计算,即按照承包经营、承租经营者实际取得的经营利润,加上从承包、承租的企事业单位中取得的工资、薪金性质的所得计算。

4. 劳务报酬所得,稿酬所得,特许权使用费所得,按照未减除费用(每次 800 元或者每次收入的 20%)的收入额计算。

5. 财产租赁所得,按照未减除费用(每次 800 元或者每次收入的 20%)和修缮费用的收入额计算。

6. 财产转让所得,按照应纳税所得额计算,即按照以转让财产的收入额减除财产原值和转让财产过程中缴纳的税金及有关合理费用后的余额计算。

7. 利息、股息、红利所得,偶然所得和其他所得,按照收入额全额计算。

（三）申报地点

1. 对于年所得 12 万元以上的纳税人,纳税申报地点分别为:

（1）在中国境内有任职、受雇单位的,向任职、受雇单位所在地主管税务机关申报。

（2）在中国境内有两处或者两处以上任职、受雇单位的,选择并固定向其中一处单位所在地主管税务机关申报。

（3）在中国境内无任职、受雇单位,年所得项目中有个体工商户的生产、经营所得或者对企事业单位的承包经营、承租经营所得（以下统称生产、经营所得）的,向其中一处实际经营所在地主管税务机关申报。

（4）在中国境内无任职、受雇单位,年所得项目中无生产、经营所得的,向户籍所在地主管税务机关申报。在中国境内有户籍,但户籍所在地与中国境内经常居住地不一致的,选择并固定向其中一地主管税务机关申报。在中国境内没有户籍的,向中国境内经常居住地主管税务机关申报。

2. 对于取得第二条第（二）项至第（四）项所得的纳税人,纳税申报地点分别为:

（1）从两处或者两处以上取得工资、薪金所得的,选择并固定向其中一处单位所在地主管税务机关申报。

（2）从中国境外取得所得的,向中国境内户籍所在地主管税务机关申报。在中国境内有户籍,但户籍所在地与中国境内经常居住地不一致的,选择并固定向其中一地主管税务机关申报。在中国境内没有户籍的,向中国境内经常居住地主管税务机关申报。

（3）个体工商户向实际经营所在地主管税务机关申报。

（4）个人独资、合伙企业投资者兴办两个或两个以上企业的,区分不同情形确定纳税申报地点:

①兴办的企业全部是个人独资性质的,分别向各企业的实际经营管理所在地主管税务机关申报。

②兴办的企业中含有合伙性质的,向经常居住地主管税务机关申报。

③兴办的企业中含有合伙性质,个人投资者经常居住地与其兴办企业的经营管理所在地不一致的,选择并固定向其参与兴办的某一合伙企业的经营管理所在地主管税务机关申报。

（5）除以上情形外,纳税人应当向取得所得所在地主管税务机关申报。

纳税人不得随意变更纳税申报地点,因特殊情况变更纳税申报地点的,须报原主管税务机关备案。

（四）申报期限

1. 年所得 12 万元以上的纳税人,在纳税年度终了后 3 个月内向主管税务机关办理纳税申报。

2. 个体工商户和个人独资、合伙企业投资者取得的生产、经营所得应纳的税款,分月预缴的,纳税人在每月终了后 15 日内办理纳税申报;分季预缴的,纳税人在每个季度终了后 15 日内办理纳税申报。纳税年度终了后,纳税人在 3 个月内进行汇算清缴。

3. 纳税人年终一次性取得对企事业单位的承包经营、承租经营所得的,自取得所得之日起 30 日内办理纳税申报;在 1 个纳税年度内分次取得承包经营、承租经营所得的,在每次取得所得后的次月 7 日内申报预缴,纳税年度终了后 3 个月内汇算清缴。

4. 从中国境外取得所得的纳税人,在纳税年度终了后 30 日内向中国境内主管税务机关办理纳税申报。

5. 纳税人取得其他各项所得须申报纳税的,在取得所得的次月 15 日内向主管税务机关办理纳税申报。

第三节　个人所得税的纳税筹划

个人所得税的筹划,主要围绕着三个方面来进行:

第一,利用不同身份纳税人承担不同纳税义务的规定。我国个人所得税的纳税人分为居民纳税人和非居民纳税人。居民纳税义务人负有无限纳税义务,非居民纳税义务人承担有限纳税义务。

第二,考虑影响应纳税额的因素。影响应纳税额的因素有两个,即应纳税所得额和税率。但由于个人所得税的税率采用了超额累进税率和比例税率,而税率又是根据应纳税所得额来确定的。所以就可以根据税法的相关规定,对应纳税所得额进化合理的安排和筹划,以降低税负。

第三,利用个人所得税的税收优惠政策。现行个人所得税法规定了一系列的税收优惠政策,如减税、免税政策,因此就可以充分利用这些优惠政策来对个人所得税进行安排,以减轻个人所得税负担。

一、纳税人身份的转换

我国个人所得税法将纳税人分为居民纳税人和非居民纳税人。居民纳税人负无限纳税义务,要就其来源于我国境内外的全部所得缴纳个人所得税;而非居民只负有限纳税义务,只就来源于中国境内的所得缴纳个人所得税。对自然人居民,在具体判定纳税人身份时,又采用了时间标准和住所标准。因此,这就为自然人纳税人身份的转换提供了条件。

纳税人身份转换涉及的第二个问题是非自然人纳税人的身份问题。由于对个体工商户、个人独资企业和合伙企业征收个人所得税，而对同样性质的公司制企业征收企业所得税，这就面临着选择缴纳何种税更合理的问题。

（一）时间标准的使用

根据时间标准，在中国境内无住所而在中国境内居住满 1 年的个人属于中国的居民纳税人。所谓在境内居住满 1 年，是指在一个纳税年度（即公历 1 月 1 日起至 12 月 31 日止，下同）内，在中国境内居住满 365 日。在计算居住天数时，对临时离境应视同在华居住，不扣减其在华居住的天数。这里所说的临时离境，是指在一个纳税年度内，一次不超过 30 日或者多次累计不超过 90 日的离境。

对在境内居住满 1 年而不超过 5 年的个人，其在中国境内工作期间取得的由中国境内企业或个人雇主支付和由中国境外企业或个人雇主支付的工资薪金，均应申报缴纳个人所得税；其在临时离境工作期间的工资薪金所得，仅就由中国境内企业或个人雇主支付的部分申报纳税。

在中国境内居住超过 5 年的个人，从第六年起，应当就其来源于中国境外的全部所得缴纳个人所得税。个人在中国境内居住满 5 年，是指个人在中国境内连续居住满 5 年，即在连续 5 年中的每一纳税年度内均居住满 1 年。

除了这些基本规定外，对外籍个人还单独规定了一些特殊规定：

1. 对在一个纳税年度中在中国境内连续或累计居住不超过 90 日（183 日），由中国境外雇主支付并且不是由该雇主的中国境内机构负担的工资薪金，免予申报缴纳个人所得税。对前述个人应仅就其实际在中国境内工作期间由中国境内企业或个人雇主支付或者由中国境内机构负担的工资薪金所得申报纳税。但这一规定仅适用于临时来华工作和提供劳务的外籍人员。

2. 在中国境内无住所而在一个纳税年度中在中国境内连续或累计工作超过 90 日（183 日）但不满 1 年的个人，其实际在中国境内工作期间取得的由中国境内企业或个人雇主支付和由境外企业或个人雇主支付的工资薪金所得，均应申报缴纳个人所得税；其在中国境外工作期间取得的工资薪金所得，不予征收个人所得税。

3. 但担任中国境内企业董事或高层管理职务的个人（包括担任公司正、副（总）经理、各职能技师、总监及其他类似公司管理层职务的人），其取得的由该中国境内企业支付的董事费或工资薪金，应自其担任该中国境内企业董事或高层管理职务起，至其解除上述职务止的期间，不论其是否在中国境外履行职务，也不论其在中国居住的天数，均应申报缴纳个人所得税；其取得的由中国境外企业支付的工资薪金，应与中国境内企业支付的董事费或工资薪金合并纳税。

【案例 6-1】 美国人 Obama 受雇于微软总部。20××年全年都在微软中国公司工作，担任一般管理职务。其间虽多次回国，但每次都没有超过 30 日，多次累计也未超过 90 日。微软总部支付给他薪金折合人民币 1200000 元。根据时间标准，其属于我国的居民纳税人，因此要就其来源于中国境内外的全部所得缴纳个人所得税。

此时，他在中国的税收负担为：

$$[(1200000 \div 12 - 4800) \times 45\% - 13505] \times 12 = 352020(元)$$

如果他稍微改变一下，一次离境超过 30 日，或者多次离境超过 90 日，则不属于中国的居民纳税人，仅就来源于中国境内的所得在我国纳税，而微软总部支付给他的薪金就无须在中国缴纳个人所得税。

【案例 6-2】 我国某企业从外国引进一大型设备，购买合同上规定：由外方派技术人员来指导调试，直到机组正常运行。外方在中国期间的食宿、交通统一由中方安排，不领取任何报酬。在安装调试期间，外方采取分批向中国派出技术人员的方法，每批人员在中国居住时间均控制在 90 日之内。这样，这些外国技术人员在中国无须纳税。

点评：

这一方法主要适用于居住在中国境内的外国人、海外侨胞和香港、澳门、台湾同胞。他们可以利用我国个人所得税法对居民纳税人和非居民纳税人的认定来转换自己的纳税人身份。

（二）住所标准的使用

住所的变动主要是通过避免在某一个实行住所标准的国家拥有住所，从而可以避免成为该国的居民纳税人，这样就在该国以非居民纳税人身份纳税以实现避税目的。

（三）个人所得税纳税人和企业所得税纳税人的选择

由于我国现行税法对个人所得税和企业所得税采用了不同的计征办法，因此这就为选择缴纳何种所得税提供了筹划的依据和空间。

个人可以选择的投资方式主要有：作为个体工商户从事生产经营、从事承包承租业务、成立个人独资企业、组建合伙企业、设立私营企业。在不同的投资方式下，投资者的税后收益是不一样的，因此投资者在进行投资时需要对不同投资方式下的税收负担和税收收益情况进行测算，以选择最有利的投资方式。

一般情况下，在收入相同的情况下，个体工商户、个人独资企业、合伙企业的税负是一样的，因此纳税人需要在上述形式和公司制企业之间进行选择。

成立公司制企业的主要方式是成立有限责任公司。从公司和企业角度，这种情况下面临着两个层面的税收负担：第一，公司作为纳税人，应就公司的应纳税所得额缴纳企业所得税；第二，作为投资者，在从企业分得股息、红利时，要按股息、红利所得缴纳 20% 的个人所得税。由此就产生了重复征税问题。因此，一般来说，设立公司制的企业的税收负担相对于个体工商户、个人独资企业、合伙企业要重。

但是也应当注意,由于企业所得税允许大量的税前扣除,相对于个体工商户、个人独资企业、合伙企业,其在税前扣除的范围和数额方面都有较多的优势,而且企业若以有限责任公司形式出现,则只承担有限责任,风险相对较小。因此,纳税人需要结合自己的实际情况,综合测算税收负担,在全面权衡的基础上,选择最优的纳税义务人身份。

二、工资、薪金项目的筹划

在我国的个人所得税制中,工资薪金项目是涉及面最广的一个所得项目,而且,由于对工资薪金所得适用3%—45%的超额累进税率。因此对这一项目进行筹划有重要的意义,也有很大的筹划空间。

（一）合理划分工资、薪金结构

按照个人所得税法的规定,独生子女补贴、执行公务员工资制度未纳入基本工资总额的补贴、津贴差额和家属成员的副食品补贴、托儿补助费、差旅费津贴、误餐补助等项目不属于工资、薪金性质的所得。但在实务中,多数企事业单位在工资结构中并没有将独生子女补贴、托儿补助费、差旅费津贴、误餐补助单列出来,未能充分利用税法规定的免税政策。因此,在工资结构中,最好能够将独生子女补贴、托儿补助费、差旅费津贴、误餐补助等单列出来,以充分利用税法规定的不征税政策。

（二）工资、薪金分摊法

在计算工资、薪金的应纳税额时,是以每个月取得的收入来计算的,并且按照应纳税所得额,采用超额累进税率。在这种情况下,就应当尽可能地使应税收入能够平均分摊到每个月,这样才会是税收负担最低,相应地可以获取最大的税后收益。

【案例6-3】 某公司经理1—12月份平均每个月的工资收入为4000元,另外每季度末都发放季度奖金6000元,合计年税前收入72000元。财务也按照这一发放办法代扣代缴个人所得税。后来学习了纳税筹划的相关知识,该经理向老总提出改变现有的工资、薪金发放办法:把全年的收入平均分摊到每个月发放对个人更有利。

可以比较一下两种方案下的税后收入情况:

原方案:

应纳税额＝[(4000－3500)×3%]×8＋[(10000－3500)×20%－555]×4

　　　　＝3100(元)

税后收入＝72000－3100＝68900(元)

新方案:

应纳税额＝[(6000－3500)×10%－105]×12＝1740(元)

税后收入＝72000－1740＝70260（元）

税收负担降低1360元，相应的税后收入增加1360元。

点评：

对工资、薪金收入最好能够平均分摊到每个月来发放。但是在实践中，大部分企业在发放工资、薪金时，除了基本工资外，还有很多月份奖、季度奖和年终奖，这样会造成某些月份的收入畸高，从而适用更高一级的税率，无形中多缴纳了个人所得税。为了维护员工的利益，企业应该结合自己的实际情况，对全年的收入情况做一个合理的计划，尽可能让每个月的收入水平一致，尽量避免在某个月份发放较大数额的非年终奖性质的奖金。

（三）工资、薪金福利化

对员工取得的与任职、受雇有关的现金、实物和有价证券，按规定都属于应税收入，其超过扣除标准的部分都应缴纳个人所得税。因此，就需要结合税法的规定，通过合理的安排来减少应税收入，但相应增加员工的非应税性福利。这样，在不减少员工实际的满足程度的基础上，一方面可以降低个人所得税的税收负担，另一方面由于这部分非应税性福利通常不计入企业的工资总额，因此也就不需要缴纳企业需要承担的基本养老保险、基本医疗保险、生育保险、失业保险和工伤保险，也为企业减轻了税收负担。

通常情况下，可以通过下述办法来为员工增加福利：由企业为员工提供住宿；企业给员工提供培训机会；提供交通便利：开通班车、免费接送职工上下班，或者每月报销一定额度的交通费用；为员工配备企业拥有所有权、员工拥有使用权的办公设施及用品（如笔记本电脑及电脑耗材等）。通过这些办法，减少了个人支出，同时减少应税收入，降低其个人所得税负担，另一方面还有利于提高员工工作绩效、留住人才。

【案例6-4】 贾某是杭州某公司的业务骨干，每月从公司获取工资、薪金所得8000元，由于在杭州没有自己的住房，因此需要租房居住，每月付房租2000元。其实，在这种情况下有两个方案可供选择：

原方案：

应纳税额＝（9000－3500）×20％－555＝545（元）

扣除房租后的税后可支配收入为：

9000－545－2000＝6455（元）

新方案：

由公司为其提供住房，同时工资收入调整为7000元，在这一方案下：

应纳税额＝（7000－3500）×10％－105＝245（元）

税后可支配收入为：

7000－245＝6755（元）

每个月税后可支配收入增加 6755－6455＝300 元,但公司的实际支出并没有增加,反而还因为降低了公司的工资总额,进而可以减少基本养老保险、基本医疗保险、生育保险、失业保险和工伤保险。

【案例 6-5】 胡某既是某公司的总经理,同时也是公司的股东。现公司欲为其配备汽车:汽车由公司购买,总价值 100 万元的小汽车使用。该车预计使用10 年,残值率 5％,按直线法计提折旧,公司适用的所得税税率为 25％,汽车每年的固定使用费用为 2 万元,每年的油耗及修理费大约为 2 万元(可以取得专用发票)。该公司初步确定了下面两个方案:

方案一:

公司将车辆所有权办到胡某个人名下,购车款由公司支付。

在这一方案下,用公司的资金为投资者个人购买的汽车,应当视为企业对个人投资者的利润分配,应按股息、红利项目缴纳个人所得税。在这一案例中,胡某应就其拥有所有权的汽车缴纳个人所得税 20 万元,汽车每年产生的费用 4 万元也由其本人以税后收入来支付。

方案二:

公司将购买的车辆作为办公用车,所有权属于公司,但指定由胡某使用。

点评:

根据方案二,由于汽车属于公司的固定资产,因此折旧及日常费用可以税前扣除。车的年折旧额为 9.5 万元,车辆的使用所发生的费用 4 万元可以在企业所得税前扣除,对企业来说每年可产生 3.375 万元的税后收益;而且在方案二下,胡某个人不需要缴纳个人所得税。

(四)合理利用年终一次性奖金的计算办法

由于年终一次性奖金计算法一年只能用一次,因此,年终一次性奖金如何发、发多少,就有了相当的筹划空间。

【案例 6-6】 C 先生为某公司总经理,实行年薪制,全年工资、薪金性质的应税收入 30 万元。原方案是每月工资先发 5000 元,年终一次性发奖金 24 万元。问有没有更好的发放办法?

原方案:

平时个人所得税＝(5000－3500)×3％＝45(元)

年终奖金＝240000×25％－1005＝58995(元)

个人所得税总额＝45×12＋58995＝59535(元)

新方案:

年终奖发 108000 元,剩余 192000 元分在 12 个月内发放。

平时个人所得税＝(16000－3500)×25％－1005＝2120(元)

年终奖金＝108000×20％－555＝21045(元)

个人所得税总额＝2120×12＋21045＝46485(元)

稍微改变了一下发放办法,就可以节税59535－46485＝13050(元)。

【案例6-7】 某公司人事经理在确定其员工的年终奖数额时面临两个方案:一个方案是发放18000元,另一个方案是发放18001元。应如何选择?

如果发放18000元:

应纳税额＝18000×3％＝540(元)

税后收入＝18000－540＝17460(元)

如果发放18001元:

应纳税额＝18001×10％－105＝1695.1(元)

税后收入＝18001－1695.1＝16305.9(元)

税后收入的差额:17460－16305.9＝1154.1(元)

这个极端的例子说明,在发放年终奖时一定要注意税率的临界点问题,这个问题的产生与年终一次性奖金的计算办法有关。

【案例6-8】 王某和张某两个人是同一公司的职员,年末根据考评情况,由于张某的表现优于王某,因此公司将其年终奖分别确定为18000、19000元。但这一办法却招致张某的不满,原因在于:

对王某:

应纳税额＝18000×3％＝540(元)

税后收入＝18000－540＝17460(元)

对张某:

应纳税额＝19000×10％－105＝1795(元)

税后收入＝19000－1795＝17205(元)

点评:

(1) 在采用年终一次性奖金计税办法时,要注意应税收入的微小变化所导致的税负跃升问题,比如案例6-7。

(2) 由于对许多企业来说,年终奖的发放还起着鼓励先进的作用。在这种情况下,要特别注意个人的税后收入能否达到奖励先进的目的,比如案例6-8。

(3) 由于年终一次性奖金的计算办法每年只能用一次,其他各种名目的奖金都需要计入发放的当月,与当月的工资、薪金所得合并缴纳企业所得税,但实务中却又存在这各种名目的奖金。在这种情况下,可以根据员工的考核情况,先把给员工的奖金以借款的形式发给员工,到了年终时再把各种类型的奖金一次性发给员工,同时扣除员工的借款,这样同样可以把所有奖金都按年终一次性奖金的办法计税,达到减轻税负目的。

(4) 要根据员工的全年收入水平,合理确定最优的年终一次性奖金的数额。一般情况下,应该使平时工资的税率与年终奖的税率一致或低一档次,此时税负最轻。

三、不同纳税项目之间的转换

我国现行个人所得税实行分类课征的制度,各类所得在纳税时,按各自所属的项目,采取不完全相同的计税办法。这样,对同一笔所得,当它被归属为不同的收入项目时,其税收负担是不同的。在税收筹划时,就可以根据具体应税收入情况,通过一定的方式选择应纳税所得种类,合理地降低税负。

【案例6-9】 李某长期为一私营企业负责设备维修,他与该私营企业老板约定有问题随叫随到,不用每天按时上下班,年收入为30000元。试分析李某在收入上与私营企业主建设怎样的用工关系比较有利?

在这一案例中,可用的用工形式主要有两种,一种是雇佣关系,一种是非雇佣关系。两用工关系,其所得归属于不同的收入项目。

方案一:以雇工关系签署雇佣合同,按工资薪金计算缴纳个人所得税。李某每月应缴纳个人所得税=(30000÷12−3500)小于0,无须缴纳个人所得税。

方案二:以提供劳务的形式签署用工合同,按劳务报酬计算缴纳个人所得税。

李某每月应缴纳个人所得税=(30000÷12−800)×20%=340(元)

全年应纳税额=340×12=4080(元)

点评:

李某以雇工关系与私营企业主签订雇佣合同比较有利。在计税所得额比较小时,以雇佣的形式比劳务的形式缴纳的个人所得税少;当计税所得额比较大的时候,以劳务的形式比雇佣的形式缴纳的个人所得税少。这是由两种政策在税率设置方法上的不同造成的。

但是也需要注意,一旦企业跟李某签订了雇佣合同,则按照现行的政策法规,就需要为其缴纳社会保险,企业要综合考虑由此多带来的成本。

【案例6-10】 某城市一工程师发明了一项技术,该技术获得了国家专利,专利权属个人所有。使用该技术,可以大大提高产品的品质和产出率。有两家企业提出了不同的方案欲获取这项技术:一家是非上市公司,出价500万元;另一家是上市公司,允诺给予价值500万元的股权。仅出于税收目的,该工程师应如何选择?

方案一:以500万元转让

这一方案下,工程师可以直接获取500万元现金,但同时应承担以下税负:

应纳营业税:500×5%=25(万元)

应纳城建税和教育费附加:25×(7%+3%)=2.5(万元)

应纳个人所得税：$(500-25-2.5)\times(1-20\%)\times20\%=75.6$（万元）

税后收入 $=500-25-2.5-75.6=396.9$（万元）

方案二：以专利权换股权

按照营业税有关法规的规定，以无形资产投资入股，参与投资方的利润分配，共同承担投资风险的行为，不征收营业税。因此其专利权换股权的行为免征营业税。由于专利权换股权的行为实际上是一种投资行为，而非买卖行为，因此不需要缴纳个人所得税。

点评：

（1）在方案二下，工程师的收益主要来源于两个途径：

其一，凭借其所拥有的股权参与上市公司的利润分配，在取得股息、红利时，按股息、红利金额的 50%，按 20% 的税率缴纳个人所得税。

其二，在必要的时候转让其所拥有的上市公司的股权，获取股票转让收入。而我国目前对股票所得暂不征收个人所得税。

（2）上述两个方案各有利弊，方案一由于直接获取现金，风险较小，但税负重，收入固定；方案二税负明显减轻，而且股票有升值的可能，预期收益会较高，但风险较大。

四、其他收入项目的筹划

（一）劳务报酬所得的筹划

对劳务报酬所得的筹划主要是围绕三点来进行的：

第一，劳务报酬所得名义上是适用 20% 的比例税率，但对一次性收入畸高的实行加成征税，因此实质上实行的是超额累进税率，要避免一次性取得畸高的收入；

第二，对劳务报酬所得的税前扣除，采用了定额扣除和比例扣除两种办法，因此可以利用定额扣除超过比例扣除的规定以及每次收入的确定办法，来分多次取得收入；

第三，可以通过由接受劳务的一方负担相关费用的办法来减少应纳税所得额。

【**案例 6-10**】 某歌星与一娱乐公司约定：每年为娱乐公司演出两场，这两场演出可以连续进行，也可以在不同的月份分两次演出，总计劳务报酬 5 万元。

对这一案例，出于税收目的的安排是：分两个月来履行合同，要避免在同一个月份连续演出。

方案一：分次演出

应纳税额 $=25000\times(1-20\%)\times20\%\times2=8000$（元）

税后收入 $=(25000+25000)-8000=42000$（元）

方案二：连续演出

应纳税额＝（25000＋25000）×（1－20％）×30％－2000＝10000（元）

税后收入＝（25000＋25000）－10000＝40000（元）

【案例 6-11】　周某利用业余时间为另一公司提供电脑维护服务，按约定可得劳务报酬 30000 元。对于这笔劳务报酬，实际上有两种支付方式：一种是一次性支付，另一种是要求对方按软件维护期 12 个月支付，每月支付 2500 元。

方案一：一次性支付

应纳税额＝30000×（1－20％）×30％－2000＝5200（元）

税后收入＝30000－5200＝24800（元）

方案二：分 12 个月支付

应纳税额＝2500×（1－20％）×20％×12＝4800（元）

税后收入＝30000－4800＝25200（元）

尽管后一种付款方式会有一定的违约风险，但如果仅考虑个人所得税因素，则应选择后一种支付方案。

点评：

（1）在劳务报酬的个人所得税计算过程中，对于费用的扣除有比例扣除（20％）和定额扣除（800 元），可以利用这种不同的扣除方式将劳务报酬分多次支付，以减轻税收负担。

（2）个人在提供劳务服务时，一般都会发生一些费用，如住宿、交通等必要支出，如果将这部分由个人用税后收入来承担的费用改由企业提供相应的服务，虽然提供劳务报酬的所得因接受对方的服务而降低，但同时也达到减轻税收负担的目的。这比直接获得较高的劳务报酬但支付较多的税收有利。

（二）稿酬所得的筹划

对稿酬所得的筹划主要是围绕两点来进行的：第一，稿酬所得的税前扣除，采用了定额扣除和比例扣除两种办法，因此可以利用定额扣除超过比例扣除的规定以及每次收入的确定办法，来分多次或多人取得收入；第二，可以通过由出版社或出版商负担相关费用的办法来减少应纳税所得额。

【案例 6-12】　某教授拟出版一本人际交往方面的著作，预计获得稿酬所得 15000 元。

方案一：以一本书的形式出版该著作

应纳税额＝15000×（1－20％）×14％＝1680（元）

税后收入＝15000－1680＝13320（元）

方案二：分解为 5 本，以系列丛书的形式出版

应纳税额＝（3000－800）×14％×5＝1540（元）

税后收入＝15000－1540＝13460（元）

节省税收＝1680－1540＝140(元)

点评：

对于某些著作，在不影响发行量和影响力的情况下可以选择这一办法。如果分解为系列丛书会影响发行量和影响力，或者因为分解会增加额外的成本费用，则这一方法的使用就会受到限制，在某些情况下甚至会得不偿失。

【案例6-13】 某教授准备写作一本专业书籍，出版社愿意出20000元稿酬。

方案一：一人完成著作

应纳税额＝20000×(1－20%)×14%＝2240(元)

税后收入＝20000－2240＝17760(元)

方案二：成立写作组，最后由10人共同完成

应纳税额＝(2000－800)×14%×10＝1680(元)

税后收入＝20000－1680＝18320(元)

节省税收＝2240－1680＝560(元)

【案例6-14】 某教授与某出版社签订一份出版合同，由教授对长三角的整体经济状况进行研究，由出版社支付8万元的稿费，但该教授在写作前需要对长三角的情况进行考察，大约需要2万元的费用。

方案一：考察费用由教授自行负担，出版社支付稿酬8万元

应纳税额＝80000×(1－20%)×14%＝8960(元)

可支配税后收入＝80000－8960－20000＝51040(元)

方案二：考察费用由出版社负担，出版社支付稿酬6万元

应纳税额＝60000×(1－20%)×14%＝6720(元)

可支配税后收入＝60000－6720＝53280(元)

可支配税后收入增加＝53280－51040＝2240(元)

（三）住房出租的筹划等

住房出租主要是利用个人所得税中对住房出租的相关规定和计税办法来对出租行为做出合适的安排，以降低税收负担。

【案例6-15】 2月份王先生将暂时闲置的居住用房出租，租期9个月。税务机关根据王先生的实际情况，核定其每月应纳税所得额为4800元，每月应纳个人所得税480元。3月份租户发现房屋存在漏水等不影响居住的因素，要求王先生维修，王先生了解到，维修费用大约6000元，工期10天左右。

那么王先生应该现在维修呢还是等出租期满再维修？

方案一：现在维修

应纳税额合计＝480＋(4800－800)×10%×7＋(4800－400)×10%

＝3720(元)

方案二：出租期满后维修

应纳税额合计＝480×9＝4320(元)

如果选择现在维修,则可降低税收负担600元。

点评:

在这一案例中应注意以下四个方面的问题:

(1) 根据《国家税务总局关于个人所得税若干业务问题的批复》(国税函〔2002〕146号),在计算财产租赁行为的个人所得税时,除了允许扣除规定费用和相关税、费外,还准予扣除能够提供有效、准确凭证,证明由纳税人负担的该出租房产实际开支的修缮费用。允许扣除的修缮费用,以每次800元为限,一次扣不完的,准予在下一次继续扣除,直到扣完为止。

此外,根据《财政部国家税务总局关于调整住房租赁市场税收政策的通知》(财税〔2000〕125号)之规定,对个人出租住房取得的所得暂减按10%的税率征收个人所得税。

(2) 要考虑到维修期内可能要给承租方一定的补偿,如果补偿低于600元,则应选择现在维修,否则应选择出租期满后维修。

(3) 房屋的维修费用,需要取得合法、有效的凭据才能在税前扣除。因此在支付维修费用时,一定要向维修人员索取合法、有效的房屋维修发票,并及时报经地方主管税务机关核实。

(4) 如果纳税人要对自己的租赁房产进行维修,就应该选择在房产租赁期间进行,而且维修费用越大,就越应提早进行,这样可以使得维修费用充分地在税前列支,从而减少应缴纳的税款,达到减轻税负的目的。相反,如果纳税人将维修房产的时间定在自己使用而非租赁期间,那么这笔维修费用就无法得到抵扣,无形中增加了自己的税负。

【案例 6-16】 刘某将在县城所拥有的一幢二层楼出租给某贸易公司,每月取得租金收入20000元。贸易公司进入后,刘某发现,贸易公司将二楼的四间房作为员工的宿舍来使用。刘某应该如何进行税务目的的安排?

应纳营业税＝20000×5%＝1000(元)

应纳城建税＝1000×5%＝50(元)

应纳教育费附加＝1000×3%＝30(元)

应纳房产税＝20000×12%＝2400(元)

上述合计应纳税额＝3480(元)

应纳个人所得税＝(20000－3480)×(1－20%)×20%＝2643.2(元)

税后收入＝20000－3480－2643.2＝13876.8(元)

后来刘某经咨询,发现如果把二楼的房间改变出租性质,改为出租居住用房,则可以享受各种税收优惠。后来与贸易公司商量修改合同,将二楼的房间定性为居住用房,租金1万元,一楼的租金也确定为1万元。

在新方案下：

应纳营业税＝$10000×5\%＋10000×3\%＝800$(元)

应纳城建税＝$800×5\%＝40$(元)

应纳教育费附加＝$800×3\%＝24$(元)

应纳房产税＝$10000×12\%＋10000×4\%＝1600$(元)

上述合计应纳税额＝2464(元)

应纳个人所得税＝$(10000－1232)×(1－20\%)×20\%＋(10000－1232)×(1－20\%)×10\%＝2104.32$(元)

税后收入＝$20000－2464－2104.32＝15431.68$(元)

节税＝$15431.68－13876.8＝1554.88$(元)

点评：

在这一案例中,应注意以下问题：

(1) 纳税人兼有不同税目应税行为的,应分别核算不同税目的营业额,未分别核算的,从高适用税率。因此,在签订房屋合同时,就需要在合同中列明不同用途房屋的出租金额。

(2) 纳税人必须对优惠项目和不优惠项目分别核算,否则不得享受优惠。因此,在签订房屋出租合同时,要明确规定房屋的用途。

五、利用税收优惠政策

现行的个人所得税规定了一系列的优惠政策,比如买卖股票的差价收入、从基金分配中取得的收入、购买国债和国家发行的金融债券所取得的利息收入、以及教育储蓄存款的利息收入都免征个人所得税,因此可以充分利用这些优惠政策来降低个人所得税负。

另外,个人按照规定的比例缴付基本养老保险金、失业保险金,医疗保险金,不计个人当期的工资、薪金收入,免予缴纳个人所得税。因此通过足额缴纳基本养老保险金、失业保险金、医疗保险金和住房公积金,可以有效地节约税收成本,也有利于留住优秀人才。

个人缴纳部分：

养老保险金＝工资$×8\%$

医疗保险金＝工资$×2\%$

失业保险金＝工资$×1\%$

住房公积金＝工资$×12\%$

企业缴纳部分：

养老保险金＝工资$×20\%$

医疗保险金＝工资$×6\%$

失业保险金＝工资×2％

住房公积金＝工资×12％

由于单位缴纳的部分在计算企业所得税时允许税前扣除，所以不需要纳税调整。而且社会保险缴纳后绝大部分归个人所有，因此单位、个人缴纳的比例越多，个人得到的实惠就越多。

但在进行保险基金等纳税筹划时应注意以下两点：

（1）要详细了解国家的有关政策和当地政府的具体规定，并进行相关测算。对于国家规定允许支出并在计算企业所得税和个人所得税时可税前扣除的有关补贴，如物价补贴、住房补贴、防寒取暖费等，应在制作工资表时在规定限额内分项列出。

（2）应与员工充分进行沟通、解释，以免因为工资的调整影响员工工作的积极性。

第四节　个人所得税的会计处理

个人所得税的会计处理，因其征税项目的性质不同，可以分为两种类型：一是扣税义务人代扣代缴个人所得税的会计核算，二是个体工商户生产、个人独资、合伙企业的投资人应缴个人所得税的会计处理。

一、扣税义务人代扣代缴个人所得税的会计处理

（一）支付工资、薪酬代扣代缴所得税的会计处理

工资、薪酬所得项目的所得税，由支付工资、薪酬所得的单位代扣代缴。而单位代扣代缴的个人所得税，实际上是个人工资、薪酬所得的一部分。代扣时，借记"应付职工薪酬"账户，贷记"应交税费——应交个人所得税"等账户；上交代扣的个人所得税时，借记"应交税费——应交个人所得税"账户，贷记"银行存款"等账户。

【案例6-17】　在某公司任职的中国公民张某，于20××年8月取得工资、薪酬收入3 800元、奖金收入1 000元。按规定该公司应代扣代缴应由张某承担的个人所得税，8月份该公式计算张某应交纳的个人所得税并会计处理如下：

应纳税所得额＝（3800＋1000）－3500＝1300（元）

应交纳的个人所得税额＝1300×3％＝39（元）

支付工资并代扣个人所得税时

借：应付职工薪酬　　　　　　　　　　　　　　　　　　　　4800

　　贷：银行存款（库存现金）　　　　　　　　　　　　　　　4761

　　　　应交税费－应交个人所得税　　　　　　　　　　　　　39

交纳个人所得税时

　　借：应交税费——应交个人所得税　　　　　　　　　　　39

　　　　贷：银行存款　　　　　　　　　　　　　　　　　　39

　　（二）承包、承租经营所得应缴个人所得税的会计处理

　　承包经营、承租经营有两种情况，个人所得税也分别涉及两个项目：

　　一是承包人、承租人对企业经营成果不拥有所有权，仅按合同（协议）规定取得一定所得的，其所得按工资、薪酬所得项目征税，适用3％～45％的超额累进税率。此时的个人所得税会计处理办法同工资、薪酬所得扣缴的所得税的会计处理。

　　二是承包人、承租人按合同（协议）的规定只向发包、出租方缴纳一定费用后，企业经营成果归其所有的，承包人、承租人取得的所得，按对企事业单位的承包、承租经营所得项目，适用5％～35％的超额累进税率计算缴纳。此种情况应由承包人、承租人自行申报缴纳个人所得税，发包人、出租人不做扣除所得税的会计处理。

　　对企事业单位的承包经营、承租经营取得的所得，如果由支付所得单位代扣代缴的，支付所得的单位代扣代缴款时，借记"应付利润"账户，贷记"应交税费——应交个人所得税"账户；实际上交代扣税款时，借记"应交税费——应交个人所得税"，贷记"银行存款"等账户。

　　【案例6-18】　张某20××年1月1日起承包经营某一招待所，按合同规定，年终从招待所经营利润中分得利润60 000元，此外，张某还每月从该招待所领取工资、薪酬1 200元。该招待所为扣税义务人。计算张某应交纳的个人所得税并会计处理如下：

　　　　应纳税所得额＝(60000＋1200×12)－3500×12＝32400(元)

　　　　应纳所得税额＝32400×20％－3750＝2730(元)

　　借：应付利润　　　　　　　　　　　　　　　　　　　　62730

　　　　贷：应付利润　　　　　　　　　　　　　　　　　　　60000

　　　　　　应交税费——应缴个人所得税　　　　　　　　　　2730

招待所分出利润时

　　借：应付利润　　　　　　　　　　　　　　　　　　　　60000

　　　　贷：库存现金　　　　　　　　　　　　　　　　　　　60000

上交代扣的个人所得税时

　　借：应交税费——应交个人所得税　　　　　　　　　　　2730

　　　　贷：银行存款　　　　　　　　　　　　　　　　　　　2730

　　（三）支付劳务报酬、特许权使用费、稿费、财产租赁费、储蓄存款利息、股息、红利等代扣代缴所得税的会计处理

企业支付给个人的劳务报酬、特许权使用费、稿费、财产租赁费应缴纳的所得税，一般由支付单位代扣代缴。在支付劳务报酬并代扣个人所得税时，借记"管理费用"、"销售费用"等账户，贷记"应交税费——应交个人所得税"等账户；上交代扣的个人所得税时，借记"应交税费——应交个人所得税"账户，贷记"银行存款"账户。

【案例 6-19】　某公司请某大学教授对员工进行为期 2 天的培训。该公司支付讲课费 10000 元，根据约定，个人所得税由教授个人承担。公司已按会计准则的规定计提了职工教育经费。该公司计算代扣代缴的个人所得税并做会计处理如下：

代扣的个人所得税＝10000×（1－20％）×20％＝1600（元）

支付讲课费并代扣个人所得税时

借：应付职工薪酬——职工教育经费　　　　　　　　　　　　10000

　　贷：库存现金　　　　　　　　　　　　　　　　　　　　8400

　　　　应交税费—应交个人所得税　　　　　　　　　　　　1600

交纳个人所得税时

借：应交税费——应交个人所得税　　　　　　　　　　　　　1600

　　贷：银行存款　　　　　　　　　　　　　　　　　　　　1600

（四）向个人购买财产（财产转让）代扣代缴所得税的会计处理

一般情况下，企业向个人购买财产属于固定资产的，所支付的税金应作为固定资产成本的组成部分。在购买固定资产并代扣个人所得税时，借记"固定资产"等账户，贷记"银行存款"、"应交税费——应交个人所得税"账户等账户；上交代扣的个人所得税时，借记"应交税费——应交个人所得税"账户，贷记"银行存款"账户。

【案例 6-20】　刘某将自己 3 年前以 100 万元购入的一套住宅于 20××年 8 月份装修后出售给甲公司，获财产转让所得 120 万元，出售前装修费用总支出为 13 万元。则会计处理如下：

刘某应缴的购入所得税＝[1200000－（1000000＋130000）]×20％＝14000（元）

甲公司购入房子并代扣个人所得税时

借：固定资产　　　　　　　　　　　　　　　　　　　　　1200000

　　贷：银行存款　　　　　　　　　　　　　　　　　　　1186000

　　　　应交税费—应交个人所得税　　　　　　　　　　　　14000

交纳个人所得税时

借：应交税费——应交个人所得税　　　　　　　　　　　　　14000

　　贷：银行存款　　　　　　　　　　　　　　　　　　　　14000

二、个体工商户、个人独资、合伙企业的投资人应缴个人所得税的会计处理

个体工商户、个人独资和合伙企业设置"留存收益"账户核算留存利润,年度终了,计算结果如为本年经营所得,应将本年经营所得扣除可在税前弥补的以前年度亏损后的余额转入该账户的贷方;同时计算确定本年度应缴纳的个人所得税,计入该账户的借方。

【案例6-21】 某一个体企业某一纳税年度经过主管税务机关核定,按照上年度实际缴纳的个人所得税金额,确定本年度各月份的预缴个人所得税的金额。上年度实际缴纳的个人所得税金额为60000元。

本年各月份预缴的个人所得税金额＝60000÷12＝5000(元)

每月预缴时

借:应交税费——应交个人所得税　　　　　　　　　　　　　　　5000

　　贷:银行存款　　　　　　　　　　　　　　　　　　　　　　5000

假定,年终汇算清缴的个人所得税金额为73000元,会计处理如下:

借:留存收益　　　　　　　　　　　　　　　　　　　　　　　73000

　　贷:应交税费——应交个人所得税　　　　　　　　　　　　73000

因为企业全年已经预缴了个人所得税60000元,所以还应补交13000元。补交个人所得税时会计处理如下:

借:应交税费——应交个人所得税　　　　　　　　　　　　　　13000

　　贷:银行存款　　　　　　　　　　　　　　　　　　　　　13000

假定年终汇算清缴的个人所得税金额为50000元。而全年已经预缴了个人所得税60000元,则多缴的金额应由主管税务机关退回。企业实际收到退税时,会计处理如下:

借:应交税费——应交个人所得税　　　　　　　　　　　　　　10000

　　贷:银行存款　　　　　　　　　　　　　　　　　　　　　10000

【本章小结】

1. 个人所得税的纳税人包括居民纳税人和非居民纳税人。

2. 我国目前的个人所得税采取了分类与综合相结合的纳税办法。

3. 个人所得税的筹划,主要围绕着影响应纳税额的几个要素展开:纳税人身份的选择、应税项目的筹划和税收优惠政策的使用。

4. 个人所得税的会计核算主要涉及代扣代缴个人所得税。

【思考题】

1. 对劳务报酬进行筹划的主要方法有哪些?

2. 某企业为季节性生产企业,该企业职工实行计件工资,其一年中只有 5 个月生产,每月可以领取工资 4000 元,其他月份则每月仅领取基本工资 500 元。请问这种发放方式是否合理? 应如何改进?

3. 20××年李某年薪 60000 元,无年终奖,每月月薪均为 5000 元。请结合年终一次性奖金的计税办法分析李某的这种工资薪金发放办法是否合理。如果不合理,应如何改进?

4. 国内某大学著名教授对企业内部控制颇有研究,因此经常有企业邀请其为企业做培训和顾问并支付其劳务报酬,劳务报酬每次支付。该教授面临着两种选择:一种是企业给教授支付 50000 元人民币,往返交通费、住宿费、伙食费等一概由该教授自己负责;另一种是企业支付教授讲课费 40000 元,往返交通费、住宿费、伙食费等全部由企业负责。试问该教授应该选择哪一种?

第七章　其他税种的筹划和会计处理

第一节　资源税的纳税筹划和会计处理

资源税是对在我国境内从事应税矿产和生产盐的单位和个人课征的一种税,属于对自然资源占用课税的范畴。目前,资源税的基本法律依据是 1993 年 12 月 25 日国务院颁布的《中华人民共和国资源税暂行条例》和 1993 年 12 月 30 日财政部颁发的《中华人民共和国资源税暂行条例实施细则》。

一、资源税的基本规定

(一)征税对象和纳税人

从征税对象角度分析,我国资源税的制度设计遵循了普遍征收的原则,即对我国境内开采的一切应税矿产和生产的盐征收资源税。资源税的纳税义务人为在我国境内开采应税矿产或者生产盐的单位和个人。其中,中外合作开采石油、天然气的企业征收矿区使用费,暂不征收资源税。

《资源税暂行条例》规定,收购未税矿产品的单位为资源税的扣缴义务人。规定扣缴义务人是为了加强对零星、分散、不定期开产应税矿产资源税的征收管理。

(二)税目和税率

从税目和税率角度分析,我国资源税的制度设计遵循了级差调节的原则,即按应税产品和开采行业的特点设置税目,对因资源品质、储存状况、开采条件等客观因素产生的级差收入,实行有差别的资源税率。

自 1994 年以来,我国资源税基本上采用幅度定额税率。从量计征的定额税率表如下。

资源税税目税率表

税目	税额幅度
一、原油	8—30 元/吨
二、天然气	2—15 元/千立方米
三、煤炭	0.3—8 元/吨
四、其他非金属矿原矿	0.5—20 元/吨或者立方米
五、黑色金属矿原矿	2—30 元/吨
六、有色金属矿原矿	0.4—30 元/吨
七、盐	
固体盐	10—60 元/吨
液体盐	2—10 元/吨

这种从简的计征方式,自 2010 年 6 月 1 日起有了改变。根据财政部国家税务总局印发的财税〔2010〕54 号文件规定,在新疆开采原油、天然气缴纳资源税的纳税人,原油、天然气资源税实行从价计征,税率为 5%。

纳税人具体适用的税额,由财政部会商国务院有关部门,根据纳税人所开采或者生产应税产品的资源状况,在规定的税额幅度内确定。

纳税人在开采主矿产品的过程中伴采的其他应税矿产品,凡未单独规定适用税率的,一律按主矿产品或视同主矿产品税目征收资源税。

（三）应纳税额的计算

从量计征:应纳税额＝课税数量×单位税额

从价计征:应纳税额＝销售额×税率

销售额按照《中华人民共和国增值税暂行条例》及其实施细则的有关规定确定。

纳税人开采的原油、天然气,自用于连续生产原油、天然气的,不缴纳资源税;自用于其他方面的,视同销售,依照规定计算缴纳资源税。

为便于征管,对开采稠油、高凝油、高含硫天然气和三次采油的纳税人按以下办法计征资源税:根据纳税人以前年度符合规定的减税条件的油气产品销售额占其全部油气产品总销售额的比例,确定其资源税综合减征率及实际征收率,计算资源税应纳税额。

计算公式为:

$$综合减征率 = \sum(减税项目销售额 \times 减征幅度 \times 5\%) \div 总销售额$$

实际征收率＝5％－综合减征率

应纳税额＝总销售额×实际征收率

综合减征率和实际征收率由财政部和国家税务总局确定,并根据原油、天然气产品结构的实际变化情况每年进行调整。

（四）税收优惠

资源税按照资源等级规定不同的税率,税收优惠较少。现行资源税的优惠政策主要有:

1. 开采原油过程中用于加热、修井的原油免税;

2. 因意外事故或自然灾害等原因遭受重大损失的,由省级政府决定减税或免税;

3. 自 2007 年 2 月 1 日起,北方海盐资源税暂减按每吨 15 元征收,南方海盐、湖盐、井矿盐资源税暂减按每吨 10 元征收,液体盐资源税暂减按每吨 2 元征收;

4. 自 2006 年 1 月 1 日起,冶金矿山铁矿石资源税减按规定税额标准的 60％征收;

5. 自 2007 年 1 月 1 日起,对地面抽采煤层气暂不征收资源税;

6. 开采新疆原油、天然气的优惠政策:

（1）油田范围内运输稠油过程中用于加热的原油、天然气,免征;

（2）稠油、高凝油和高含硫天然气资源税减征 40％;

（3）三次采油资源税减征 30％。

纳税人具体的综合减征率和实际征收率暂按《新疆区内各油气田原油天然气资源税实际征收率表》规定执行。

纳税人开采的原油、天然气,同时符合不同规定的减税情形的,纳税人只能选择其中一款执行,不能叠加适用。纳税人的减免税项目需要单独核算,未单独核算或者不能准确提供课税数量的,不予减免税。

（五）征收管理

1. 纳税义务发生时间

（1）销售应税产品,其纳税义务发生时间为:

①采取分期收款结算方式的,其纳税义务发生时间为销售合同规定的收款日期的当天;

②采取预收货款结算方式的,其纳税义务发生时间为发出应税产品的当天;

③采取其他结算方式的,其纳税义务发生时间为收讫销售款或者取得索取销售款凭据的当天;

（2）纳税人自产自用应税产品的纳税义务发生时间为移送使用应税产品的

当天；

（3）扣缴义务人代扣代缴税款的税务义务发生时间，为支付货款的当天。

2. 纳税期限

纳税人的纳税期限为 1 日、3 日、5 日、10 日、15 日或者 1 个月，具体的纳税期限由主管税务机关根据实际情况具体核定。

不能按固定期限计算纳税的，可以按次计算纳税。

纳税人以 1 个月为一期纳税的，自期满之日起 10 日内申报纳税；以 1 日、3 日、5 日、10 日或者 15 日为一期纳税的，自期满之日起 5 日内预缴税款，于次月 1 日起 10 日内申报纳税并结清上月税款。

3. 纳税地点

资源税的纳税地点为应税资源产品的采掘地或生产所在地，即纳税人应纳的资源税，应当向应税产品的开采或者生产所在地主管税务机关缴纳。

纳税人在本省、自治区、直辖市范围内开采或者生产应税产品，其纳税地点需要调整的，由省、自治区、直辖市税务机关决定。

二、资源税的纳税筹划

针对我国现行资源税具有以应税矿产品的开采数量从量计征和按矿产品类别设置税目的特点，我们可以设计出通过降低税基和税率以减轻税负的基本筹划方法。

（一）低税基筹划法

1. 自产自用的原矿数量

【案例 7-1】　某企业某期最终产品产量 1000 吨，同行业综合回收率为 40％，该企业的综合回收率为 25％，每吨 10 元的定额税率。

筹划前的税负：

企业实际耗用的原矿数量：1000÷25％＝4000（吨）

应缴资源税：4000×10＝40000（元）

筹划后的税负：

按同行业综合回收率确定的课税数量：1000÷40％＝2500（吨）

应缴资源税：2500×10＝25000（元）

如果企业选择连续加工前无法正确计算移送使用量，由税务机关核定应税数量，则应税数量可减少 1500 吨。这一筹划方法主要适用于煤炭、金属和非金属矿产品原矿等几种矿产。

点评：

（1）根据国税发〔1994〕15 号文件规定，资源税纳税人自产自用应税产品，因无法准确提供移送使用量而采取折算比换算课税数量办法的，具体规定如下：①

对于连续加工前无法正确计算原煤移送使用量的,可按加工产品的综合回收率,将加工产品实际销量和自用量折算成原煤数量作为课税数量;②金属和非金属矿产品原矿,因无法准确掌握纳税人移送使用原矿数量的,可将其精矿按选矿比折算成原矿数量作为课税数量。

(2) 纳税人可以通过测算本企业加工产品的综合回收率或选矿比,与同行业平均综合回收率或平均选矿比进行比较,在提供本企业应税资源销售数量或自用数量,和根据同行业平均综合回收率折算应税产品数量两者中,选择课税数量可能相对较少的一种,通过减少税基降低税负。

(二) 低税率筹划法

一般而言,一个矿床除了一种主要矿产品外,还有一些其他矿产品。开采企业一般会进行综合开采。

伴生矿是指在同一矿床内除了主要矿产品外,还含有多种可供工业利用的成分。在确定资源税税额时,一般以主产品为主要依据,同时考虑作为副产品的元素成分及其他相关因素。对此,企业可采取的策略是:在开采之初,仅注重个别元素,以较低的税率适用于整个矿床的矿产品。

伴采矿是指开采单位在同一矿区内开采主产品时,伴采的非主产品元素的矿石。伴采矿量大的,由省、自治区、直辖市人民政府根据有关税法规定核定单位税额;伴采矿量小的,按收购单位相应品目的税额标准在销售时缴纳资源税。利用这项政策合理筹划的基本思路是,企业可以在开采之初调整伴采矿和主矿的开采比例,争取核定较低的税率。

伴选矿是指在矿石原矿所含主产品进行选精矿的加工过程中,以精矿形式伴生出来的副产品。按现行税法规定,以精矿形式伴选出来的副产品不征收资源税。利用这项政策的筹划方式是,引进技术,改善工艺,多生产以精矿形式伴选出来的副产品,达到降低税负的目的。

(三) 准确核算筹划法

【案例 7-2】 某开采铁矿石的矿山某期的生产销售情况如下:生产并销售铁矿石原矿 2 万吨;在开采铁矿石的过程中,开采销售了伴生矿锰矿石 2000 吨,铬矿石 1000 吨;假设该矿山在另一采矿点还开采并销售了瓷土 3000 吨。开采的矿石全部对外销售。已知该铁矿石原矿的单位税额为 16 元/吨,锰矿石 2 元/吨,铬矿石 3 元/吨,瓷土 3 元/吨。

筹划前的税负:

未分别核算下的应纳资源税＝(20000＋2000＋1000)×16＋3000×3

$$=377000(元)$$

筹划后的税负:

分别核算下的应纳资源税＝20000×16×60％＋2000×2＋1000×3＋3000

×3＝208000(元)

企业可以通过分别核算节税 169000 元的资源税。

点评：

(1) 资源税法规定，纳税人开采或生产不同税目应税产品的，应当分别核算不同税目应税产品的课税数量，否则从高适用税率；纳税人的减免税项目，应当单独核算课税数量；未单独核算或者不能准确提供减免税产品课税数量的，不予减税或者免税。在筹划前，由于未单独核算不同税目的应税产品，故不能享受铁矿石按规定税额的 60％ 计算缴纳资源税的优惠政策。

(2) 根据上述规定，纳税人的会计核算工作不仅要准确区分不同税目的产品，而且要准确核算征免项目，以避免产生不必要的税收负担，做到"该交的税都交，不该交的税一分不交"。

三、资源税的会计处理

凡需缴纳资源税的企业，应在"应交税费"账户下设置"应交资源税"明细账户核算。"应交税费——应交资源税"账户的借方发生额，反映企业已缴的或按规定允许抵扣的资源税；贷方发生额，反映应缴的资源税；期末借方余额，反映多缴或尚未抵扣的资源税，期末贷方余额，反映尚未缴纳的资源税。

(一) 企业销售应税产品的会计处理

月底，企业计提对外销售应纳资源税产品应纳的资源税时，应作如下会计分录：

借：营业税金及附加

　　贷：应交税费——应交资源税

企业按规定实际缴纳资源税税款时，作如下会计分录：

借：应交税费——应交资源税

　　贷：银行存款

(二) 企业自产自用应税产品的会计处理

对企业自产自用应税产品，其应纳资源税的会计处理与销售应税产品会计处理有所不同，即其应交纳的税金不计入产品销售税金，而是计入产品的生产成本，即：

借：生产成本/制造费用/在建工程/管理费用

　　贷：应交税费——应交资源税

企业按规定实际缴纳资源税应纳税款时，作如下会计分录：

借：应交税费——应交资源税

　　贷：银行存款

（三）收购未税矿产品代扣代缴资源税的会计处理

为加强资源税的征管，税法对税源小、零散、不定期开采、易漏税等情况，由收购未税矿产品的单位在收购时代扣代缴资源税。企业在收购未税矿产品时，按实际支付的收购款，记：

借：材料采购
　　贷：现金/银行存款

按代扣代缴的资源税税额，记：

借：材料采购
　　贷：应交税费——应交资源税

企业按规定缴纳代扣的资源税时：

借：应交税费——应交资源税
　　贷：银行存款

（四）收购液体盐加工固体盐的会计处理

按照税法规定，纳税人以外购的液体盐加工固体盐，其加工固体盐所耗用的液体盐的已纳税额准予扣除。

企业在购入液体盐时：

借：应交税费——应交资源税
　　　材料采购
　　贷：银行存款

企业将液体盐加工成固体盐出售时，按计算出的固体盐应交缴的资源税，记：

借：营业税金及附加
　　贷：应交税费——应交资源税

企业按规定缴纳税金时，应按销售固体盐应纳资源税税额抵扣液体盐已纳资源税税额后的余额，记：

借：应交税费——应交资源税
　　贷：银行存款

（五）纳税人与税务机关结算税款时补缴或退税的会计处理

按照规定，纳税人以1日、3日、5日、10日或者15日为一期纳税的，自期满之日起5日内预缴税款，于次月1日起10日内申报纳税并结算上月税款。纳税人与税务机关结算上月税款时，对于少缴的税款，应于补缴时作如下分录：

借：应交税费——应交资源税
　　贷：银行存款

对于多缴的税款，按规定可于下月退回或者抵缴。

实际退回税款时，作如下会计分录：

借:银行存款

　　贷:应交税费——应交资源税

第二节　土地增值税的筹划和会计处理

一、土地增值税的基本规定

土地增值税是对有偿转让国有土地使用权、地上建筑物及其他附着物,并取得增值收益的单位和个人征收的一种税。

（一）纳税人

土地增值税的纳税人为在我国境内以出售或者其他方式有偿转让国有土地使用权、地上建筑物（包括地上、地下的各种附属设施）及其附着物（以下简称转让房地产）并取得收入的单位和个人。

单位包括各类企业、事业单位、国家机关和社会团体及其他组织。个人包括个体经营者。

（二）征税范围

土地增值税的征税范围包括国有土地、地上建筑物及其他附着物。转让房地产是指转让国有土地使用权、地上建筑和其他附着物产权的行为。

土地增值税的征税范围不包括通过继承、赠与等方式无偿转让房地产的行为。

"赠与"是指:(1) 房产所有人、土地使用权所有人将房屋产权、土地使用权赠与直系亲属或承担直接赡养义务人的;(2) 房产所有人、土地使用权所有人通过中国境内非营利的社会团体、国家机关将房屋产权、土地使用权赠与教育、民政和其他社会福利、公益事业的。

上述社会团体是指中国青少年发展基金会、希望工程基金会、宋庆龄基金会、减灾委员会、中国红十字会、中国残疾人联合会、全国老年基金会、老区促进会以及经民政部门批准成立的其他非营利的公益性组织。

（三）计税依据

土地增值税以纳税人转让房地产取得的增值额为计税依据。增值额为纳税人转让房地产取得的收入减除规定扣除项目金额以后的金额。

纳税人取得的收入包括转让房地产的全部价款和有关经济收益,形式上包括货币收入、实物收入和其他收入。

规定扣除项目包括:

1. 基本扣除项目之一

纳税人为取得土地使用权所支付的地价款和按照国家规定交纳的有关费用。

2. 基本扣除项目之二

开发土地和新建房及配套设施的成本,包括纳税人房地产开发项目实际发生的土地征用及拆迁补偿费、前期工程费、建筑安装工程费、基础设施费、公共配套设施费和开发间接费用。

3. 开发土地和新建房及配套设施的费用

包括与房地产开发项目有关的销售费用、管理费用和财务费用。房地产的开发费用不能据实扣除,应区分两种情况扣除。

财务费用中的利息支出如果能够按转让房地产项目计算分摊并能提供金融机构证明的,利息可以据实扣除,但最高不能超过按照商业银行同类同期贷款利率计算的利息额。在这一基础上,可以按照基本扣除项目的5%以内计算扣除其他费用。

房地产开发费用扣除总额＝利息＋基本扣除项目×5%

财务费用中的利息支出不能按转让房地产项目计算分摊或不能提供金融证明的,则按照基本扣除项目的10%以内计算扣除。

房地产开发费用扣除总额＝基本扣除项目×10%

4. 经过当地主管税务机关确认的旧房和建筑物的评估价格

评估价格＝重置成本价×成新度

转让旧房的,应按房屋及建筑物的评估价格、取得土地使用权所支付的地价款和按国家统一规定缴纳的有关费用以及在转让环节缴纳的税金作为扣除项目金额计征土地增值税。对取得土地使用权时未支付地价款或不能提供已支付地价款凭据的,不允许扣除取得土地使用权所支付的金额。

转让旧房的扣除额＝评估价＋取得土地使用权所支付的地价款＋按国家规定交纳的费用＋转让环节缴纳的税金

5. 与转让房地产有关的税金

包括纳税人在转让房地产时缴纳的营业税、城市维护建设税和印花税。

非房地产开发企业可以扣除营业税、城市维护建设税、教育费附加和印花税;房地产开发企业只能扣除营业税、城市维护建设税、教育费附加,印花税列入管理费,故不许再扣除。

6. 房地产开发企业的加计扣除

从事房地产开发的纳税人可以按照上述第一、二项金额之和加计20%的扣除额。

土地增值税以纳税人房地产成本核算的最基本的核算项目或者核算对象为单位计算。纳税人成片受让土地使用权以后分期分批开发、转让房地产的,其扣除项目金额可以按照转让土地使用权的面积占总面积的比例计算分摊,或者按照建筑面积计算分摊,或者按照主管税务机关确认的其他方式计算分摊。

如果纳税人转让房地产的成交价格低于房地产评估价格,并且没有正当的理由,或者隐瞒、虚报房地产成交价格,或者提供的扣除项目金额不真实,主管税务机关将按照房地产评估价格(指经过当地主管税务机关确认的、由政府批准设立的房地产评估机构根据相同地段、同类房地产综合评定的价格)计算征收土地增值税。

（四）税率

土地增值税实行 4 级超率累进税率。

	增值额占扣除项目金额比例	税率	速算扣除系数
1	50%以下(含50%)	30%	0
2	超过50%～100%(含100%)	40%	5%
3	超过100%～200%(含200%)	50%	15%
4	200%以上	60%	35%

（五）应纳税额的计算

在计算土地增值税的应纳税额的时候,应当先用纳税人取得的房地产转让收入减除有关各项扣除项目金额,计算得出增值额。再按照增值额超过扣除项目金额的比例,分别确定增值额中各个部分的适用税率,依此计算各部分增值额的应纳土地增值税税额。各部分增值额应纳土地增值税税额之和,即为纳税人应纳的全部土地增值税税额。

应纳税额 $= \sum$（增值额×适用税率）

在实务中,由于分步计算比较繁琐,一般采用速算扣除法计算应纳税额:

土地增值税税额＝增值额×最高适用税率－扣除项目金额×速算扣除系数

（六）税收优惠

1. 纳税人建造普通标准住宅出售,增值额未超过扣除项目金额 20% 的,免征土地增值税;

2. 因国家建设需要依法征用、收回的房地产,免征土地增值税;

3. 个人因工作调动或改善居住条件而转让原自用住房,经向税务机关申报核准,凡居住满 5 年或 5 年以上的,免予征收土地增值税;居住满 3 年未满 5 年的,减半征收土地增值税。居住未满 3 年的,按规定计征土地增值税。

4. 以房地产进行投资、联营的征免税

对于以房地产进行投资、联营的,投资、联营的一方以土地(房地产)作价入股进行投资或作为联营条件,将房地产转让到所投资、联营的企业中时,暂免征收土地增值税。对投资、联营企业将上述房地产再转让的,应征收土地增值税。

5. 合作建房的征免税

对于一方出地,一方出资金,双方合作建房,建成后按比例分房自用的,暂免征收土地增值税;建成后转让的,应征收土地增值税。

6. 企业兼并转让房地产的征免税

在企业兼并中,对被兼并企业将房地产转让到兼并企业中的,暂免征收土地增值税。

7. 个人互换住房的征免税

对个人之间互换自有居住用房地产的,经当地税务机关核实,可以免征土地增值税。

8. 企事业单位、社会团体以及其他组织转让旧房作为公租房房源,且增值额未超过扣除项目金额20%的,免征土地增值税。

(七)纳税期限和纳税地点

纳税人应当从房地产合同签订日起7日内向房地产所在地的主管税务机关进行纳税申报,并提交房屋及建筑物产权、土地使用权证书,土地转让、房产买卖合同,房地产评估报告和其他有关资料,然后按照主管税务机关核定的税额和规定的期限缴纳土地增值税。

土地增值税的纳税人应向房地产所在地主管税务机关办理纳税申报,并在税务机关核定的期限内缴纳土地增值税。这里所说的"房地产所在地",是指房地产的坐落地。纳税人转让的房地产坐落在两个或两个以上地区的,应按房地产所在地分别申报纳税。

在实际工作中,纳税地点的确定又可分为以下两种情况:

1. 纳税人是法人的。当转让的房地产坐落地与其机构所在地或经营所在地一致时,则在办理税务登记的原管辖税务机关申报纳税即可;如果转让的房地产坐落地与其机构所在地或经营所在地不一致时,则应在房地产坐落地所管辖的税务机关申报纳税。

2. 纳税人是自然人的。当转让的房地产坐落地与其居住所在地一致时,则在住所所在地税务机关申报纳税;当转让的房地产坐落地与其居住所在地不一致时,在办理过户手续所在地的税务机关申报纳税。

二、土地增值税的纳税筹划

(一)税基筹划法

土地增值额既是土地增值税的计税依据,又是确定土地增值税适用税率的基本依据,在土地增值税的筹划中有十分重要的意义。

土地增值额等于纳税人转让房地产取得的收入减除规定扣除项目金额后的

余额,故土地增值税的税基筹划法可以通过合理定价和合理扣除两方面展开。

1. 合理定价的筹划

一般情况下,纳税人转让房地产取得的收入与房地产定价有关。在房地产经营过程中,纳税人需要结合实际情况,在综合考虑土地增值税负担后,选择最有利的定价策略。

【案例 7-3】 某房地产企业建造了 10000 平方米的普通标准住宅,每平方米的定价有 A、B 两种方案可供选择。预计 A 方案的资金回笼周期为 2 年,B 方案的资金回笼周期为 3 年;营业税税率为 5%,城建税附加为 7%,教育费附加为 3%,地方教育费附加为 1%,企业所得税率为 25%。(单位:万元)

方案	A	B
单价	0.45	0.46
总收入	4500	4 600
地价	900	900
开发成本	1500	1500
开发费用	120	120
利息支出	157.5	161
税金	249.75	255.3
其它扣除项目	480	480
扣除项目总金额	3407.25	3416.3
增值率	32.1%	34.6%
土地增值税税率	30%	30%
土地增值税	327.825	355.11
利润总额	764.925	828.59
所得税	191.23125	207.1475
税后利润	573.69375	621.4425

分析:

A 方案与 B 方案相比,税后利润少 47.74875 万元,纳税人应该选择 B 方案。但是如果考虑到以较低价格销售能及时回笼企业资金,合理的定价可以是每平方米 4500 元。如果公司以每平方米 4600 元定价,2 年内只能收回 3500 万元,后续开发的资金需要通过银行贷款 1000 万元,按照 6% 的年息计算,利息支出 60 万元可以抵消税后利润的差异,所以 4500 元的定价也是可选的。

点评：

（1）在实务中,房地产开发企业通常都有大量的银行贷款或其他借贷。在这种情况下,财务费用就成为企业的一个重要考量项目。考量的资金回收期和不同价格下的销售水平,应选择低定价策略。

（2）由于土地增值税实行的是超率累进税率,在定高价的情况下,既有可能会使得高价所产生的增值部分适用更高一级的税率,结合资金的回收期,就会出现定低价反而可以获得更高税后利润的情况。

【案例7-4】 某城市一房地产开发公司计划销售精装修商品房,毛坯房的售价为每平方米10000元,扣除项目金额（不含相关税费）为每平方米6000元；装修成本大约是每平方米2000元,精装修房的售价为每平方米12000元（不考虑印花税）。

分析：

筹划前的税负：

方案一：房地产公司自己装修

应缴营业税 $=12000\times5\%=600$（元）

应缴城建税、教育费附加 $=600\times(7\%+3\%)=60$（元）

应缴土地增值税 $=(12000-8000-600-60)\times30\%=1002$（元）

每平方米税后利润 $=(12000-8000-600-60-1002)\times(1-25\%)=1753.5$（元）

筹划后的税负：

方案二：装修任务以每平方米2500元的价格交给关联的、独立核算的装修公司完成。

房地产公司：

应缴营业税 $=9500\times5\%=475$（元）

应缴城建税、教育费附加 $=475\times(7\%+3\%)=47.5$（元）

应缴土地增值税 $=(9500-6000-475-47.5)\times30\%=893.25$（元）

每平方米税后利润 $=(9500-6000-475-47.5-893.25)\times(1-25\%)=1563.19$（元）

装修公司：

应纳营业税 $=2500\times3\%=75$（元）

应纳城建税、教育费附加 $=75\times(7\%+3\%)=7.5$（元）

每平方米税后利润 $=(2500-2000-75-7.5)\times(1-25\%)=313.13$（元）

两者合计税后利润 $=1876.32$（元）

与第一方案相比,第二方案增加的税后利润为 $1876.32-1753.5=122.82$（元）。

点评：

（1）土地增值税以纳税人转让房地产取得的增值额为计税依据。计算土地增值额的收入是指转让房地产的收入，房地产企业在销售精装房时，可选择另外收取装修成本的定价策略，以免装修费用并入房地产转让收入计征土地增值税而产生额外的税收负担。

（2）为达到上述筹划目的，房地产公司应与购房者签订一份房屋销售合同的同时，另签一份装饰、装修合同。

2. 扣除费用的筹划

（1）利息费用的选择

一般来说，房地产公司在房产开发过程中会形成大量的负债，借款利息是土地增值税计算过程中的一项重要的扣除费用。而现行土地增值税按项目计缴税额，与财务核算中的期间费用的计算口径存在一定的差别，导致土地增值额计算过程中的费用扣除具有一定的可选择性，这种可选择性为税收筹划提供了一定的空间。

【案例 7-5】　某房地产开发公司开发商品房，支付的地价款为 800 万元，开发成本为 1000 万元，分析有利于房地产公司的开发项目的费用扣除。

如果房地产公司的实际利息支出低于基本扣除项目 5%，则选择第一种方法较为有利；如果实际利息支出超过基本扣除项目 5%，则选择第二种方法较为有利。

根据税法规定，房地产开发费用有两种方法可供选择。

（1）不能按项目分摊利息或不能提供金融机构证明：

房地产开发费用＝（800＋1000）×10%＝180（万元）

（2）能够按项目分摊利息并能提供金融机构证明：

房地产开发费用＝利息＋（800＋1000）×5%＝利息＋90

点评：

（1）土地增值税法规定，房地产开发项目有相关的销售费用、管理费用和财务费用。房地产的开发费用不能据实扣除，应区分两种情况扣除：

①财务费用中的利息支出如果能够按转让房地产项目计算分摊并能提供金融机构证明的，利息可以据实扣除，但最高不能超过按照商业银行同类同期贷款利率计算的利息额。在这一基础上，可以按照基本扣除项目的 5% 以内计算扣除其他费用。

房地产开发费用扣除总额＝利息＋基本扣除项目×5%

②财务费用中的利息支出不能按转让房地产项目计算分摊或不能提供金融证明的，则按照基本扣除项目的 10% 以内计算扣除。

房地产开发费用扣除总额＝基本扣除项目×10%

（2）结合企业的实际情况，合理选择房地产开发费用的扣除方法，增加费用扣除，减少税基，降低税负，是一种简便而有效的土地增值税筹划方法；并且要在财务核算时按照项目来分摊利息。为达到上述的筹划目的，借款利息的处理要符合选择不同扣除方法的需要。

2. 加计扣除的利用

土地增值税法规定，从事房地产开发的企业可按基本扣除项目合计数的20％加计扣除项目金额，其他企业从事房地产开发则不能加计扣除。在税收筹划中，充分利用这一政策的做法是非房地产开发企业开始进军房地产业时，应选择另设一个独立核算的、专门从事房地产开发和交易的关联企业的发展策略。这样，不仅可以在房地产开发业务中享受加计扣除，实现土地增值税的筹划目标，而且可以利用关联关系实现其他税种的筹划目标。

（三）税收优惠筹划法

1. 合理的定价策略

土地增值税法规定，纳税人建造普通标准住宅出售，增值额未超过扣除项目金额20％的，免征土地增值税。纳税人在建造普通标准住宅出售时，应充分考虑免税临界点的价格选择。增值额增加会使收益增加，但同时有可能使得本来可以享受免税政策变成不能享受优惠，由此会面临着放弃免税优惠的机会成本问题，这就需要在增值额增加所产生的收益和放弃免税优惠而产生的机会成本之间进行权衡，以避免增值率稍高于20％就会带来损失。

【案例 7-6】 某城市某房地产开发企业建成一批商品房待售，假设销售价格为 X，除销售税金及附加外的允许扣除项目的金额为 1。（不考虑印花税）

销售税金及附加：

$X \times 5\% \times (1+7\%+3\%) = 5.5\%X$

允许扣除项目的总金额：

$1+5.5\%X$

免征土地增值税的条件是增值额与可扣除项目金额之比不超过20％，即：

$[X-(1+5.5\%X)] \div (1+5.5\%X) = 20\%$

求解：X=1.285

点评：

纳税人要充分享受这一免税政策，就应该根据扣除金额的倍数制定销售价格，也即按除销售税费外的扣除金额的 1.285 倍为最高售价。

2. 提价策略

如果纳税人计划提高售价，放弃免税优惠。假设提价后的适用税率为30％，售价为 1.285＋Y，相应的销售税金及附加和允许扣除项目金额也提高5.5％Y，其他条件与上例相同。

允许扣除项目的金额：

$1.071+5.5\%Y$

土地增值额：

$1.285+Y-(1.071+5.5\%Y)=0.214-94.5\%Y$

纳税人为实现利润最大化,提价的策略应该是价格的增幅大于税收负担的增加额,即：

$Y>(0.214-94.5\%Y)\times30\%$

即 $Y>0.0896$

点评：

如果纳税人制定的价格高于免税政策所要求的最优"价－费"比,则提高后的价格必须高于扣除费用的 $1.374(1.285+0.089)$。如果提价低于 1.374,则价格提高产生的收益不足以弥补价格提高所增加的税收负担。

【案例 7-7】 关联企业销售

某房地产公司计划建造一批普通标准住宅出售,销售的总收入为 10000 万元,可扣除项目金额为 8300 万元。有两个方案可供选择：

方案一：房地产公司直接销售

增值率 20.48%,超过了免税的范围,应全额缴纳土地增值税。

应缴税额 $=(10000-8300)\times17\%=289$(万元)

方案二：集团公司设立独立的销售公司

房地产公司的转移定价策略可以是:设转移价格为 X ,则：

$X<$扣除金额$\times(1+20\%)$

$X<8300\times(1+20\%)$

$X<9960$(万元)

房地产公司以 9960 万元的价格销售给所属公司,所属公司再以 10000 万元的价格销售。房地产公司的增值率 20%,可以免征土地增值税,免税的土地增值额为 1660 万元。

2. 个人转让房地产

税法规定,个人因工作调动或改善居住条件而转让原自用住房的,经向税务机关申报核准,凡居住满 5 年或 5 年以上的,免予缴纳土地增值税;居住满 3 年而未满 5 年的,减半缴纳土地增值税。因此,当个人转让其自用住房时,应考虑以上因素,进行纳税筹划,达到减轻税收负担的目的。在实务中,土地增值税以有关转让房地产合同的签订日期为其纳税义务发生时间。当个人纳税人欲通过居住的时间期限实现土地增值税的纳税筹划时,也应以签订有关转让合同的签订日期作为其居住的截止日期。

三、土地增值税的会计处理

应在"应交税金"账户下设置"应交土地增值税"明细账户,贷方登记应交的土地增值税,借方登记已缴纳的土地增值税;期末贷方余额,反映尚未缴纳的土地增值税,期末借方余额,反映多交或预交的土地增值税。

对于转让国有土地使用权、地上建筑物及其附着物并取得收入的企业,按规定计算出应缴纳的土地增值税,应分别以下几种情况,进行会计处理。

（一）主营房地产业务的企业

应于当期营业收入负担的土地增值税,借记"营业税金及附加"等账户,贷记"应交税金——应交土地增值税"账户。

【案例7-8】 某房地产开发企业出售新建商品房,计算应缴纳的土地增值税税额为8000万元。会计处理如下:

①企业计提土地增值税税款时

借:营业税金及附加　　　　　　　　　　　　　　　80000000

　　贷:应交税费——应交土地增值税　　　　　　　80000000

②企业向税务机关缴纳税款时

借:应交税费——应交土地增值税　　　　　　　　　80000000

　　贷:银行存款　　　　　　　　　　　　　　　　80000000

如果该企业预缴土地增值税,在竣工后决算时,发现少缴税款20万元,应向税务机关补缴税款。会计处理为:

借:营业税金及附加　　　　　　　　　　　　　　　200000

　　贷:应交税费——应交土地增值税　　　　　　　200000

实际缴纳税款时

借:应交税费——应交土地增值税　　　　　　　　　200000

　　贷:银行存款　　　　　　　　　　　　　　　　200000

如果竣工后决算,发现是多缴了税款,则要求税务机关退回多缴税款,作相反的会计分录。

（二）非专营房地产开发的企业

对于非专营房地产开发的企业从事的房地产开发业务应当缴纳的土地增值税,一般应当作为其他业务支出处理,如工业企业、商业企业、农业企业、交通企业、民航企业等企业应当计入"其他业务支出"账户,如果企业不划分主营业务收入和其他业务收入,那么相应地土地增值税也应当作为营业税金的一部分计入"营业税金及附加"。

【案例7-9】 某企业转让国有土地使用权取得转让收入100万元,假设土地增值税扣除项目金额80万元。试计算应缴纳的土地增值税并作会计处理。

转让土地使用权的增值额＝100－80＝20(万元)

增值额与扣除项目金额的比率为：20÷80×100％＝25％

应缴纳的土地增值税＝20×30％＝6(万元)

会计处理如下：

①企业计提土地增值税时

借：其他业务成本　　　　　　　　　　　　　　　　　　　60000

　　贷：应交税费——应交土地增值税　　　　　　　　　　　　60000

②企业解缴税款时

借：应交税费——应交土地增值税　　　　　　　　　　　　60000

　　贷：银行存款　　　　　　　　　　　　　　　　　　　　60000

（三）其他企业

对于企业转让其已经作为固定资产等入账的土地使用权、房屋等，其缴纳的土地增值税应当计入"固定资产清理"等账户。

【**案例 7-10**】　某非房地产企业一幢原来自用的办公楼出售，经核算应缴纳的土地增值税为 100 万元。试作会计处理。

①企业在签订办公楼出售转让合同时

借：固定资产清理　　　　　　　　　　　　　　　　　　1000000

　　贷：应交税费——应交土地增值税　　　　　　　　　　　1000000

②企业向税务机关缴纳税款时

借：应交税费——应交土地增值税　　　　　　　　　　　1000000

　　贷：银行存款　　　　　　　　　　　　　　　　　　　1000000

第三节　房产税的筹划和会计处理

一、房产税的基本规定

房产税是以房屋为征税对象，按照房屋的计税余值或租金收入，向产权所有人征收的一种财产税。我国现行房产税的基本规范，是 1986 年 9 月 15 日国务院颁布的《中华人民共和国房产税暂行条例》。

（一）纳税人

房产税的纳税义务人为应税房产的产权所有人。

产权属于国家所有的，由经营管理单位纳税；

产权出典的，由承典人纳税；

产权所有人、承典人不在房产所在地或产权未确定及租典纠纷未解决的，由房产代管人或使用人纳税。

(二) 征收对象

房产税的征税对象就是在城市、县城、建制镇和工矿区自用和出租(典)的房屋。

"房产"是以房屋形态表现的财产。房屋是指有屋面和围护结构(有墙或两边有柱),能够遮风避雨,可供人们在其中生产、工作、学习、娱乐、居住或储藏物资的场所。独立于房屋之外的建筑物,如围墙、烟囱、水塔、变电塔、油池油柜、酒窖菜窖、酒精池、糖蜜池、室外游泳池、玻璃暖房、砖瓦石灰窑以及各种油气罐等,不属于房产。

(三) 计税依据和税率

房产税采用比例税率。

1. 纳税人自用的房产

依据房产原值一次减除 10%～30% 后的余值计算缴纳,税率为 1.2%。

工业用途房产的自用地下建筑,以房屋原价的 50%～60% 作为应税房产原值;商业和其他用途房产的自用地下建筑,以房屋原价的 70%～80% 作为应税房产原值。

关于自用房产的范围,财税〔2009〕128 号文件作了以下补充规定:

(1) 无租使用其他单位房产的应税单位和个人,依照房产余值代缴纳房产税。

(2) 产权出典的房产,由承典人依照房产余值缴纳房产税。

(3) 融资租赁的房产,由承租人自融资租赁合同约定开始日的次月起依照房产余值缴纳房产税。合同未约定开始日的,由承租人自合同签订的次月起依照房产余值缴纳房产税。

房产原值是房产税的计税依据,国家财税部门曾多次做了补充规定。

(1) 1987 年财税地字第 3 号文件的补充规定

房产原值是指纳税人按照会计制度规定,在账簿"固定资产"账户中记载的房屋原价。凡按会计制度规定在账簿中记载有房屋原价的,即应以房屋原价按规定减除一定比例后作为房产余值计征房产税;没有记载房屋原价的,按照上述原则,并参照同类房屋,确定房产原值,计征房产税。

房产原值应包括与房屋不可分割的各种附属设备或一般不单独计算价值的配套设施。主要有:暖气、卫生、通风、照明、煤气等设备,各种管线如蒸气、压缩空气、石油、给水排水等管道及电力、电讯、电缆导线,电梯、升降机、过道、晒台等。

属于房屋附属设备的水管、下水道、暖气管、煤气管等从最近的探视井或三通管算起。电灯网、照明线从进线盒连接管算起。

(2) 国税发〔2005〕173 号文件的补充规定

为了维持和增加房屋的使用功能或使房屋满足设计要求,凡以房屋为载体、不可随意移动的附属设备和配套设施,如给排水、采暖、消防、中央空调、电气及智能化楼宇设备等,无论在会计核算中是否单独记账与核算,都应计入房产原值,计征房产税。

对于更换房屋附属设备和配套设施的,在将其价值计入房产原值时,可扣减原来相应设备和设施的价值;对附属设备和配套设施中易损坏、需要经常更换的零配件,更新后不再计入房产原值。

（3）财税〔2005〕181号文件的补充规定

凡在房产税征收范围内的具备房屋功能的地下建筑,包括与地上房屋相连的地下建筑以及完全建在地面以下的建筑、地下人防设施等,均应当依照有关规定征收房产税。

上述具备房屋功能的地下建筑是指有屋面和维护结构,能够遮风避雨,可供人们在其中生产、经营、工作、学习、娱乐、居住或储藏物资的场所。

（4）财税〔2008〕152号文件的补充规定

对依照房产原值计税的房产,不论是否记载在会计账簿固定资产账户中,均应按照房屋原价计算缴纳房产税。房屋原价应根据国家有关会计制度规定进行核算。对纳税人未按国家会计制度规定核算并记载的,应按规定予以调整或重新评估。

2. 纳税人出租的房产

依据房产的租金收入计算缴纳,税率为12%。

对个人按市场价格出租的居民住房,用于居住的,暂减按4%的税率征收。

（四）税收优惠

1. 暂行条例规定的优惠

（1）国家机关、人民团体、军队自用的房产,免征房产税;

（2）由国家财政部门拨付事业经费的单位自用的房产,免税;

（3）宗教寺庙、公园、名胜古迹自用的房产,免税;

（4）个人所有非营业用的房产,免税;

（5）经财政部批准免税的其他房产。

2. 财税部门规定的其他优惠

（1）企业办的各类学校、医院、托儿所、幼儿园自用的房产,免税;

（2）为高校学生提供住宿服务并按高教系统收费标准收取租金的学生公寓,免税;

（3）从原高校后勤管理部门剥离出来而成立的进行独立核算并有法人资格的高校后勤经济实体自用的房产,免税;

（4）非营利性医疗机构、疾病控制机构和妇幼保健机构等卫生机构自用的

房产,免税;

(5)政府部门和企事业单位、社会团体以及个人等社会力量投资兴办的福利性、非营利性的老年服务机构自用的房产,免税;

(6)经财政部批准免税的其他房产,如房产大修停用半年以上的,经纳税人申请,税务机关审核,在大修期间可免征房产税。

(五)征收管理

1.纳税义务发生时间

(1)纳税人将原有房产用于生产经营,从生产经营之月起,缴纳房产税。

(2)纳税人自行新建房屋用于生产经营,从建成之次月起,缴纳房产税。

(3)纳税人委托施工企业建设的房屋,从办理验收手续之次月起,缴纳房产税。

(4)纳税人购置新建商品房,自房屋交付使用之次月起,缴纳房产税。

(5)纳税人购置存量房,自办理房屋权属转移、变更登记手续,房地产权属登记机关签发房屋权属证书之次月起,缴纳房产税。

(6)纳税人出租、出借房产,自交付出租、出借房产之次月起,缴纳房产税。

(7)房地产开发企业自用、出租、出借本企业建造的商品房,自房屋使用或交付之次月起,缴纳房产税。

2.纳税期限

房产税按年征收、分期缴纳。具体纳税期限由各省、自治区、直辖市人民政府确定。

3.纳税地点

房产税由纳税人向房产所在地的税务机关缴纳。

房产不在一地的纳税人,应当按照房产坐落的地点,分别向房产所在地的税务机关纳税。

二、房产税的纳税筹划

房产税的筹划可以从税基和税收优惠两方面展开。

(一)税基筹划法

【案例 7-11】 某投资公司将建在市区的商业楼出租给一家大型商业集团,双方就商业楼的出租问题达成以下协议:投资公司将该商场出租给商业集团做综合商场,由下属子公司(物业管理公司)负责该商业楼的水电供应和物业管理,商业集团每年支付租金 1800 万元,租期 10 年。(注:不考虑印花税和地方教育费附加)

将水电费、物管费和租金分开签订合同,分开核算。代收代付水电费,通过往来账款核算,实现没有发生增值就不用承担相关税负的目标。

筹划前的税负：

投资公司：

应缴营业税＝$1800 \times 10 \times 5\% = 900$（万元）

应缴城建税和教育费附加＝$900 \times (7\% + 3\%) = 90$（万元）

应缴房产税＝$1800 \times 10 \times 12\% = 2160$（万元）

税费合计 3150 万元。

筹划后的税费负担：

假如投资公司收取的租金，每年有 360 万元属于代收水电费，物管费和其他综合费用 480 万元。

物管费：

应缴营业税＝$480 \times 10 \times 5\% = 240$（万元）

应纳城建税和教育费附加＝$240 \times (7\% + 3\%) = 24$（万元）

房产租金：

应缴营业税＝$(1800 - 360 - 480) \times 10 \times 5\% = 480$（万元）

应缴城建税和教育费附加＝$480 \times (7\% + 3\%) = 48$（万元）

应缴房产税＝$(1800 - 360 - 480) \times 10 \times 12\% = 1152$（万元）

税费合计 1944 万元。

公司筹划前后税负表

单位：万元

	筹划前	筹划后
营业税	900	$240 + 480 = 720$
附加	90	$24 + 48 = 72$
房产税	2160	1152
合计	3150	1944

两者税负相差 1206 万元。

点评：

我国现行房产税规定，出租房产以租金收入为计税依据。在房产租赁过程中，一些由出租方代收的水电费、服务费并不是房产税的计税依据，纳税人通过适当的方式分离租费，降低税负，是一种简单而又低风险的筹划方法。

（二）租赁与仓储转换的筹划

近年来，随着物流业的蓬勃发展，闲置库房的出租业务比较普遍。按照税法规定，不动产出租过程中发生的税负高达 17.5%（营业税及附加 5.5%，房产税 12%，不含所得税）。由于不同经营行为适用不同的税收政策法规，对纳税人不动产使用权的出让形式依法进行合理的转换，是一种十分有效的税收筹划方法。

【案例7-12】 绿叶公司有闲置库房三栋用于出租,房产原值为1600万元,年租金收入为300万元。该公司所在地城建税税率7%,教育费附加3%。(注:不考虑印花税和地方教育费附加)

该公司转换业务方式,通过与客户协商,继续利用库房为客户存放商品,但将租赁业务改为仓储业务,增加服务内容,配备保管人员,为客户提供24小时服务,并将租赁合同改为仓储保管合同。

筹划前的税负:

应纳营业税=$300 \times 5\% = 15$(万元)

应纳城建税和教育费附加=$15 \times (7\% + 3\%) = 1.5$(万元)

应纳房产税=$300 \times 12\% = 36$(万元)

税费合计52.5万元。

假设提供仓储服务与原租赁收入相同为300万元,该地区房产原值扣除比例为30%。

筹划后的税负:

应纳营业税=$300 \times 5\% = 15$(万元)

应纳城建税和教育费附加=$15 \times (7\% + 3\%) = 1.5$(万元)

应纳房产税=$1600 \times (1 - 30\%) \times 1.2\% = 13.44$(万元)

税费合计29.94万元。

筹划前与筹划后相比,税费减少$52.5 - 29.94 = 22.56$(万元)。

点评:

(1) 房屋租赁是指租赁双方在约定的时间内,出租方将房屋的使用权让渡给承租方,并收取租金的一种契约形式;仓储是指在约定的时间内,房屋所有人用仓库代客储存、保管货物,并收取仓储费的一种契约形式。

(2) 按照税法规定,租赁业、仓储业均应缴纳营业税,适用税率均为5%;但房产税的计税方式不同,租赁业按租金收入的12%纳税,仓储业按房产余值的1.2%纳税,房产税应纳税额存在一定的差异,这就给纳税筹划提供了一定的空间。

(3) 库房仓储比租赁每年降低税负22.56万元,即使考虑到租赁变为仓储后会增加保管人员的费用,但是在支付保管人员的工资费用后仍会产生一定的结余。这种业务转换方式,纳税人在不增加客户费用的前提下,实现节税,可操作性较大,但是仓储保管货物的风险还是存在的。

(三) 房产投资联营的筹划

对投资联营的房产,由于投资方式不同,房产税的计征也不相同,从而为纳税筹划提供了一定的空间。目前税法规定,对企业以房产投资联营,投资者参与利润分配,共担风险的,被投资方要按房产余值作为计税依据计征房产税;对以房产投资,收取固定收入,不承担联营风险的,实际是以联营名义取得房产租金,应由投资方按租金收入计缴房产税。纳税人可以通过成本效益分析来决定房产的投资方式。

（四）合理确定房产原值的筹划

房产原值是自用房产的计税依据,合理减少房产原值是房产税筹划的关键。

【案例 7-13】 某公司计划在北京市兴建一座花园式工厂,工程分两部分:一部分为办公用房以及辅助设施,包括厂区围墙、水塔、变电塔、停车场、露天凉亭、游泳池、喷泉设施等建筑物,另一部分为厂房,总计造价 15000 万元。

公司经咨询税务师事务所后,做出如下安排:除厂房、办公用房外的建筑物,如停车场、游泳池都建成露天的,把这些独立建筑物的造价与厂房、办公用房的造价分开,在会计账簿中单独记载,则这部分造价不计入应税房产原值,不缴纳房产税。

如果 15000 万元都作为房产原值,该公司自建成的次月起就应缴纳房产税,每年应纳房产税(假定扣除比例为 30％)为:

$$15000 \times (1-30\%) \times 1.2\% = 126(万元)$$

只要公司存在,126 万元的税负就不可避免。以公司存续 20 年计算,税负合计 2520 万元。

经测算,除厂房、办公用房外的建筑物造价为 2000 万元左右,独立核算后,每年可少缴房产税 $2000 \times (1-30\%) \times 1.2\% = 16.8$(万元),20 年的节税总额为 336 万元。

点评:

房产原值指房屋的造价,包括与房屋不可分割的各种附属设备或一般不单独计算价值的配套设施。房产税法规定,房产是以房屋形态表现的财产。房屋是指有屋面结构,可供人们在其中生产、工作、居住或储藏物资的场所,而不包括独立于房屋之外的建筑物,如围墙、烟囱、水塔、变电塔、露天停车场、露天凉亭、露天游泳池、喷泉设施等。

（五）土地使用权合理入账的筹划

根据财税〔2008〕152 号文件的规定,对依照房产原值计税的房产,不论是否记载在会计账簿固定资产账户中,均应按照房屋原价计算缴纳房产税。房屋原价应根据国家有关会计制度规定进行核算。对纳税人未按国家会计制度规定核算并记载的,应按规定予以调整或重新评估。

原《企业会计制度》规定,企业购入的土地使用权以支付土地出让金方式取得的土地使用权,按照实际支付的价款作为实际成本,并作为无形资产核算;待该项土地开发时再将其账面价值转入在建工程。

《企业会计准则第 6 号——无形资产》规定,企业取得的土地使用权通常应确认为无形资产。自行开发建造厂房等建筑物,相关的土地使用权与建筑物应当分别进行处理。外购土地及建筑物支付的价款应当在建筑物与土地使用权之间进行分配;难以合理分配的,应当全部作为固定资产。

从以上规定可以看出,企业在执行原会计制度时,一般情况下自建、外购的房屋在进行账务处理时,都把取得土地使用权发生的费用计入了固定资产原值,因此房产税的计税依据中也包括土地使用权的成本;而新准则对自建、外购房屋业务,均要求将土地使用权作为无形资产单独核算,固定资产账户中不包括未取得土地使用权支付的费用,因而房产税的计税依据较低。

【案例 7-14】 某公司某年购入一幢办公楼,支付价款 6000 万元。该公司仍然执行原来的《企业会计制度》,公司应将支付的 6000 万元价款计入固定资产账户。如果为实现房产税的筹划目标,公司计划执行新会计准则,将所支付的 6000 万元价款按照一定标准分摊为土地使用权 3000 万元,房屋 3000 万元。

旧制度下的房产税负担:

$6000 \times (1-30\%) \times 1.2\% = 50.4$(万元)

新制度下的房产税负担:

$3000 \times (1-30\%) \times 1.2\% = 25.2$(万元)

每年节省的房产税为:

$50.4 - 25.2 = 25.2$(万元)

点评:

(1) 由于我国实行土地批租制度,纳税人支付的土地价款实际上是几十年一付的租金,会计核算的基本要求是土地使用权和房产所有权分开核算。

(2) 房产税的征收也以会计核算为基础。从上例可以看出,如果仅从房产税的角度考虑,采用新准则是一个成功的筹划案例。但在具体应用时,纳税人应跳出房产税的局限,从土地成本核算账户改变所产生的整体税收成本的变化进行考量。

三、房产税的会计处理

房产税应纳税款的核算,通过"应交税费——应交房产税"账户进行核算。该账户借方反映企业应交纳的房产税,贷方反映企业实际已经缴纳的房产税,余额在贷方反映企业应交而未交的房产税。

月份终了,企业计算出按规定应交纳的房产税税额,作如下会计分录:

借:管理费用

    贷:应交税费——应交房产税

企业按照规定的纳税期限缴纳房产税时,应作如下会计分录:

借:应交税费——应交房产税

    贷:银行存款

【案例 7-15】　某国有企业 20××年 1 月 1 日拥有房产原值为 8000000 元，当地政府规定的扣除率为 20%，按年计算，分月缴纳。试计算 1 月份企业应纳房产税并进行会计处理。

应纳房产税额＝8000000×(1−20%)×1.2%＝76800(元)

月应纳税额＝76800÷12＝6400(元)

则每月末企业计算应纳税额时

借：管理费用	6400
贷：应交税费——应交房产税	6400

企业在实际缴纳税款时

借：应交税费——应交房产税	6400
贷：银行存款	6400

第四节　车船使用税的筹划和会计处理

一、车船使用税的基本规定

车船税是对车辆、船舶征收的一种税，属于财产税性质的税种，征收车船税的主要目的是为政府取得财政收入。2006 年 12 月 29 日国务院颁布了《中华人民共和国车船税暂行条例》，2007 年 2 月 1 日由财政部、国家税务总局颁发了《中华人民共和国车船税暂行条例实施细则》。2011 年 2 月 25 日第十一届全国人民代表大会常务委员会第十九次会议通过了《中华人民共和国车船税法》，自 2012 年 1 月 1 日起施行。

(一) 纳税人

车船税的纳税人是我国境内依法登记的车辆、船舶的所有人或管理人。

车船的所有人或管理人未缴纳车船税的，由使用人代为缴纳。这里所说的管理人是指对车船具有管理使用权，不具有所有权的单位。

从事机动车交通事故责任强制保险业务的保险机构为机动车车船税的扣缴义务人，依法代收代缴车船税。

(二) 税率

车船税采用定额税率。

乘用车、商用载客汽车、摩托车以"辆"为计税依据；

商用载货汽车、挂车、其他车辆以"整备质量每吨"为计税依据；

机动船舶以"净吨"为计税依据；

游艇以"艇身长度每米"为计税依据，拖船按照发动机功率每 2 马力折合净吨位1吨。

税目		计税单位	年基准税额	备注
乘用车〔按发动机汽缸容量（排气量）分档〕	1.0升（含）以下的	每辆	60元至360元	核定载客人数9人（含）以下
	1.0升以上至1.6升（含）的		300元至540元	
	1.6升以上至2.0升（含）的		360元至660元	
	2.0升以上至2.5升（含）的		660元至1200元	
	2.5升以上至3.0升（含）的		1200元至2400元	
	3.0升以上至4.0升（含）的		2400元至3600元	
	4.0升以上的		3600元至5400元	
商用车	客车	每辆	480元至1440元	核定载客人数9人以上，包括电车
	货车	整备质量每吨	16元至120元	包括半挂牵引车、三轮汽车和低速载货汽车等
挂车		整备质量每吨		按照货车税额的50%计算
其他车辆	专用作业车	整备质量每吨	16元至120元	包括拖拉机
	轮式专用机械车		16元至120元	
摩托车		每辆	36元至180元	
船舶	机动船舶	净吨位每吨	3元至6元	拖船、非机动驳船分别按照机动船舶税额的50%计算
	游艇	艇身长度每米	600元至2000元	

（三）应纳税额的计算

车船税应纳税额的计算公式为：

应纳税额＝年应纳税额÷12×应纳税月份数

应纳税额的相关规定：

纳税人在购买机动车交通事故责任强制保险时，应当向扣缴义务人提供地方税务机关出具的本年度车船税的完税凭证或者减免税证明。

（四）税收优惠政策

1. 下列车船免征车船税

（1）捕捞、养殖渔船；

（2）军队、武装警察部队专用的车船；

（3）警用车船；

（4）依照法律规定应当予以免税的外国驻华使领馆、国际组织驻华代表机构及其有关人员的车船。

2、特定减免

（1）对节约能源、使用新能源的车船可以减征或者免征车船税；对受严重自然灾害影响纳税困难以及有其他特殊原因确需减税、免税的，可以减征或者免征车船税。具体办法由国务院规定，并报全国人民代表大会常务委员会备案。

（2）省、自治区、直辖市人民政府根据当地实际情况，可以对公共交通车船，农村居民拥有并主要在农村地区使用的摩托车、三轮汽车和低速载货汽车定期减征或者免征车船税。

（五）征收管理

1. 纳税义务发生时间

车船税纳税义务发生时间，为取得车船所有权或者管理权的当月。

2. 纳税期限

车船税按年申报缴纳。具体申报纳税期限由省、自治区、直辖市人民政府确定。

3. 纳税地点

车船税的纳税地点为车船的登记地或者车船税扣缴义务人所在地。依法不需要办理登记的车船，车船税的纳税地点为车船的所有人或者管理人所在地。

4. 信息管理

公安、交通运输、农业、渔业等车船登记管理部门、船舶检验机构和车船税扣缴义务人的行业主管部门应当在提供车船有关信息等方面，协助税务机关加强车船税的征收管理。

车辆所有人或者管理人在申请办理车辆相关登记、定期检验手续时，应当向公安机关交通管理部门提交依法纳税或者免税证明。公安机关交通管理部门核查后办理相关手续。

二、车船使用税的纳税筹划

（一）税率级次的筹划

车船税法对核定载客人数 9 人（含）以下的乘用车，按发动机汽缸容量（排气量）分档确定税率。在税率分级的临界点处，乘用车排气量的微小上升，会导致适用税额的较大幅度上升，车船税的每年固定负担就会直接上升。另外，考虑到排量大的汽车，耗油量也大，间接承担的每升汽油、柴油等油品中所含的消费税也大。从充分节约税负的角度考虑,纳税人在车辆购置时就应该考虑汽车排量和车船税、消费税之间的关系。

（二）税收优惠的筹划

如车船税法规定,拖船、非机动驳船分别按照机动船舶税额的50％计算,纳税人如果有拖船和非机动驳船,一定要注明分别核算,分别报税,充分享受税收优惠。

三、车船税的会计处理

为了核算车船税的应交及已交等情况,应在"应交税费"账户下设置"应交车船税"明细账户,贷方登记按规定计算应交纳的车船税,借方登记已交纳的车船税,期末贷方余额为尚未交纳的车船税。

企业计算出按规定应交纳的车船税税额,作如下会计分录:

借:管理费用

  贷:应交税费——应交车船税

企业按照规定的纳税期限缴纳车船税时,应作如下会计分录:

借:应交税费——应交车船税

  贷:银行存款

如果纳税人在购买机动车交通事故责任强制保险时缴纳车船税的,不再向地方税务机关申报纳税。此时,应作如下会计分录:

借:管理费用

  贷:银行存款

第五节　印花税的筹划和会计处理

一、印花税的基本规定

印花税是对用以证明权利创设及变更的凭证以粘贴印花税票的方式课征的一种税。

（一）印花税征收范围和纳税人

印花税的征税范围主要有:购销合同、加工承揽合同、建设工程承包合同、财产租赁合同、货物运输合同、仓储保管合同、借款合同、财产保险合同、技术合同以及具有合同性质的凭证,产权转移书据,营业账簿,权利许可证照以及经财政部确定征税的其他凭证。

印花税的纳税人是在中华人民共和国境内书立、领受上述凭证的单位和个人,包括立合同人、立据人、立账簿人、领受人和使用人五种。

（二）税率

印花税的税率有两种形式,即比例税率和定额税率。印花税税率见下表。

印花税税率表

税　目	税　率
1.财产租赁合同	1‰
2.仓储保管合同	1‰
3.加工承揽合同	0.5‰
4.建设工程勘察设计合同	0.5‰
5.货物运输合同	0.5‰
6.产权转移书据	0.5‰
7.营业账簿中记载资金的账簿	0.5‰
8.购销合同	0.3‰
9.建筑安装工程承包合同	0.3‰
10.技术合同	0.3‰
11.借款合同	0.05‰
12.财产保险合同	0.1‰
13.权利许可证照、营业账簿中的其他账簿	5元/件

（三）计税依据

1.计税依据的一般规定

（1）购销合同

计税依据为购销金额。

如果是以物易物方式签订的购销合同,计税金额为合同所载的购、销金额合计数。

（2）加工承揽合同

计税依据为加工或承揽收入。如果由受托方提供原材料金额的,可不并入计税金额（原材料应按购销合同另交印花税）。由委托方提供辅助材料的金额,应并入计税金额。

（3）建设工程勘察设计合同

计税依据为勘察、设计收取的费用（即勘察、设计收入）。

（4）建筑安装工程承包合同

计税依据为承包金额,不得剔除任何费用。

施工单位将自己承包的建设项目分包给其他施工单位所签订的分包合同,应以新的分包合同所载金额为依据计算应纳税额。

(5) 财产租赁合同

计税依据为租赁金额(即租金收入)。

(6) 货物运输合同

计税依据为取得的运输费金额(即运费收入),不包括所运货物的金额、装卸费和保险费等。

(7) 仓储保管合同

计税依据为仓储保管的费用(即保管费收入)。

(8) 借款合同

计税依据为借款金额(即借款本金)。

借款总额中既有应免税的金额,也有应纳税的金额。对这类"混合"借款合同,凡合同中能划分免税金额与应税金额的,只就应税金额计税贴花;不能划分清楚的,应按借款总金额计税贴花。

(9) 财产保险合同

计税依据为支付(收取)的保险费金额,不包括所保财产的金额。

(10) 技术合同

计税依据为合同所载的价款、报酬或使用。技术开发合同研究开发经费不作为计税依据。

(11) 产权转移书据

计税依据为书据中所载的金额。

购买、继承、赠予所书立的股权转让书据,均以书立时证券市场当日实际成交价格为依据,由立据双方当事人分别按规定的税率缴纳印花税。

(12) 记载资金的营业账簿

计税依据为实收资本和资本公积的合计金额。

凡"资金账簿"在次年度的实收资本和资本公积未增加的,不再计算贴花。

(13) 营业账簿中的其他账簿、权利许可证照

计税依据为应税凭证件数。

2. 计税依据的特殊规定

(1) 全额计税,不扣除费用。

(2) 同一凭证,载有两个或两个以上经济事项而适用不同税目税率,应分别核算的,分别计算后加计贴花,如未分别记载金额的,从高计税。

(3) 按金额比例贴花的应税凭证,未标明金额的,应按照凭证所载数量及国家牌价计算金额;没有国家牌价的,按市场价格计算金额,然后按规定税率计算应纳税额。

（4）凭证以外币记载的,按凭证书立当日汇率。

（5）由于最低面额为1角,1角以上四舍五入,1角以下免纳。

（6）合同签订时无法确认计税金额,可在签订时先按定额5元贴花,以后结算时再按实际金额计税,补贴印花。

（7）应税合同在签订时纳税义务即已产生,应计算应纳税额并贴花,不论合同是否兑现或是否按期兑现,都应贴花。

已履行的贴花合同,如所载金额与合同履行后实际结算金额不一致的,只要双方未修改合同金额,就不再办理完税手续。

3. 应纳税额的计算

应纳税额计算公式：

应纳税额＝应税凭证计税金额（或应税凭证件数）×适用税率（单位税额）

（四）税收优惠

印花税的税收优惠政策主要包括：

1. 对已缴纳印花税的凭证的副本或者抄本免税,但以副本或者抄本视同正本使用的,则应另贴印花；

2. 对财产所有人将财产赠给政府、社会福利单位、学校所立的书据免税；

3. 对国家指定的收购部门与村民委员会、农民个人书立的农副产品收购合同免税；

4. 对无息、贴息贷款合同免税；

5. 对外国政府或者国际金融组织向我国政府及国家金融机构提供优惠贷款所书立的合同免税；

6. 对房地产管理部门与个人签订的用于生活居住的租赁合同免税；

7. 对农牧业保险合同免税；

8. 对特殊货运凭证免税。

二、印花税的纳税筹划

（一）税基筹划法

1. 不确定金额的筹划

印花税法规定,在合同签订时无法确定计税金额的,可先按定额5元贴花,结算时再按实际金额计税,补贴印花税票。该项规定提供了利用不确定金额筹划的可能性。

【案例7-16】 A公司和B公司签订一个租赁合同,A公司出租一套设备给B公司生产甲产品,期限为10年,合同规定设备租金120万元,每年年底支付年租金。

筹划前应纳的印花税额：

$120×1‰＝0.12(万元)$

租赁合同的改造：

为推迟纳税义务时间，可以把上述合同改为"A公司出租一套设备给B公司生产甲产品，合同规定设备租金每月1万元，每年年底支付本年租金，同时双方决定是否继续本合同"。

由于改造后的合同符合了《关于印花税若干具体问题的规定》(国税地〔1988〕25号)文件规定的"只是规定了月(天)租金标准而无租赁期限的"可以先预缴5元印花税，以后结算时再按实际金额计税。

筹划后应纳的印花税额：

每年应纳印花税＝$1×12×1‰＝0.012(万元)$

10年应纳印花税＝$0.012×10＝0.12(万元)$

点评：

比较两个方案的计算结果，虽然税负总额都是0.12万元，但税负承担的时间是不同的。纳税人在签订金额较大的合同时，可选择不确定合同所载金额的方法，达到先按定额5元贴花，少缴税款，推迟纳税义务时间的筹划目的。

2. 保守金额的筹划

【案例7-17】 某房地产开发公司与某建筑工程公司签订工程施工合同，金额为8500万元，合同签订后，印花税已缴纳。由于该工程建筑图纸做重大修改，工程竣工时实际工程决算金额为5500万元。该公司采取以工程多缴印花税为由，冲减合同金额3000万元，然后计算缴纳印花税。

点评：

虽然存在工程合同金额减少等现象，但该公司以冲减后的金额为依据，缴纳印花税的做法是错误的。印花税是一种行为税，凡发生书立、使用、领受应税凭证的行为，就必须依照印花税法的有关规定，履行纳税义务。应税合同在签订时纳税义务就已发生，应计算缴纳印花税。如果合同未按所载金额履行，则不补贴或冲减已贴金额。单一的从印花税角度考虑，尽可能签订确定的合同金额较低的合同，以少交或避免多交印花税。

3. 借款方式的筹划

印花税法规定，银行及其他金融机构与借款人所签订的合同，以及只填开借据并作为合同使用，取得银行借款的借据应按照"借款合同"税目缴纳印花税；而企业之间的借款合同不需要贴花。如果两者的借款利率是相同的，则向企业借款更能节税。

(二) 低税率筹划法

印花税法规定，各类经济合同订立后，不论合同是否履行，都应按合同上所记载的金额、收入或费用为计税依据，依照不同项目的适用税率，计算交纳印花税。

如果企业在订立合同时选择低税率的业务,那么也可以降低企业的印花税负担。

【案例 7-18】 某家具厂接受一家私城的委托,负责加工一批家具,总价值为 1000 万元,加工所需原材料 800 万元,加工费 200 万元。现有三种方案可供选择:

方案一:按总价值签订合同

印花税法规定,加工承揽合同中如果未分别记载加工费金额和原材料金额,从高适用税率,全部金额依照加工承揽合同,适用 0.5‰ 的税率计税贴花。

应交纳印花税为:

10000000×0.5‰＝5000(元)

方案二:按材料和加工费分开签订合同

印花税法规定,两个合同分别适用税率,要分开计算,即加工费 200 万元按加工承揽合同 0.5‰ 的税率计税,原材料 800 万元按购销合同 0.3‰ 的税率计算。

应纳印花税为:

8000000×0.3‰＋2000000×0.5‰＝3400(元)

方案三:只就加工费签订合同

应纳印花税为:

2000000×0.5‰＝1000(元)

点评:

(1) 单纯就印花税而言,第三种方案交的税最少。

(2) 在实务中,企业订立合同时,除了考虑印花税之外,还要考虑整体利益。如某些项目不写,对企业是否会有损害;或者加工费与材料分开注明,会不会减少企业利润等。纳税筹划永远都是一个整体性的活动,必须全盘统筹,实现整体最优。

(三) 税收优惠的筹划

依据印花税法规定,应纳税额不足 1 角的,免纳印花税;1 角以上的,其税额尾数不满 5 分的不计,满 5 分的按 1 角计算;已缴印花税的凭证的副本或抄本,只要不视同正本使用,也就不需要缴纳印花税。

三、印花税的会计处理

由于印花税采用由纳税人自行计算应纳税额、自行购买并粘贴印花税票、自行注销或画销的方式纳税,一般不与税务机关发生应纳税关系。因此,印花税不通过"应交税费"核算,而直接在"管理费用"中列支。

【案例 7-19】 某厂经营情况良好,某年初,只就 5 份委托加工合同(合同总标 150 万元)按每份 5 元粘贴了印花税票。经税务机关稽查,委托加工合同不能按件贴印花税票,该企业在此期间还与其他企业签订购销合同 20 份,合同总标 800 万元。税务机关作出补缴印花税并对偷税行为作出应补缴印花税票款 4 倍 的罚款。企业应计算补缴印花税并作会计分录如下:

补缴购销合同应补印花税额:

$8000000 \times 0.3‰ = 2400(元)$

委托加工合同应补印花税额:

$1500000 \times 0.5‰ - 25 = 725(元)$

补缴税款时

借:管理费用   3125

  贷:银行存款   3125

上缴罚款时

借:营业外支出——税务罚款   12500

  贷:银行存款   12500

第六节　契税的筹划和会计处理

一、契税的基本规定

契税的征税对象是我国境内土地、房屋权属的转移行为。主要包括:国有土地使用权出让,土地使用权转让,房屋买卖,房屋赠与,房屋交换,以及视同土地使用权转让、房屋买卖或赠与的行为。契税的纳税人是在我国境内承受土地、房屋权属转移的单位和个人。这里所说的个人包括个体经营者及其他个人。

为适应不同地区纳税人的负担水平和调控房地产交易的市场价格,契税采用幅度比例税率形式,按照土地、房屋成交价格的 3%～5% 征收。具体使用税率,由省、自治区、直辖市人民政府在规定的幅度内按照本地区的实际情况确定。

契税的税收优惠政策主要有:

1. 国家机关、事业单位、社会团体、军事单位承受土地、房屋用于办公、教学、医疗、科研和军事设施的,免征。

2. 城镇职工按规定第一次购买公有住房的,免征。

3. 因不可抗力灭失住房而重新购买住房的,酌情准予减征或者免征。

4. 财政部规定的其他减征、免征契税的项目。

5. 因不可抗力丧失住房而重新购买住房的,酌情减免。

6. 土地、房屋被县级以上人民政府征用、占用后,重新承受土地、房屋权属的,由省级人民政府确定是否减免。

7. 承受荒山、荒沟、荒丘、荒滩土地使用权,并用于农、林、渔业生产的免征契税。

8. 经外交部确认,依照我国有关法律规定以及我国缔结或参加的双边和多边条约或协定,应当予以免税的外国驻华使馆、领事馆、联合国驻华机构及其外交代表、领事官员和其他外交人员承受土地、房屋权属。以上经批准减免税的纳税人改变有关土地、房屋的用途,不在减免税之列,应当补缴已经减免的税款。纳税义务发生时间为改变有关土地、房屋用途的当天。

9. 企业在公司制改造、股权重组、合并、分立、出售、关闭过程中,涉及不征契税这一政策延续到 2011 年 12 月 31 日。

二、契税的纳税筹划

(一)税基筹划法

1. 评估剥离的筹划

【案例 7-20】 某公司受让一批房屋、土地及其他地上附着物,总成交价格为 8000 万元,总评估价为 5000 万元,土地、房屋的评估价格为 4000 万元,契税率 3%。

纳税人在支付独立于房屋之外的建筑物、构筑物以及地面附着物价款时,应当从总成交价格中进行剥离。具体做法是分开签订合同,房屋、土地作为一个合同签订,其他非房屋、土地另签一个合同。销售发票也由转让方分别开具。在成交价格的确定上,整体打包转让的,按照房屋、土地、房屋之外的建筑物、构筑物以及地面附着物价款分别评估,按房屋、土地评估价占整个评估价格比例确定实际成交价格。

筹划前的税负:

8000×3%=240(万元)

筹划后的税负:

土地、房屋的成交价格为:8000×4000÷5000=6400(万元)

应缴契税:6400×3%=192(万元)

通过分开签订合同,契税成本降低了 48 万元。

点评:

(1)契税是对受让土地使用权和房屋所有权行为征收的一种税,其计税依据为土地使用权和房屋所有权的成交价格。所谓"房屋",是指有屋面和维护结构(有墙或两边有柱),能够遮风挡雨,可供人们在其中生产、工作、学习、娱乐、居住或储藏物资的场所。

(2)根据财税地〔1987〕3 号文件的补充规定,房产原值应包括与房屋不可分割的各种附属设备或一般不单独计算价值的配套设施。主要有:暖气、卫生、通风、照明、煤气等设备,各种管线,如蒸气、压缩空气、石油、给水排水等管道及电力、电讯、电缆导线,电梯、升降机、过道、晒台等。属于房屋附属设备的水管、下水道、暖气管、煤气管等从最近的探视井或三通管算起,电灯网、照明线从进线盒连接管算起。

(3)根据财税〔2004〕126 号规定,承受的与房屋相关的附属设施(具体包括停车位、汽车库、自行车库、顶层阁楼以及储藏室)所有权或土地使用权的行为,应当按照契税法律、法规的规定征收契税;但与房屋相关的附属设施不涉及土地使用权和房屋所有权转移变动的,不征收契税。由此可见,独立于房屋之外的建筑物、构筑物,如围墙、烟囱、水塔、变电塔、油池油柜、酒窖菜窖、酒精池、糖蜜池、室外游泳池、玻璃暖房、砖瓦石灰窑、各种油气罐、栈桥、堤坝、挡土墙、蓄水池和囤仓等,不属于"房屋"范畴,相应支付的独立房屋之外的建筑物、构筑物,不属契税的征税范围。而所谓"土地",应当仅是指土地使用权的价值,对土地上的附着物不属于"土地"范畴。所以对支付土地上的附着物的价款也不属于契税的征税范围。

2.业务改造的筹划

【案例 7-21】 甲、乙、丙三位当事人,甲和丙均拥有一套价值 500 万元的房屋,乙想购买甲的房屋,甲也想在购入丙的房屋后,出售原有房屋,契税税率为 3%。

筹划策略:将三方的交易活动改造成交换和买卖相结合的业务流程。(1)交换业务,甲和丙交换房屋;(2)交易业务,丙将交换得到的房屋出售给乙。业务改造后,甲和丙等价交换房屋所有权,没有价格差额,不用缴纳契税,丙将房屋出售给乙时,应由乙缴纳契税。

筹划前的税负:

甲应缴的契税=500×3%=15(万元)

已应缴的契税=500×3%=15(万元)

筹划后的税负:

乙应缴的契税=500×3%=15(万元)

点评:

(1)契税暂行条例及其实施细则规定,房屋的交换活动以交换价格的差额为契税的计税依据,由多交付货币、实物、无形资产或者其他经济利益的一方缴纳税款,交换价格相等的,免征契税。

(2)虽然上述筹划案例涉及的业务是一种特殊情况,在实际运用过程中会受到一些限制,但是案例给我们提供了以下启示:将交易行为改造为交换行为,是契税筹划中的一条基本思路。

(二)税收优惠的筹划

【案例 7-22】 李某计划将价值 100 万元的自有房产,与他人共同投资兴办一家有限责任公司,契税税率为 3%。

为了充分享受契税的免征政策,陈某可先成立一家个人独资企业,并将自有房产投入个人独资企业,然后对个人独资企业进行公司制改造,成立有限责任公司。个人以自有房产投入本人独资经营的企业,产权所有人和使用人未发生变化,不需办理房产变更手续,不需要缴纳契税。非公司制企业,按照《中华人民共和国公司法》的规定,整体改建为有限责任公司(含国有独资公司)或股份有限公司,或者有限责任公司整体改建为股份有限公司的,对改建后的公司承受原企业土地、房屋权属,免征契税。

筹划前税负:

有限责任公司负担契税 3 万元。

筹划后税负:

有限责任公司负担契税为 0。

点评:

(1) 依据财税〔2008〕175 号文件(执行期限为 2009 年 1 月 1 日至 2011 年 12 月 31 日)规定,符合一定条件的企业整体改建、合并、分立、改组等活动中涉及的土地、房屋权属转移,免征契税。

(2) 企业改制重组过程中,同一投资主体内部所属企业之间土地、房屋权属的无偿划转,包括母公司与其全资子公司之间,同一公司所属全资子公司之间,同一自然人与其设立的个人独资企业、一人有限公司之间土地、房屋权属的无偿划转,不征收契税。

(3) 纳税人应充分利用契税的这些优惠规定来减轻契税的负担。

另外,契税对于个人购买住宅有些优惠规定,可以充分利用。比如:城镇职工按规定第一次购买公有住房的,免征契税;个人购买自用普通住宅,暂减半征收契税等。契税是调节房地产交易市场的工具之一,税率可能会发生变动,单位或者个人购买房屋或者土地时,应及时关注最新的契税优惠政策,尽量降低税负。

三、契税的会计处理

为了核算契税的应交及已交等情况,应在"应交税费"账户下设置"应交契税"明细账户,该账户贷方登记应交纳的契税,借方登记实际交纳的契税,期末贷方余额为应交未交的契税。企业取得土地使用权、房屋所有权按规定缴纳的契税,计入所取得土地使用权和房屋所有权的成本。

企业计算出应交的契税,应作如下会计分录:

借:固定资产/无形资产

　　贷:应交税费——应交契税

缴纳契税时,应作如下分录:

借:应交税费——应交契税

　　贷:银行存款

【本章小结】

1. 本章介绍了资源税、土地增值税、房产税、车船使用税、印花税和契税的基本规定和相关筹划方法。

2. 不同税收其计税方法、计税依据等都有所不同,应结合企业的实际情况和业务情况,灵活运用不同的筹划方法来进行筹划。

3. 小税种的会计处理相对简单,了解其会计处理方法。

【思考题】

1. 土地增值税、房产税、印花税的筹划方法主要有哪些?

2. 大华房地产开发公司 20××年商品房销售收入为 15000 万元,其中普通住宅的销售额为 10000 万元,豪华住宅的销售额为 5000 万元。税法规定的可扣除项目金额为 11000 万元,其中普通住宅的可扣除项目金额为 8000 万元,豪华住宅的可扣除项目金额为 3000 万元。问:是否应分别核算普通住宅和豪华住宅销售额,分别缴纳土地增值税?为什么?

3. 甲公司拥有一写字楼,配套设施齐全,对外出租,全年租金共 3000 万元,其中含代收的物业管理费 300 万元,水电费为 500 万元。公司后勤部门提出甲公司与承租方签订租赁合同,租金为 3000 万元;财务部门则提出应将各项收入分别由各相关方签订合同,如物业管理费由承租方与物业公司签订合同,水电费按照承租人实际耗用的数量和规定的价格标准结算、代收代缴。从税费负担角度,甲公司应如何选择?请分析之。

4. 兴达铝合金门窗厂与安居房地产公司签立了一份加工承揽合同。合同中规定:兴达铝合金门窗厂受安居房地产公司委托,负责加工总价值 50 万元的铝合金门窗,加工所需原材料由铝合金门窗厂提供。兴达铝合金门窗厂收取加工费、原材料费和安装费共 50 万元。请问,从印花税的角度,这份合同是否合适?如果不合适,应如何进行筹划?

5. 纳税人缴纳的资源税、土地增值税、房产税、车船使用税、印花税和契税,应如何进行账务处理?

参考文献

[1] 中国注册会计师协会. 税法[M]. 北京:经济科学出版社,2011.

[2] 中国注册会计师协会. 会计[M]. 北京:经济科学出版社,2011.

[3] 叶子荣. 企业税收筹划理论与实务[M]. 成都:西南交通大学出版社,2004.

[4] 彭 夯. 企业税收筹划实务[M]. 北京:清华大学出版社,2003.

[5] 王 韬. 企业税收筹划[M]. 北京:科学出版社,2002.

[6] 周 叶. 公司税务管理:程序正义、风险和案例[M]. 上海:复旦大学出版社,2006.

[7] 计金标. 税收筹划[M]. 北京:中国人民大学出版社,2006.

[8] 方卫平. 税收筹划[M]. 上海:上海财经大学出版社,2001.

[9] 王素荣. 税务会计与税收筹划[M]. 北京:机械工业出版社,2008.

[10] 贺志东. 如何有效防范、减轻和化解纳税风险[M]. 北京:电子工业出版社,2006.

[11] 范忠山. 企业税务风险与化解[M]. 北京:对外经济贸易大学出版社,2003.

[12] 戴蒙德. 美国公司运作模式与税务筹划[M]. 北京:中信出版社,2003.

[13] 刘东明. 现代企业组织形式中的财税处理[M]. 北京:清华大学出版社,2003.

[14] 斯科尔斯. 税收与企业战略[M]. 北京:中国财政经济出版社,2004.

[15] 宋献中. 税收筹划与企业财务管理[M]. 广州:暨南大学出版社,2002.

[16] 张中秀. 纳税筹划宝典[M]. 北京:机械工业出版社,2003.

[17] 王兆高. 税收筹划[M]. 上海:复旦大学出版社,2003.

[18] 盖 地. 税务筹划[M]. 北京:高等教育出版社,2003.

[19] 哈灵顿. 风险管理与保险[M]. 北京:清华大学出版社,2001.

[20] 周开君. 税收优惠政策总览[M]. 北京:中国税务出版社,2004.

[21] 盖地. 税务会计与税务筹划(第四版)[M]. 北京:中国人民大学出版社,2008.

[22] 张力士. 税务会计(第二版)[M]. 成都:西南财经大学出版社,2007.

[23] 毛夏鸾,叶青. 税务会计学(第二版)[M]. 北京:首都经济贸易大学出版社,2008.